ISBN 978-0-259-75890-7
PIBN 10550950

English
Français
Deutsche
Italiano
Español
Português

www.forgottenbooks.com

Mythology Photography **Fiction**
Fishing Christianity **Art** Cooking
Essays Buddhism Freemasonry
Medicine **Biology** Music **Ancient**
Egypt Evolution Carpentry Physics
Dance Geology **Mathematics** Fitness
Shakespeare **Folklore** Yoga Marketing
Confidence Immortality Biographies
Poetry **Psychology** Witchcraft
Electronics Chemistry History **Law**
Accounting **Philosophy** Anthropology
Alchemy Drama Quantum Mechanics
Atheism Sexual Health **Ancient History**
Entrepreneurship Languages Sport
Paleontology Needlework Islam
Metaphysics Investment Archaeology
Parenting Statistics Criminology
Motivational

HISTOIRE

DU

PARLEMENT

DE

PARIS.

M. DCC. LXXV.

AVANT-PROPOS.

IL n'appartient qu'à la liberté de connaître la vérité, & de la dire ; quiconque est gêné ou par ce qu'il doit à ses maîtres, ou par ce qu'il doit à son corps, est forcé au silence. S'il est fasciné par l'esprit de parti, il ne devient que l'organe des erreurs.

Ceux qui veulent s'instruire de bonne foi sur quelque matière que ce puisse être, doivent écarter tous préjugés autant que le peut la faiblesse humaine. Ils doivent penser qu'aucun corps, aucun gouvernement, aucun institut n'est aujourd'hui ce qu'il a été, qu'il changera comme il a changé, & que l'immutabilité n'appartient point aux hommes. L'empire est aujourd'hui aussi différent de celui de Charlemagne que de celui d'Auguste. L'Angleterre ne ressemble pas plus à ce qu'elle était du tems de Guillaume le conquérant, que la France

Hist. du Parl. de Paris.   A

ne reſſemble à la France de **Hugues Capet** ;
& les uſages , les droits , la conſtitution ſous
Hugues Capet n'ont rien des tems de **Clovis**.
Ainſi tout change d'un bout de la terre à
l'autre. Preſque toute origine eſt obſcure ,
preſque toutes les loix ſe contrediſent de
ſiècle en ſiècle. La ſcience de l'hiſtoire n'eſt
que celle de l'inconſtance , & tout ce que nous
ſavons bien certainement , c'eſt que tout eſt
incertain.

Il y a bien peu de loix chez les peuples
de l'Europe , ſoit civiles , ſoit religieuſes ,
qui aient ſubſiſté telles qu'elles étaient dans
le commencement. Qu'on fouille les archives
des premiers ſiècles , & qu'on voie ſi on y
trouvera des évêques ſouverains diſant la
meſſe au bruit des tambours , des moines
princes , des cardinaux égaux au rois & ſupérieurs aux princes, principibus præſtant
& regibus æquiparantur.

Il fallut toujours rendre la juſtice , point
de ſociété ſans tribunal ; mais qu'étaient ces
tribunaux ? Et comment jugeaient-ils ? Y

avait-il une seule jurisdiction, une seule formalité qui ressemblât aux nôtres ?

Quand la Gaule eut été subjuguée par
César elle fut soumise aux loix romaines. Le
gouvernement municipal qui est le meilleur,
parce qu'il est le plus naturel, fut conservé
dans toutes les villes. Elles avaient leur sénat
que nous appellons conseil de ville, leurs
domaines, leurs milices. Le conseil de la ville
jugeant les procès des particuliers, & dans
les affaires considérables on appellait au tribunal du préteur, ou du proconsul, ou du
préfet. Cette institution subsiste encore en
Allemagne dans les villes nommées impéria-
les, & c'est, je crois, le seul monument du
droit public des anciens Romains qui n'ait
point été corrompu. Je ne parle pas du droit
écrit, qui est le fondement de la jurisprudence dans la partie de l'Allemagne où l'on
ne suit pas le droit saxon ; ce droit romain
est reçu dans l'Italie & dans quelques provinces de France au-delà de la Loire.

Lorsque les Sicambres ou Francs dans la

décadence de l'empire romain vinrent des marais du Mein & du Rhin subjuguer une partie des Gaules, dont une autre partie avait été déjà envahie par des Bourguignons, on sait assez dans quel état horrible la partie des Gaules nommée France fut alors plongée. Les Romains n'avaient pu la défendre ; elle se défendit elle-même très-mal, & fut la proie des barbares.

Les tems depuis Clovis jusqu'à Charlemagne ne sont qu'un tissu de crimes, de massacres, de dévastations & de fondations de monastères qui font horreur & pitié. Et après avoir bien examiné le gouvernement des Francs, on n'y trouve guère d'autre loi bien nettement reconnue que la loi du plus fort. Voyons, si nous pouvons, ce que c'était alors qu'un parlement.

HISTOIRE
DU
PARLEMENT
DE PARIS.

CHAPITRE PREMIER.
Des anciens Parlemens.

PRESQUE toutes les nations ont eu des assemblées générales. Les Grecs avaient leur église, dont la société chrétienne prit le nom, le peuple romain eut ses comices, les Tartares ont eu leur cour-ilté, & ce fut dans une de ces cour-ilté que *Gengiskan* prépara la conquête de l'Asie. Les peuples du Nord avaient leur Wittenagemoth, & lorsque les Francs, ou Sicambres, se furent rendus maîtres des Gaules, les capitaines francs eurent leur *parliament*, du mot celte *parler* ou *parlier*, auquel le peu de gens qui savaient lire & écrire joignirent une terminaison latine ; & delà vint le mot *parlamentum* dans nos anciennes chroniques aussi barbares que les peuples l'étaient alors.

On venait à ces assemblées en armes, comme en usent encore aujourd'hui les nobles Polonais, & presque toutes les grandes affaires fe décidaient à coups de fabre. Il faut avouer qu'entre ces anciennes affemblées de guerriers farouches , & nos tribunaux de juftice d'aujourd'hui , il n'y a rien de commun que le nom feul qui s'eft confervé.

Dans l'horrible anarchie de la race Sicambre de *Clovis*, il n'y eut que les guerriers qui s'affemblèrent en parlement les .armes à la main. Le major ou maire du palais furnommé *Pipinus*, que nous nommons *Fepin le Bref*, fit admettre les évêques à ces *parliamens* ; afin de fe fervir d'eux pour ufurper la couronne. Il fe fit facrer par un nommé *Boniface* auquel il avait donné l'archevêché de Mayence, & enfuite par le pape *Etienne* qui felon *Eghinard* , fecretaire de *Charlemagne* , dépofa lui-même le roi légitime *Childeric III*, & ordonna aux Francs de reconnaître à jamais les defcendans de *Pepin* pour leurs fouverains.

On voit clairement par cette aventure , ce que c'était que la loi des Francs , & dans quelle ftupidité les peuples étaient enfevelis.

Charlemagne, fils de *Pepin* , tint plufieurs fameux *parlemens* , qu'on appellait auffi conciles. Les affemblées de ville prirent le nom de *parlement*, & enfin les univerfités s'affemblèrent en *parlement*.

Il exifte encore une ancienne charte d'un *Raimond* de Touloufe , rapportée dans *Du Cange* , intitulée , « actes de Touloufe , dans la maifon , commune en par- » lement public. *Actum Tolofæ in domo commune , in » publico parlamento.* »

Dans une autre charte du Dauphiné, il eft dit que l'univerfité s'affembla en *parlement* au fon de la cloche.

Ainfi le même mot eft employé pour fignifier des choses très-différentes. Ainsi *diocèse*, qui signifiait province de l'empire, a été depuis appliqué aux paroisses dirigées par un évêque. Ainsi *empereur*, *imperator*, mot qui ne désignait qu'un général d'armée, exprima depuis la dignité d'un souverain d'une partie de l'Europe, de l'Asie & de l'Afrique. Ainsi le mot de *basileus*, *rex*, roi, a eu plusieurs acceptions différentes, & les noms & les choses ont subi les mêmes vicissitudes.

Lorsque *Hugues Capet* eut détrôné la race de *Pepin*, malgré les ordres des papes, tout tomba dans une confusion pire que sous les deux premières dinasties. Chaque seigneur s'était déjà emparé de ce qu'il avait pu, avec le même droit que *Hugues* s'était emparé de la dignité de roi. Toute la France était divisée en plusieurs seigneuries, & les seigneurs puissans réduisirent la plupart des villes en servitude. Les bourgeois ne furent plus bourgeois d'une ville, ils furent bourgeois du seigneur. Ceux qui rachetèrent leur liberté s'appellèrent francs-bourgeois. Ceux qui entrèrent au conseil de ville furent nommés grands-bourgeois ; ceux qui demeurèrent serfs attachés à la ville, comme les paysans à la glèbe, furent nommés petits-bourgeois.

Les rois de France ne furent long-tems que les chefs très-peu puissans de seigneurs aussi puissans qu'eux. Chaque possesseur d'un fief dominant établit chez lui des loix selon son caprice ; delà viennent tant de coutumes différentes & également ridicules. L'un se donnait le droit de siéger à l'église parmi des chanoines, avec un surplis, des bottes & un oiseau sur le poing. L'autre ordonnait que pendant les couches de sa femme tous ses vassaux battraient les étangs, pour faire taire les grenouilles du voisinage. Un autre se donnait le droit de marquette, de cuissage, de prélibation, c'est-à-dire de coucher avec toutes ses vassales, la première nuit de leurs noces.

A 4

Au milieu de cette épaiſſe barbarie les rois aſſem-
blaient encore des parlemens, compoſés des hauts barons qui voulaient bien s'y trouver, des évêques &
abbés. C'était à la vérité une choſe bien ridicule de voir
des moines violer leurs vœux de pauvreté & d'obéiſſance pour venir ſiéger avec les principaux de l'état ;
mais c'était bien pis en Allemagne où ils ſe firent princes
ſouverains. Plus les peuples étaient groſſiers, plus les
eccléſiaſtiques étaient puiſſans.

Ces parlemens de France étaient les états de la nation, à cela près que le corps de la nation n'y avait
aucune part : car la plupart des villes, & tous les villages ſans exception étaient en eſclavage.

L'Europe entière, excepté l'empire des Grecs, fut
long-tems gouvernée ſur ce modèle. On demande comment il ſe put faire que tant de nations différentes
ſemblaſſent s'accorder à vivre dans cette humiliante ſer-
vitude, ſous environ ſoixante ou quatre-vingts tyrans
qui avaient d'autres tyrans ſous eux, & qui tous enſemble compoſaient la plus déteſtable anarchie. Je ne
ſais d'autre réponſe, ſinon que la plupart des hommes
ſont des imbécilles, & qu'il était aiſé aux ſucceſſeurs
des vainqueurs Lombards, Vandales, Francs, Huns,
Bourguignons, étant poſſeſſeurs de châteaux, étant armés de pied en cap, & montés ſur de grands chevaux bardés de fer, de tenir ſous le joug les habitans des
villes & des campagnes qui n'avaient ni chevaux ni armes, & qui occupés du ſoin de gagner leur vie, ſe
croyaient nés pour ſervir.

Chaque ſeigneur féodal rendait donc juſtice dans ſes
domaines comme il le voulait. La loi en Allemagne portait qu'on appellât de leurs arrêts à la cour de l'empereur ; mais les grands terriens eurent bientôt le droit
de juger ſans appel, *jus de non appellando* ; tous les

électeurs jouiffent aujourd'hui de ce droit, & c'eft qui a réduit enfin les empereurs à n'être plus que les chefs d'une république de princes.

Tels furent les rois de France jufqu'à *Philippe-Augufte.* Ils jugeaient fouverainement dans leurs domaines ; mais ils n'exerçaient cette juftice fuprême fur les grands vaffaux que quand ils avaient la force en main. Voyez combien il en coûta de peines à *Louis le Gros* pour foumettre feulement un feigneur du *Puifet*, un feigneur de *Monthléri.*

L'Europe entière était alors dans l'anarchie. L'Efpagne était encore partagée entre des rois mufulmans, des rois chrétiens & des comtes. L'Allemagne & l'Italie étaient un chaos ; les querelles de *Henri IV* avec le pontife de Rome *Grégoire VII* donnèrent commencement à une jurifprudence nouvelle & à cinq cents ans de guerres civiles. Cette nouvelle jurifprudence fut celle des papes qui bouleversèrent la chrétienté pour y dominer.

Les pontifes de Rome profitèrent de l'ignorance & du trouble pour fe rendre les juges des rois & des empereurs ; ces fouverains, toujours en guerre avec leurs vaffeaux, étaient fouvent obligés de prendre le pape pour arbitre. Les évêques au milieu de cette barbarie établiffaient une jurifdiction monftrueufe ; leurs officiers eccléfiaftiques, étant prefque les feuls qui fuffent lire & écrire, fe rendirent les maîtres de toutes les affaires dans leurs états chrétiens.

Le mariage étant regardé comme un facrement, toutes les caufes matrimoniales furent portées devant eux, ils jugèrent prefque toutes les contentions civiles, fous prétexte qu'elles étaient accompagnées d'un ferment. Tous les teftamens étaient de leur reffort, parce qu'ils devaient contenir des legs à l'églife ; & tout teftateur qui avait oublié de faire un de ces legs qu'on appelle pieux était déclaré *déconfès*, c'eft-à-dire, à-peu-près fans religion ; il était privé de la fépulture, fon teftament était caffé ; l'églife en faifait un pour lui, & s'adjugeait ce que le mort aurait dû lui donner.

Voulait-on s'oppofer à ces violences, il fallait aller plaider à Rome où l'on était condamné.

Les inondations des barbares avaient fans doute caufé des maux affreux ; mais il faut avouer que les ufurpations de l'églife en cauferent bien davantage.

Ce n'eft pas ici le lieu d'entrer dans ces recherches dont toutes les hiftoires font pleines ; contentons-nous d'examiner quels furent les parlemens de France, & quels furent les tribunaux de juftice.

CHAPITRE II.

Des Parlemens jusqu'à Philippe le Bel.

LES parlemens furent toujours les assemblées des hauts barons. Cette police fut celle de toute l'Europe depuis la Vistule jusqu'au détroit de Gibraltar, excepté à Rome qui était sous une anarchie différente : car les empereurs prétendaient en être les souverains, les papes y disputaient l'autorité temporelle, le peuple y combattait souvent pour sa liberté ; & tandis que les évêques de Rome profitant des troubles & de la superstition des autres peuples donnaient des couronnes avec des bulles, & se disaient les maîtres des rois, ils n'étaient pas les maîtres d'un fauxbourg de Rome.

L'Allemagne eut ses diètes, l'Espagne eut ses cortès, la France & l'Angleterre eurent leurs parlemens. Ces parlemens étaient tous guerriers, & cependant les évêques & les abbés y assistaient parce qu'ils étaient seigneurs de fiefs, & par-là même réputés barons : & c'est par cette raison que les évêques siégent encore au parlement d'Angleterre.

Dans ces assemblées qui se tenaient principalement pour décider de la guerre & de la paix, on jugeait aussi des causes : mais il ne faut pas s'imaginer que ce fussent des procès de particuliers pour une rente, pour une maison, pour des minuties dont nos tribunaux retentissent, c'étaient les causes des hauts barons mêmes & de tous les fiefs qui ressortissaient immédiatement à la couronne.

Nicole Gille rapporte qu'en **1241** *Hugues de Lusignan*

comte de la Marche, ayant refufé de faire hommage au roi *faint Louis*, on affembla un parlement à Paris, dans lequel même les députés des villes entrèrent.

Ce fait eft rapporté très-obfcurément, il n'eft point dit que les députés des villes aient donné leur voix. Ces députés ne pouvaient être ceux des villes appartenantes aux hauts barons, ils ne l'auraient pas fouffert. Ces villes n'étaient prefque compofées alors que de bourgeois, ou ferfs du feigneur, ou affranchis depuis peu, & n'auraient pas donné probablement leur voix avec leurs maîtres. C'étaient fans doute les députés de Paris & des villes appartenantes au roi ; il voulait bien les convoquer à ces affemblées. Les grands bourgeois de ces villes étaient affranchis, le corps de l'hôtel-de-ville était formé. *Saint-Louis* put les appeler pour entendre les délibérations des barons affemblés en parlement.

Les députés des villes étaient quelquefois en Allemagne appellés à l'élection de l'empereur ; on prétend qu'à celle de *Henri l'Oifeleur* les députés des villes d'Allemagne furent admis dans le champ d'élection ; mais un exemple n'eft pas une coutume ; les droits ne font jamais établis que par la néceffité, par la force, & enfuite par l'ufage ; & les villes en ces tems-là n'étaient ni affez riches, ni affez puiffantes, ni affez bien gouvernées, pour fortir de l'abaiffement où le gouvernement féodal les avait plongées. Nous favons bien que les rois & les hauts barons avaient affranchi plufieurs de leurs bourgeois, à prix d'argent dès le tems des premières croifades, pour fubvenir aux frais de ces voyages infenfés. Affranchir fignifiait déclarer franc, donner à un Gaulois fubjugué le privilège d'un franc. *Francus tenens, liberè tenens.* Un des plus anciens affranchiffemens dont la formule nous ait été confervée eft de 1185, « *franchio* » *manu & ore, manumitto à confuetudine legis falicæ*

» *Johannem Pithon de vico , hominem meum & fuos*
» *legitimos natos , & ad fanum intellectum reduco , ità*
» *ut fuæ filiæ poffint fuccedere ; dictumque Johannem &*
» *fuos natos conftituo homines meos francos & liberos ,*
» *& pro hac franchefia habui decem & octo libras Vien-*
» *nenfium bonorum.* J'affranchis de la main & de la
» bouche, je délivre des coutumes de la loi fal que *Jean*
« *Pithon* de vic ou de ce village, mon homme, & fes
» fils légitimes, je les réintègre dans leur bon fens, de
» forte que fes filles puiffent hériter, & je conftitue ledit
» *Jean* & fes fils mes hommes francs & libres, & pour
» cette franchife, j'ai reçu dix-huit bonnes livres vien-
» noifes ».

Les ferfs qui avaient amaffé quelque argent avaient
ainfi acheté leur liberté de leurs rois ou feigneurs, & la
plupart des villes rentraient peu à peu dans leurs droits
naturels, dans leur bon fens, *in fanum intellectum.* En
effet le bon fens eft oppofé à l'efclavage.

Le règne de *faint Louis* eft une grande époque ; prefque tous les hauts barons de France étant morts ou
ruinés dans fa malheureufe croifade, il en devint plus
abfolu à fon retour, tout malheureux, & tout appauvri
qu'il était. Il inftitua les quatre grands bailliages de Ver-
mandois, de Sens, de faint Pierre le Moutier, & de
Mâcon, pour juger en dernier reffort les appels des
juftices des feigneurs qui n'eurent pas affez de puiffance
pour s'y oppofer : & au-lieu qu'auparavant les barons
jugeaient fouverainement dans leurs terres, la plupart
furent obligés de fouffrir qu'on appellât de leurs arrêts
aux bailliages du roi.

Il eft vrai que ces appels furent très-rares, les fujets
qui ofaient fe plaindre de leur feigneur dominant au
feigneur fuzerain, fe feraient trop expofés à la vengeance.

Saint Louis fit encore une autre innovation dans la séance des parlemens. Il en assembla quelquefois de petits, où il convoqua des clercs qui avaient étudié le droit canon; mais cela n'arrivait que dans des causes particulières qui regardaient les droits des prélats. Ainsi en 1260, dans une séance d'un parlement on examina la cause de l'abbé de Benoît-sur-Loire : & les clercs maître *Jean de Troyes*, & maître *Julien de Péronne*, donnèrent leurs avis avec le connétable, le comte de Ponthieu , & le grand-maître des arbalêtriers.

Ces petits parlemens n'étaient point regardés comme les anciens parlemens de la nation : on les appellait parloirs du roi, parloirs au roi ; c'étaient des conseils que le roi tenait quand il voulait, pour juger des affaires où les baillis trouvaient trop de difficulté.

Tout changea bien autrement sous *Philippe IV* surnommé *le Bel*, petit-fils de *saint Louis*. Comme on avait appellé du nom de parlemens ces parloirs du roi, ces conseils, où il ne s'agissait pas des intérêts de l'état; les vrais parlemens, c'est-à-dire les assemblées de la nation, ne furent plus connus que sous le nom d'états-généraux; nom beaucoup plus convenable, puisqu'il exprimait à la fois les représentans de la nation entière, & les intérêts publics. *Philippe* en 1302 appella pour la première fois le tiers-état à ces grandes assemblées. Il s'agissait en effet des plus grands intérêts du monde , de réprimer le pape *Boniface VIII* qui osait menacer le roi de France de le déposer, & surtout il s'agissait d'avoir de l'argent.

Les villes commençaient alors à devenir riches, depuis que plusieurs des bourgeois avaient acheté leurs franchises , qu'ils n'étaient plus serfs main-mortables , & que le souverain ne saisissait plus leur héritage , quand ils mouraient fans enfans. Quelques feigneurs, à l'exemple des rois, affranchirent auffi leurs fujets, & leur firent payer leur liberté.

Les communes fousle nom de tiers-état affiftèrent donc le 28 Mars 1302 par députés aux grands parlemens ou états-généraux, tenus dans l'églife de Notre-Dame. On y avait élevé un trône pour le roi, il avait auprès de lui le comte d'*Evreux* fon frère, le comte d'*Artois* fon coufin, les ducs de *Bourgogne*, de *Bretagne*, de *Lorraine*, les comtes de *Hainaut*, de *Hollande*, de *Luxembourg*, de *faint Pol*, de *Dreux*, de la *Marche*, de *Boulogne*, de *Nevers*. C'était une affemblée de fouverains. Les évêques dont on ne nous a pas dit les noms étaient en très-petit nombre, foit qu'ils craigniffent encore le pape, foit que plutôt ils fuffent de fon parti.

Les députés du peuple occupaient en grand nombre un des côtés de l'églife. Il eft trifte qu'on ne nous ait pas confervé les noms de ces députés. On fait feulement qu'ils préfentèrent à genoux une fupplique au roi, dans laquelle ils difaient. *C'eft grande abomination d'ouir que ce Boniface entende malement comme bougre, cette parole d'efpiritualité, ce que tu lieras en terre fera lié au ciel, comme fi cela fignifiait que s'il mettait un homme en prifon temporelle, Dieu pour ce le mettrait en prifon au ciel.*

Au refte il faut que le tiers-état ait fait rédiger ces paroles par quelque clerc; elles furent envoyées à Rome en latin : car à Rome on n'entendait pas alors le jargon groffier des Français, & ces paroles furent fans doute traduites depuis en français thiois telles que nous les voyons.

Les communes entraient dès-lors au parlement d'Angleterre : ainsi les rois de France ne firent qu'imiter une coutume utile, déjà établie chez leurs voisins. Les assemblées de la nation anglaise continuèrent toujours sous le nom de parlemens, & les parlemens de France continuèrent sous le nom d'états-généraux.

Le même *Philippe le Bel*, en 1305, établit ce qu'il s'était déjà proposé en 1302, que les parloirs au roi (comme on disait alors) ou *parlamenta curiæ* rendraient justice deux fois l'an à Paris, vers pâques & vers la toussaint. C'était une cour de justice suprême, telle que la cour du banc du roi en Angleterre, la chambre impériale en Allemagne, le conseil de Castille ; c'était un renouvellement de l'ancienne cour palatine.

Voici comme s'exprime *Philippe le Bel* dans son édit de 1302 : « *propter commodum subditorum nostrorum* » *& expeditionem causarum, proponimus ordinare quod* » *duo parlamenta Parisiis, duo scacaria Rotomagi,* » *dies trecenses bis tenebuntur in anno, & quod parla-* » *mentum Tolosæ tenebitur sicut solebat teneri tempori-* » *bus retroactis.* Pour le bien de nos sujets & l'expédi-» tion des procès nous nous proposons d'ordonner, qu'il » se tienne deux fois l'an, deux parlemens à Paris, » deux scacaires ou échiquiers à Rouen, des journées » (grands jours) à Troyes, & un parlement à Tou-» louse tel qu'il se tenait anciennement ».

Il est évident par cet énoncé que ces tribunaux étaient érigés pour juger les procès, qu'ils avaient tous une jurisdiction égale, qu'ils étaient indépendans les uns des autres.

Celui qui présida à la jurisdiction royale du parlement de Paris & qui tint la place du comte Palatin, fut un comte de Boulogne, assisté d'un comte de Dreux. Un archevêque

archevêque de Narbonne & un évêque de Rennes furent préſidens avec eux, & parmi les conſeillers on comptait le connétable *Gaucher de Châtillon.*

Préciſément dans le même tems & dans le même palais le roi *Philippe* créa une chambre des comptes. Cette cour ou chambre, ou parloir, ou parlement, eut auſſi de hauts barons & des évêques pour préſidens. Elle eut ſous *Philippe de Valois* le privilège royal de donner des lettres de grace, privilège que la chambre de parlement n'avait pas : cependant elle ne prétendit jamais repréſenter les aſſemblées de la nation, les champs de Mars & de Mai. Le parlement de Paris ne les a jamais repréſentées ; mais il eut d'ailleurs de très-hautes prérogatives.

CHAPITRE III.

barons fiégeans en Parlement & amovi-
s ; des clercs adjoints ; de leurs gages., des
gemens.

ıs féances du parlement duraient environ fix fe-
ɔs ou deux mois. Les juges étaient tous des hauts
ıs. La nation n'aurait pas fouffert d'être jugée par
res, il n'y avait point d'exemple qu'un ferf, ou un
ıchi, un roturier, un bourgeois eût jamais fiégé
aucun tribunal, excepté quand les pairs bourgeois
nt jugé leurs confrères dans les caufes criminelles.

ıs barons étaient donc feuls *confeillers jugeurs*,
ne on parlait alors. Ils fiegeaient l'épée au côté felon
ien ufage. On pouvait en quelque forte les comparer
anciens fénateurs romains, qui après avoir fait la
ion de juges dans le fénat, allaient fervir ou com-
der dans les armées.

ais les barons français étant très-peu inftruits des
& des coutumes, la plupart même fachant à peine
r leur nom, il y eut deux chambres des enquêtes,
lefquelles on admit des clercs & des laïques appellés
res ou licentiés en droit ; ils étaient *confeillers rap-*
urs. Ils n'étaient pas juges, mais ils inftruifaient les
ɔs, les préparaient, & les lifaient enfuite devant
arons confeillers jugeurs. Ceux-ci pour former leur
n'écoutaient que le bons fens naturel, l'efprit d'é-
, & quelquefois leur caprice. Ces confeillers rap-
urs, ces maîtres furent enfuite incorporés avec les

barons; c'est ainsi que dans la chambre impériale d'Allemagne & dans le conseil aulique, il y a des docteurs avec des gens d'épée. De même dans les conciles le second ordre fut presque toujours admis comme le plus savant. Il y eut presque en tout état des grands qui eurent l'autorité, & des petits qui en se rendant utiles finirent par la partager.

Les chambres des enquêtes étaient présidées aussi par des seigneurs & par des évêques. Les clercs ecclésiastiques & les clercs laïques faisaient toute la procédure. On sait assez qu'on appellait clercs ceux qui avaient fréquenté les écoles, quoiqu'ils ne fussent pas du clergé. Les notaires du roi s'appellaient les clercs du roi. Il avait dans sa maison des clercs de cuisine, c'est-à-dire des gens qui sachant lire & écrire tenaient les comptes de la cuisine; il y en a encore chez les rois d'Angleterre qui ont conservé beaucoup d'anciens usages entiérement perdus à la cour de France.

La science s'appellait clergie, & delà vient le terme de mauclerc, qui signifiait un ignorant, ou un savant qui abusait de son érudition.

Les rapporteurs des enquêtes n'étaient donc pas tous des clercs d'église, il y avait des séculiers savans dans le droit civil & le droit canon; c'est-à-dire un peu plus instruits que les autres dans les préjugés qui régnaient alors.

Le comte de *Boulainvilliers* & le célèbre *Fénelon* prétendent qu'ils furent tous tirés de la condition servile, mais certainement il y avait alors dans Paris, dans Orléans, dans Rheims, des bourgeois qui n'étaient point serfs; & c'était sans contredit le plus grand nombre. Aurait-on admis en effet des esclaves aux états-généraux, au grand parlement où états-généraux de France en 1302 & en 1355 ?

Ces commiffaires enquêteurs, qui firent bientôt corps avec le nouveau parlement, forcèrent par leur mérite & par leur fcience le monarque à leur confier cet important miniftère, & les barons juges à former leur opinion fur leur avis.

Ceux qui ont prétendu que la jurifdiction appellée parlement, s'affemblant deux fois par an pour rendre la juftice, était une continuation des anciens parlemens de France, paraiffent être tombés dans une erreur volontaire qui n'eft fondée que fur une équivoque.

Les pairs barons qui affiftaient aux vrais parlemens, aux états-généraux, y venaient par le droit de leur naiffance & de leurs fiefs. Les rois ne pouvaient les en empêcher. Ils venaient joindre leur puiffance à la fienne, & étaient bien éloignés de recevoir des gages pour venir décider de leurs propres intérêts au champ de Mars & au champ de Mai ; mais dans le nouveau parlement judiciaire, dans cette cour qui fuccéda aux parloirs du roi, aux confeils du roi, les confeillers recevaient cinq fous parifis chaque jour, ils exerçaient une commiffion paffagère, & très-fouvent ceux qui avaient fiégé à pâques n'étaient plus juges à la touffaint.

Philippe le Long, en 1320, ne voulut plus que les évêques euffent le droit de fiéger dans ce tribunal, & c'eft une nouvelle preuve que le nouveau parlement n'avait rien dès anciens que le nom ; car fi ç'eût été un vrai parlement de la nation, ce qui eft impoffible, le roi n'aurait pu en exclure les évêques qui depuis Pepin étaient en poffeffion d'affifter de droit à ces affemblées.

En un mot un tribunal érigé pour juger les affaires

contentieufes ne reffemble pas plus aux états-généraux, aux comices, aux anciens parlemens de la nation entière, qu'un préteur de Strasbourg ne reffemble aux préteurs de la république romaine; ou qu'un conful de la jurif-diction confulaire ne reffemble aux confuls de Rome.

Le même *Philippe le Bel* établit, commé on a vu, un parlement à Touloufe pour le pays de la langue de *oc* comme il en avait établi un pour la langue de *oui*. Peut-on dire que ces jurifdictions repréfentaient le corps de la nation françaife? Il eft vrai que le parlement de Touloufe n'eut pas lieu de long-tems; malgré l'ordon-nance du roi on ne trouva point affez d'argent pour payer les confeillers.

Il y avait déjà à Touloufe une chambre de parlement, ou parloir fous le comte de Poitiers frère de *faint Louis*, nouvelle preuve que les mêmes noms ne fignifient pas les mêmes chofes. Ces commiffions étaient paffagères comme toutes les autres. Ce parloir du comte de Poi-tiers, comte & pair de Touloufe, eft appellé auffi chambre des comptes. Le prince de Touloufe, quand il était à Paris, faifait examiner fes finances à Touloufe. Or quel rapport peut-il fe trouver entre quelques officiers d'un comte de Touloufe & les anciens parlemens francs? Ce ne fut que fous *Charles VII* que le parlement de Touloufe reçut fa perfection.

Enfin les grands jours de Troyes établis auffi par *Philippe le Bel*, ayant une jurifdiction auffi pleine & auffi entière que le parlement de Paris, achèvent de prou-ver démonftrativement que c'eft une équivoque puérile, une logomachie, un vrai jeu de mots de prendre une cour de juftice appellée parlement pour les anciens parle-mens de la nation françaife.

Nous avons encore l'ordonnance de *Philippe le Long*,

au sujet des requêtes du palais , de la chambre du parlement & de celles des comptes du tréfor ; en voici la traduction telle qu'elle fe trouve dans *Pafquier.*

Philippe par la grace de dieu , roi de France & de Navarre , faifons favoir à tous , que nous avons fait extraire de nos ordonnances , faites par notre grand confeil , les articles ci-après écrits. , &c. Or quel était ce grand confeil qui donnait ainfi des loix au parlement , & qui réglait ainfi fa police ? c'était alors les pairs du royaume , c'était les grands officiers que le roi affemblait. Il avait fon grand confeil & fon petit confeil. La chambre du parlement obéiffait à leurs ordres , donc elle ne pouvait certainement être regardée comme les anciennes affemblées du champ de Mai , puifqu'elle obéiffait à des loix émanées d'un confeil qui lui-même n'était pas l'ancien , le vrai parlement dé la nation.

CHAPITRE IV.

Du procès des Templiers.

LORSQUE *Philippe le Bel* institua la jurisdiction suprême du parlement de Paris, il ne paraît pas qu'il lui
attribuât la connaissance des causes criminelles; & en
effet on n'en voit aucune jugée par lui dans ces premiers
tems. Le procès des templiers, cet objet éternel d'infa-
mie & de doute, est une assez forte preuve que le parlement alors ne jugeait point les crimes: il y avait plus de
clercs que de laïques dans cette compagnie; il y avait des
chevaliers & des jurisconsultes. Rien ne lui manquait
donc pour être en état de juger ces templiers qui étaient
à la fois sujets du roi, & réputés un ordre ecclésiastique.
Cependant ils ne furent jugés que par des commissaires
du pape. *Clément V.*

D'abord le roi, le 13 Octobre 1307, fit arrêter les
templiers par ses baillis & par ses sénéchaux. Le pape
lui-même interrogea dans la ville de Poitiers soixante &
douze de ces chevaliers, parmi lesquels il est à remarquer qu'il y avait des prêtres: ils furent gardés au nom
du pape & du roi. Le pape délégua dans chaque diocèse
deux chanoines, deux jacobins, deux cordeliers, pour
condamner, suivant les saints canons, ces guerriers qui
avaient versé leur sang pour la religion chrétienne; mais
qui étaient accusés de quelque débauche, & de quelques
profanations. Le roi lui-même croyant faire une acte
d'autorité qui éludait celle du pape, en se joignant à lui,
fit expédier par son conseil privé, une commission à frère
Guillaume Parisius, inquisiteur du pape en France,
pour assister à l'interrogatoire des templiers; & nomma

B 4

auffi des barons dans la commiffion., comme *Bertrand de Agaffar*; chevalier, le fénéchal de Bigorre, le fénéchal de Beaucaire.

En 1308, le roi convoqua une grande affemblée à Tours, pour réfoudre en la préfence du pape & en la fienne, quel ufage on ferait du bien des templiers mis en fequeftre. Plufieurs hauts barons envoyèrent des procurations. Nous avons encore à la bibliothèque du roi celle de *Robert*, comte de Flandre, de *Jeanne de l'Ifle*, dame de Maïlli, de *Jean*, fils aîné du duc de Bretagne, d'*Elie de Tallerand*, comte de Périgord, d'*Artus*, comte de Richemont, prenant depuis le titre du duc de Bretagne, d'un *Thibaut*, feigneur de Rochefort, enfin de *Hugues*, duc de Bourgogne.

A l'égard du jugement prononcé contre les templiers, il ne le fut que par les commiffaires du pape; *Bernard*, *Etienne* & *Landulphe*, cardinaux, quelques évêques & des moines inquifiteurs. Les arrêts de morts furent portés en 1309 & non en 1307. Les actes en font foi, & la chronique de faint Denis le dit en termes exprès. On dit que l'églife abhorre le fang; elle n'a pas apparemment tant d'horreur pour les flammes. Cinquante-neuf chevaliers furent brûlés à Paris à la porte faint Antoine, tous proteftant de leur innocence, tous rétractant les aveux que les tortures leur avaient arrachés.

Le grand maître *Jacques Molay*, égal par fa dignité aux fouverains, *Gui*, frère du dauphin d'Auvergne, furent brûlés dans la place, vis-à-vis laquelle eft aujourd'hui la ftatue de *Henri IV*. Ils prirent dieu à témoin tant qu'ils purent parler, & citèrent au jugement de Dieu le roi & le pape.

Le parlement n'eut aucune part à ce procès extraordinaire, témoignage éternel de la férocité où les nations

chrétiennes furent plongées jufqu'à nos jours; mais lorfque *Clément V*, dans le concile général de Vienne,
abolit en 1312 l'ordre des templiers de fa feule autorité,
& malgré la réclamation du concile entier, dans lequel
il n'y eut que quatre évêques de fon avis, lorfqu'il fallut
difpofer des biens-fonds des chevaliers, lorfque le pape
eut donné ces biens aux hofpitaliers de faint Jean de
Jérufalem, le roi ayant accédé à cette donation, le parlement mit en poffeffion les hofpitaliers, par un arrêt
rendu en 1312 le jour de l'octave de *faint Martin* ; arrêt
dans lequel il n'eft parlé que de l'ordre du roi, & point
du tout de celui du pape; il ne participa ni à l'iniquité
des fupplices, ni à l'activité des procédures facerdotales,
il ne fe mêla que de la tranflation des biens d'un ordre à
un autre; & on voit que dès ce tems il foutint la dignité
du trône contre l'autorité pontificale, maxime dans laquelle il a toujours perfifté fans aucune interruption.

CHAPITRE V.

Du Parlement devenu assemblée de jurisconsul-
tes , & comme ils furent assesseurs en cour
des pairs.

DANS les horribles malheurs qui affligèrent la France
sous *Charles VI*, toutes les parties de l'administration
furent également abandonnées; on oublia même de renouveller les commissions aux juges du parlement , & ils se
continuèrent eux-mêmes dans leurs fonctions, au-lieu de
les abandonner. C'est en quoi ils rendirent un grand
service à l'état , où du moins aux provinces de leur ressort,
qui n'auraient plus eu aucun recours pour demander
justice.

Ce fut dans ce tems-là même que les seigneurs qui
étaient juges, obligés l'un après l'autre d'aller défendre
leurs foyers à la tête de leurs vassaux , quittèrent le tribunal. Les jurisconsultes , qui dans la première institution ne servaient qu'à les instruire, se mirent à leur place.
Ceux qui devinrent présidens prirent l'habit des anciens
chevaliers. Les conseillers retinrent la robe des gradués
qui étaient serrée comme elle l'est encore en Espagne, &
ils lui donnèrent ensuite plus d'ampleur.

Il est vrai qu'en succédant aux barons , aux chevaliers,
aux seigneurs qu'ils surpassaient en science , ils ne purent
participer à leur noblesse. Nulle dignité alors ne faisait
un noble. Les premiers présidens *Simon de Buffi*, *Braq*,
Dauvet , les chanceliers mêmes, *Guillaume de Dormans*,
& *Arnaud de Corbie* , furent obligés de se faire annoblir.

On peut dire que c'eft une grande contradiction que ceux qui jugent fouverainement les nobles ne jouiffent pas des droits de la nobleffe ; mais enfin telle fut leur condition dans un gouvernement originairement militaire, & j'oferais dire barbare. C'eft en vain qu'ils prirent les titres de chevaliers ès loix, de bacheliers ès loix, à l'imitation des chevaliers & des écuyers ; jamais ils ne furent agrégés au corps de la nobleffe ; jamais leurs enfans n'entrèrent dans les chapitres nobles, ils ne purent avoir de féance dans les états-généraux, le baronage n'aurait pas voulu les recevoir ; & ils ne voulaient pas être confondus dans le tiers-état. Lors même qu'en 1355 les états-généraux fe tinrent dans la grande falle du palais, aucun membre du parlement, qui fiégeait dans la chambre voifine, n'eut place dans cette falle. Si quelque baron confeiller y fut admis, ce fut comme baron & non comme confeiller. *Marcel*, prévôt des marchands, était à la tête du tiers-état ; & c'eft encore une confirmation que le parlement, fuprême cour de judicature, n'avait pas le moindre rapport aux anciens parlemens français.

Lorfqu'*Edouard III* difputa d'abord la régence avant de difputer la couronne de France à *Philippe de Valois* aucun des deux concurrens ne s'adreffa au parlement de Paris. On l'aurait certainement pris pour juge & pour arbitre, s'il avait tenu la place de ces anciens parlemens qui repréfentaient la nation. Toutes les chroniques de ce tems-là nous difent que *Philippe* s'adreffa aux pairs de France & aux principaux barons qui lui adjugèrent la régence. Et quand la veuve de *Charles-le-Bel*, pendant cette régence, eut mis au monde une fille, *Philippe de Valois* fe mit en poffeffion du royaume fans confulter perfonne.

Lorfqu'*Edouard* rendit fi folemnellement hommage à *Philippe*, aucun député du parlement n'affifta à cette grande cérémonie.

Philippe de Valois, voulant juger *Robert* comte d'Artois, convoqua les pairs lui-même par des lettres fcellées de fon fceau, *pour venir devant nous en notre cour fuffifamment garnie de pairs.*

Le roi tint fa cour au Louvre; il créa fon fils *Jean* pair de France, pour qu'il pût affifter à cette affemblée. Les magiftrats du parlement y eurent place comme affeffeurs verfés dans les loix ; ils obtinrent l'honneur de juger avec le roi de Bohême, avec tous les princes & pairs. Le procureur du roi forma l'accufation. *Robert d'Artois* n'aurait pu être jugé dans la chambre du parlement, ce n'était pas l'ufage, & il ne pouvait fe tenir pour jugé fi le roi n'avait été préfent.

Jeanne de Bourgogne, femme de *Philippe-le-Long*, *Marguerite de Bourgogne* femme de *Louis-Hutin* duc d'Alençon, accufées précédemment d'adultère, n'avaient point été jugées par le parlement, ni *Enguerand de Marigni* comte de Longueville, accufé de malverfations fous *Louis Hutin*, ni *Pierre Remi* général des finances fous *Philippe de Valois.*; n'eurent la chambre de parlement pour juge; ce fut *Charles de Valois* qui condamna *Marigni* à mort, affifté de quelques grands officiers de la couronne, & de quelques feigneurs dévoués à fes intérêts. Il fut condamné à Vincennes en 1315. *Pierre Remi* fut jugé de même en 1328 par des commiffaires que nomma *Philippe de Valois*

Le duc de Bourgogne fit arrêter en 1409 *Montaigu*, grand-maître de la maifon de *Charles VI*, & furintendant des finances. On lui donna des commiffaires *juges de tyrannie*, comme dit la chronique, qui lui firent fubir la queftion. En vain il demanda à être jugé par le parlement, fes juges lui firent trancher la tête aux halles. C'eft ce même *Montaigu* qui fut enterré aux céleftins de Marcouffi. On fait la réponfe que fit un de ces

moines à *François I* : quand il entra dans l'églife, il
vit ce tombeau, & comme il difait que *Montaigu*
avait été condamné par juftice; non fire, répondit le
le bon moine, il fut condamné par commiffaires.

Il eft sûr qu'alors il n'y avait point encore de chambre criminelle établie au parlement de Paris. On ne voit
point qu'en ces tems-là il ait feul jugé perfonne à mort.
C'était le prévôt de Paris & le châtelet qui condam-
naient les malfaiteurs. Cela eft fi vrai que le roi *Jean*
en 1350 fit arrêter fon connétable le comte d'*Eu*,
pair de France, par le prévôt de Paris. Ce prévôt le
jugea, le condamna feul en trois jours de tems, & on lui
trancha la tête dans la propre maifon du roi qui était
alors l'hôtel de Neffe, en préfence de toute fa cour,
fans qu'aucun des confeillers de la chambre du parlement
y fût mandé.

Nous ne rapportons pas ce trait comme un acte de
juftice; mais il fert à prouver combien les droits du
nouveau parlement fédentaire à Paris étaient alors peu
établis.

CHAPITRE VI.

Comment le Parlement de Paris devint juge du dauphin de France, avant qu'il eût seul jugé aucun pair.

PAR une fatalité singulière, le parlement de Paris, qui n'avait jamais dans la chambre jugé aucun pair du royaume, devint juge du dauphin de France, héritier de la couronne, en l'an 1420. Voici le détail de cette étrange aventure.

Louis duc d'Orléans, frère du malheureux roi *Charles VI*, avait été assassiné dans Paris par ordre de *Jean sans-peur*, duc de Bourgogne, qui fut présent lui-même à l'exécution de ce crime en 1417. Il ne se fit aucune procédure au parlement de Paris touchant cet assassinat du frère unique du roi. Il y eut un lit de justice qui se tint au palais dans la grand'chambre ; mais ce fut à l'occasion de la maladie où retomba alors le roi *Charles VI*. On choisit cette chambre du palais de St. Louis pour tenir l'assemblée, parce qu'on ne voulait pas délibérer sous les yeux du roi même dans son hôtel de St. Paul, des moyens de gouverner l'état pendant que sa maladie l'en rendait incapable ; on ménageait sa faiblesse. Tous les pairs qui étaient à Paris, tous les grands officiers de la couronne, le connétable à leur tête, tous les évêques, les chevaliers, les seigneurs du grand-conseil du roi, les magistrats des comptes, des aides, les officiers du trésor, ceux du châtelet, y prirent tous séance ; ce fut une assemblée de notables, où l'on décida qu'en cas que le roi restât malade ou qu'il mourût, il n'y aurait point de régence, & que l'état ferait gouverné comme il l'était par la reine & par les princes du sang ; assisté du connétable d'*Armagnac*, du chancelier, & des plus sages hommes du conseil ; décision, qui comme l'a très-bien remarqué un auteur de la nouvelle histoire de France, ne servait qu'à augmenter les troubles dont on voulait sortir.

Il ne fut pas, dit un seul mot dans cette assemblée de l'assassinat du duc d'Orléans. Le duc de Bourgogne son meurtrier, qui avait mis les Parisiens dans son parti, vint hardiment se justifier, non pas devant le parlement, mais au palais du roi même à l'hôtel de St. Paul, devant tous les princes du sang, les prélats, les grands officiers. Des députés du parlement, de la chambre des comptes, de l'université de la ville de Paris, y siégèrent. Le duc de Bourgogne s'assit à son rang de premier pair. Il avait amené avec lui ce cordelier normand nommé *Jean Petit*, docteur de l'université, qui justifia le meurtre du duc d'Orléans, & qui conclut : *Que le roi devait en récompenser le duc de Bourgogne à l'exemple des rémunérations que Dieu donna à monseigneur saint Michel, archange pour avoir tué le diable, & à Phinée pour avoir tué Zambri.*

Le même *Petit* répéta cette harangue le lendemain dans le parvis de Notre-Dame, en présence de tout le peuple. Il fut extrêmement applaudi. Le roi, qui dans son état funeste n'était pas plus maître de la France que de lui-même, fut forcé de donner des lettres patentes par lesquelles il déclara : *qu'il était de son courage toute déplaisance de la mort de son frère, & que son cousin le duc de Bourgogne demeurerait en son singulier amour.* C'est ainsi que ces paroles prononcées dans le jargon de ce tems-là furent traduites ensuite.

La ville de Paris, depuis ce jour, resta en proie aux

ux. confpirations , aux meurtres, & à l'im-
tous les crimes.

1419 les amis du jeune dauphin *Charles*,
e feize ans & demi, trahi par fa mère, aban-
fon père, & perfécuté par ce même *Jean fans*-
dé Bourgogne , vengèrent ce prince , & la
ic d'Orléans fon oncle fur le duc de Bourgogne
Ils l'attirèrent à une conférence fur le pont
reau, & le tuèrent aux yeux du dauphin
n'a jamais été avéré que le dauphin eût été
i complot, encore moins qu'il l'eût comman-
e de fa vie prouve affez qu'il n'était pas fan-
Il fouffrit depuis qu'on affaffinât fes favoris,
ordonna jamais de meurtre. On ne peut guère
her que de la faibleffe ; & fi *Tannegui du*
fes autres favoris avaient abufé de fon jeune
ii faire approuver cet affaffinat, cet âge même
rvir à l'excufer d'avoir permis un crime. Il
inement moins coupable que le duc de Bour-
i pouvait dire encore qu'il n'avait permis que
i d'un traître, qui venait de figner avec le
leterre un traité fecret, par lequel il recon-
droit de *Henri V* à la couronne, & jurait
ine guerre mortelle à *Charles VI qui fe dit*
ance , & à fon fils. Ainfi, de tous les at-
mmis en ce tems-là, le meurtre du duc de
e était le plus pardonnable.

on fut à Paris cet affaffinat, prefque tous les
& tous les corps qui n'étaient pas du parti du
affemblèrent le jour même ; ils prirent l'écharpe
était la couleur de Bourgogne. Le comte de
, de la maifon de *Luxembourg*, fit prêter
lans l'hôtel-de-ville aux principaux bourgeois
Charles foi-difant dauphin. Le comte de *St.*
Paul

Paul, le chancelier de *Laitre*, & plusieurs magistrats allèrent, au nom de la ville, demander la protection du roi d'Angleterre *Henri V* qui ravageait alors la France.

Morvilliers l'un des présidens du parlement fut député, pour prier le nouveau duc *Philippe de Bourgogne* de venir dans Paris. La reine *Isabelle de Bavière*, ennemie dès long-tems de son fils, ne songea plus qu'à le déshériter. Elle profita de l'imbécillité de son mari pour lui faire signer ce fameux traité de Troyes, par lequel *Henri V* en épousant *Catherine de France* était déclaré roi conjointement avec *Charles VI* sous le vain nom de régent, & seul roi après la mort de *Charles* qui ne reconnût que lui pour son fils. Et par le 29e. article le roi promettait *de ne faire jamais aucun accord avec Charles soi-disant dauphin de Vienne, sans l'assentement des trois états des deux royaumes de France & d'Angleterre.*

Il faut s'arrêter un moment à cette clause, pour voir qu'en effet les trois états étaient le véritable parlement, puisque ces trois états n'avaient point d'autre nom en Angleterre.

Après ce traité les deux rois & *Philippe* duc de Bourgogne arrivèrent à Paris le premier Novembre 1420. On représenta devant eux les mystères de la passion dans les rues. Tous les capitaines des bourgeois vinrent prêter serment entre les mains du président *Morvilliers* de reconnaître le roi d'Angleterre. On convoqua le conseil du roi, les grands officiers de la couronne, & les officiers de la chambre du parlement, avec des députés de tous les autres corps, pour juger solemnellement le dauphin; on donna même à cette assemblée le nom d'états-généraux pour la rendre plus auguste. *Philippe de Bourgogne*, la duchesse sa mère, *Marguerite* duchesse de

Hist. du Parl. de Paris. C

Guyenne, & les princesses ses filles furent les parties plaignantes.

D'abord l'avocat *Rollin*, qui fut depuis chancelier de Bourgogne, plaida contre le prince. Jean *l'Archet* député de l'université parla après lui avec beaucoup plus d'emportement encore. *Pierre Marigni*, avocat pour *Charles VI*, donna ses conclusions, & le chancelier *Jean le Clerc* promit qu'à l'aide du roi d'Angleterre, régent de France, héritier dudit roi, il serait fait bonne justice.

Les Anglais malgré tous les troubles qui ont agité leur pays, ayant toujours été plus soigneux que nous de conserver leurs archives, ont trouvé à la tour de Londres l'original de l'arrêt préliminaire qui fut donné dans cette grande assemblée; en voici les articles principaux.

« Oui aussi notre procureur - général, lequel a prins
» ses conclusions pertinentes au cas, avec requêtes &
» supplications à nous faites par notre chère & amée fille
» l'université de Paris, par nos chers & amés les éche-
» vins, bourgeois & habitans de notre bonne ville de
» Paris, & les gens des trois états des plusieurs bonnes
» villes...... nous, eue sur ce grande & mûre délibéra-
» tion, vues en notre conseil & duement visitées en
» notre conseil les alliances faites entre notre feu cousin
» le duc de Bourgogne, & *Charles* soi-disant dauphin,
» accordées & jurées sur la vraie croix & saints évan-
» giles de DIEU...... & que néanmoins notre dit feu
» cousin de Bourgogne, lequel était de notre maison
» de France notre cousin si prouchain, comme cousin
» germain, doyen des pairs, & deux fois pairs de
» de France, qui tant avoit toujours amé le bien de
» nous & de notre royaume....... & afin d'entretenir la
» paix étoit allé à Montreau foulé acome, accompagné
» de plusieurs seigneurs, à la prière & requête de la
» partie desdits crimineux, avait été mortri & tué audit

» lieu de Montreau mauvaifement, traîtreufement &
» damnablement, nonobftant les promeffes & ferremens
» faits & fes renovellés audit Montreau *par lui* & fes
» complices....... par l'avis & délibération des gens de
» notre grand-conseil, gens laïs de notre parlement, &
» autres nos conseillers en grand nombre, avons déclaré
» & déclarons tous les coupables dudit damnable crime,
» chacun d'eux avoir commis crime de lèze-majefté, &
» conféquemment avoir forfait envers nous corps &
» biens, & être inhabiles & indignes de toutes fuccef-
» fions & allaceaux (collatéral) & de toutes dignités,
» honneurs, prérogatives, avec les autres peines &
» pugnitions contre les commetteurs de crime de lèze-
» majefté, & leur ligne de poftérité...... fi donnons en
» mandement à nos amés & féaux conseillers les gens
» de notre parlement, & à tous nos autres jufticiers,
» que au regard des conclufions, des complaignans &
» de notre procureur ; ils faffent & adminiftrent juftice
» aux parties, & procèdent contre lefdits coupables
» par voie extraordinaire, ce befoin eft, & tout ainfi
» que le cas requiert..... Donné à Paris le 23 jour de
» Décembre l'an de grace 1420, & de notre règne le
» 41. Par le roi en fon conseil, & plus bas, Millet. »

Il eft évident que ce fut en vertu de cet arrêt prononcé
au nom du roi que la chambre du parlement de Paris
donna fa fentence quelques jours après, & condamna le
dauphin à ce banniffement.

Jean Juvenal des Urfins avocat ou procureur du roi,
qui fut depuis archevêque de Rheims, a laiffé des
mémoires fur ce tems funefte ; & voici ce qu'on trouve
dans les annotations fur fes mémoires.

« Du parlement commençant le 12 Novembre 1420,

» le 3 Janvier fut ajourné à trois briefs jours (*a*) en
» cas de banniſſement à ſon de trompe ſur la table de
» marbre, meſſire *Charles de Valois* dauphin de Vien-
» nois & ſeul fils du roi ; à la requête du procureur-
» général du roi, pour raiſon de l'homicide fait en la
» perſonne de *Jean* duc de Bourgogne & après toutes
» ſolemnités faites en tels cas, fut par arrêt convaincu
» des cas à lui impoſés, & comme tel banni & exilé à
» jamais du royaume ; & conſéquemment déclaré indi-
» gne de ſuccéder à toutes ſeigneuries venues & à
» venir ; duquel arrêt ledit *Valois* appella, tant pour ſoi
» que pour ſes adhérens, à la pointe de ſon épée, &
» fit vœu de relever & de pourſuivre ſadite appellation;
» tant en France qu'en Angleterre , & par tous pays
» du duc de Bourgogne. »

Ainſi le malheur des tems fit que le premier arrêt,
que rendit la chambre de parlement contre un pair,
fut contre le premier des pairs, contre l'héritier néceſſaire de la couronne, contre le fils unique du roi. Cet
arrêt violait en faveur de l'étranger & de l'ennemi de
l'état, toutes les loix du royaume & celles de la nature.
Il abrogeait la loi ſalique auparavant gravée dans tous les
cœurs.

Le ſavant comte de *Boulainvilliers* dans ſon traité du
gouvernement de France appelle cet arrêt, *la honte éternelle du parlement de Paris*. Mais c'était encore plus la
honte des généraux d'armée qui n'avait pu ſe défendre
contre le roi *Henri. V*, celle des factions de la cour , &
ſurtout celle d'une mère implacable, qui ſacrifiait ſon
fils à ſa vengeance.

(*) Il eſt clair que le préſident *Hénault* ſe trompe en niant
ce fait dans ſon abrégé chronologique. Il n'avait pas vu cet arrêt.
Conſultez l'hiſtoire de France de l'abbé *Velli*.

Le dauphin ſe retira dans les provinces au-delà de la Loire ; les pays de la langue de *Oc* prirent ſon parti avec d'autant plus d'empreſſement que les pays de la langue de *Oui* lui étaient abſolument contraires. Il y avait alors une grande averſion entre ces deux partis du royaume de France qui ne parlaient pas la même langue, & qui n'avaient pas les mêmes loix, toutes les villes de la langue de *Oui* ſe gouvernant par les coutumes que les Francs & les ſeigneurs féodaux avaient introduites, tandis que les villes de la langue de *Oc* qui ſuivaient le droit romain ſe croyaient très-ſupérieures aux autres.

Le dauphin, qui s'était déjà déclaré régent du royaume pendant la maladie du roi ſon pere, établit à Poitiers un autre parlement compoſé de quelques juriſconſultes en petit nombre. Mais au milieu de la guerre qui déſolait toute la France, ce faible parlement reſta long-tems ſans aucune autorité, & il n'eut guère d'autres fonctions que celle de caſſer inutilement les arrêts du parlement de Paris & de déclarer *Jeanne d'Arc*, pucelle.

CHAPITRE VII.

De la condamnation du duc d'Alençon.

IL paraît qu'il n'y avait rien alors de bien clairement établi fur la manière dont il fallait juger les pairs du royaume quand ils avaient le malheur de tomber dans quelque crime, puifque *Charles VII* dans les dernières années de fa vie, en 1458, demanda au parlement qui tenait des registres, comme il fallait procéder contre *Jean II duc d'Alençon*, accufé de haute trahifon. Le parlement répondit que le roi devait le juger en perfonne accompagné des pairs de France & autres feigneurs tenant en pairie, & autres notables de fon royaume, tant prélats que gens de fon confeil qui en doivent connaître.

On ne conçoit guère comment le parlement prétendait que des prélats devaient affifter à un confeil criminel; apparemment qu'ils devaient affifter feulement comme témoins, & pour donner au jugement plus de folemnité.

Le roi tint fon lit de juftice à Vendôme. Sur les bancs de la droite étaient placés le dauphin qui n'avait que douze ans, les ducs d'Orléans & de Bourbon, les comtes d'Angoulême, du Maine, d'Eu, de Foix, de Vendôme & de Laval. Au deffous de ce banc étaient affis trois préfidens du parlement, le grand maître de Chabannes, quatre maîtres des requêtes, le bailli de Senlis, & dix-fept confeillers.

Au haut banc de la gauche, vis-à-vis les princes & pairs laïques était le chancelier de France de *Trenel*, les fix pairs eccléfiaftiques, les évêques de Nevers, de Paris, d'Agde, & l'abbé de faint Denis. Au deffous d'eux,

ſur un autre banc ſiégeaient les ſeigneurs de la Tour d'Auvergne , de Torci , de Vauvert , le bailli de Touraine ,
les ſires de Prie & de Précigni , le bailli de Rouen & le
ſire d'Eſcarts.

Sur un banc à côté étaient quatre tréſoriers de France,
le prévôt des marchands , & le prévôt de l'hôtel du roi ,
& après eux , dix-ſept autres conſcillers du parlement.
Il faut remarquer que c'eſt dans cette aſſemblée que les
chancelliers précédèrent pour la première fois les évêques ,
& que depuis ils ne cédèrent point le pas aux cardinaux
pendant pluſieurs années.

Nous n'avons aucun monument qui apprenne ſi le duc
d'Alençon fut interrogé & répondit devant cette aſſemblée ; nous n'avons point la procédure ; on ſait ſeulement que ſon arrêt de mort lui avait déjà été notifié dans
la priſon par *Thoret* préſident du parlement, *Jean Bou-
langer* conſeiller , & *Jean Bureau* tréſorier de France.

Enſuite *Guillaume Juvenal des Urſins* chancelier de
France lut l'arrêt en préſence du roi. Et *Jean Juvenal
des Urſins* archevêque de Rheims exhorta le roi à faire
miſéricorde. Les pairs eccléſiaſtiques & les autres prélats
aſſiſtèrent à cet arrêt qui eſt du 10. Octobre 1458. Il
paraît qu'ils donnèrent tous leur voix , mais qu'aucun
d'eux n'opina à la mort.

Le roi lui fit grace de la vie , mais il le confina dans
une priſon pour le reſte de ſes jours. *Louis XI* l'en
retira à ſon avénement à la couronne ; mais ce prince
mécontent enſuite de *Louis XI* ſe ligua contre lui avec
les Anglais. Il n'appartenait pas à tous les princes de
faire de telles alliances. Un duc de Bourgogne, un duc
de Bretagne étaient aſſez puiſlans pour oſer faire de
telles entrepriſes , mais non pas un duc d'Alençon.

Louis XI le fit arrêter par fon grand-prévôt *Triſtan*
l'hermite ; on rechercha fa conduite, on trouva qu'il
avait fait de la fauſſe monnoie dans fes terres ; & qu'il
avait ordonné l'aſſaſſinat d'un de ceux qui avaient trahi
le fecret de fa conſpiration fous *Charles VII.*

Enfermé au château de Loches en 1472, il y fut
interrogé par le chancelier de France *Guillaume Ju-*
venal des Urſins, aſſiſté du comte de Dunois, de *Guil-*
laume Couſineau chambellan du roi, de *Jean le Bou-*
langer premier préſident du parlement, de pluſieurs
membres de ce corps, & de ceux du grand-conſeil.
Toutes ces formalités furent toujours arbitraires. On
voit un évêque de Bayeux patriarche de Jéruſalem, un
bailli de Rouen, un correcteur de la chambre des comptes, comfiſquer au profit du roi le duché d'Alençon,
& toutes les terres du coupable avant même qu'il foit
jugé.

On continua fon procès au Louvre par des commiſ-
faires, & il fut enfin jugé définitivement le 18 juillet
1474 par les chambres aſſemblées, par le comte de Dunois qui n'était pas encore pair de France, par un
fimple chambellan par des conſeillers du grand-conſeil ;
formalités qui certainement ne s'obſerveraient pas aujourd'hui.

Ce fut en ce tems-là que l'on commença à regarder
le parlement comme la cour des pairs, parce qu'il avait
jugé un prince pair, conjointement avec les autres pairs.

Les tréforiers de France l'avaient jugé auſſi, & cependant on ne leur donna jamais le nom de cour des
pairs. Ils n'étaient que quatre, & n'avaient pas une
jurifdiction contentieuſe. La volonté feule des rois les
appelait à ces grandes aſſemblées. Leur décadence prouve
à quel point tout peut changer. Des compagnies s'é-

lèvent, d'autres s'abaissent & enfin s'évanouissent. Il
en est de même de toutes les dignités. Celle de chancelier fut long-tems la cinquième, & devint la première, celles de grand-sénéchal, de connétable, n'exis-
tent plus.

Commè la cour du parlement reçut alors la dénomination de cour des pairs, non par aucune concession
particulière des rois, mais par la voix publiqué & par
l'usage, c'est ici qu'il faut examiner en peu de mots ce
qui concerne les pairs de France.

CHAPITRE VIII.

*Des pairs, & quels furent les pairs qui jugèrent
à mort le roi Jean fans-terre.*

PAIRS, *pares*, *compares*, ne fignifie pas feulement
des feigneurs égaux en dignité, il fignifie toujours des
hommes de même profeffion , de même état. Nous
avons encore la charte adreffée au monaftère nommé
Anizola par *Louis le pieux, le débonnaire*, ou *le faible*,
rapportée par *Baluze*; *vos pairs*, dit-il , *m'ont trompé
avec malice*; c'eft ainfi que les moines étaient pairs.

Dans une bulle d'*Innocent II* à la ville de Cambrai ,
il eft parlé de tous les pairs habitans de Cambrai.

Il eft inutile de rapporter d'autres exemples , c'eft
un fait qui n'admet aucun doute. Le droit d'être jugé
par fes pairs eft auffi ancien que les fociétés des hommes. Un Athénien était jugé par fes pairs athéniens,
c'eft-à-dire par des citoyens comme lui. Un Romain
l'était par les centumvirs , & fouvent par le peuple
affemblé. Et quiconque fubiffait un jugement pouvait
devenir juge à fon tour. C'eft une forte d'efclavage , fi
on peut s'exprimer ainfi , que d'être foumis toute fa
vie à la fentence d'autrui , fans pouvoir jamais donner
fa fentence. Ainfi aujourd'hui encore en Angleterre ,
celui qui a comparu devant douze de fes pairs nommés
jurés eft bientôt nommé juré lui-même. Ainfi le noble
Polonais eft jugé par fes pairs nobles dont il eft également juge ; il n'y avait point d'autre jurifprudence
chez tous les peuples du nord.

Avant que toutes ces nations répandues au-delà du

Danube, de l'Elbe, de la Viſtule, du Tanaïs, du Bo-
riſthène, euſſent inondé l'empire romain, elles faiſaient
ſouvent des aſſemblées publiques, & le petit nombre
de procès, que pouvaient avoir ces hommes qui ne poſſé-
daient rien, ſe décidaient par des Pairs, par des jurés.

Mais on demande quels étaient les pairs de France ?
On a tant parlé des douze pairs de *Charlemagne*, tous
les anciens romans qui ſont en partie notre hiſtoire,
citent ſi ſouvent ces douze pairs inconnus, qu'il y a
ſûrement quelque vérité dans leurs fables. Il eſt très-
vraiſemblable que ces douze pairs étaient les douze grands
officiers de *Charlemagne*. Il jugeait avec les cauſes principales, de même que dans chaque ville les citoyens
étaient jugés par douze jurés. Ce nombre de douze
ſemblait être conſacré chez les anciens Francs ; un duc
avait ſous lui douze comtes, un comte commandait à
douze officiers ſubalternes. On ſait que ces ducs, ces
comtes dans la décadence de la famille de *Charlemagne*,
rendirent leurs gouvernemens & leurs dignités hérédi-
taires ; ce qui n'était pas bien mal-aiſé. Les grands officiers des *Othons* & des *Frédérics* en ont fait autant
en Allemagne ; ils ont fait plus, ils ſe ſont conſervés
dans le droit d'élire l'empereur. Ce ſont de véritables
pairs qui ont continué & fortifié le gouvernement féodal, aboli aujourd'hui en France, ainſi que toutes les
anciennes coutumes.

Dès que tous les ſeigneurs des terres en France eurent aſſuré l'hérédité de leurs fiefs, tous ceux qui relevaient immédiatement du roi furent également pairs ;
de ſorte qu'un ſimple baron ſe trouva quelquefois juge
du ſouverain d'une grande province ; & c'eſt ce qui arriva lorſque *Jean ſans-terre*, roi d'Angleterre & vaſſal
de *Philippe-Auguſte*, fut condamné à mort par le vrai
parlement de France, c'eſt-à-dire par les ſeuls pairs aſſemblés en 1203.

Il est bien étrange que nos historiens ne nous aient jamais dit quels étaient ces pairs qui osèrent juger à mort un roi d'Angleterre. Un événement si considérable méritait un peu plus d'attention. Nous avons été, généralement parlant, très-peu instruits de notre histoire. Je me souviens d'un magistrat qui croyait que *Jean sans-terre* avait été jugé par les chambres assemblées.

Les juges furent sans difficulté les mêmes qu'on voit quelques mois après tenir la même assemblée de parlement à Villeneuve-le-roi, le 1 Mai 1204. *Eudes* duc de Bourgogne, *Hervé* comte de Nevers, *Renaud* comte de Boulogne, *Gaucher* comte de St. Paul, *Gui de Dampierre*, assistés d'un très-grand nombre de barons, sans qu'il y eût aucun clerc, aucun légiste, aucun homme qualifié du nom de maître. Cette assemblée qui fut convoquée pour affermir l'établissement des droits féodaux, *stabilimentum feudorum*, fut sans doute la même qui avait fait servir ces loix féodales à la condamnation de *Jean sans-terre*, & qui voulut justifier son jugement.

Les ducs & pairs, les comtes & pairs, étaient sans doute de plus grands seigneurs que les barons pairs, parce qu'ils avaient de bien plus grands domaines ; tous les ducs & comtes étaient en effet des souverains qui relevaient du roi, mais qui étaient absolus chez eux.

Quand les pairies de Normandie & de Champagne furent éteintes, la Bretagne & le comté d'Artois furent érigés en pairies à leur place par *Philippe le Bel.*

Ses successeurs érigèrent en pairies *Evreux*, *Beaumont*, *Etampes*, *Alençon*, *Mortaing*, *Clermont*, *la Marche*, *Bourbon*, en faveur des princes de leur sang ; & ces princes n'eurent point la préséance sur les autres pairs ; ils fuivaient tous l'ordre d'inftitution de pairie ; chacun d'eux dans les cérémonies marchait fuivant l'ancienneté de fa pairie ; & non pas de fa race.

C'eft ainfi qu'aujourd'hui en Allemagne les coufins, les frcres d'un empereur, ne difputent aucun rang aux électeurs, aux princes de l'empire.

On ne voit pas qu'aucun de ces pairs foit jamais venu fiéger avant *François I* au parlement des pairs ; au contraire, la chambre du parlement allait à la cour des pairs.

Les juges du parlement toujours nommés par le roi, toujours payés par lui, & toujours amovibles, n'avaient pu être réputés du corps des pairs du royaume. Un jurifconfulte aux gages du roi, qu'on nommait & qu'on caffait à volonté ne pouvait certainement avoir rien de commun avec un duc de Bourgogne, ou avec un autre prince du fang. *Louis XI* créa duc & pair le comte *Jacques d'Armagnac* duc de Nemours, qu'il fit depuis condamner à mort, non par un fimple arrêt du parlement, mais par le chancelier & des commiffaires, dont plufieurs étaient des confeillers.

Le premier étranger qui fut duc & pair en France fut un feigneur de la maifon de *Clèves* créé duc de Nevers ; & le premier gentilhomme français qui obtint cet honneur fut le connétable de *Montmorenci* en 1551.

Il y eut toujours depuis des gentilshommes de la nation, qui furent pairs du royaume ; leur pairie fut attachée à leurs terres relevantes immédiatement de la couronne. Ils prirent féance à la grand'chambre du parlement ; mais ils n'y vont prefque jamais que quand les rois tiennent leur lit de juftice, & dans les occafions éclatantes. Les pairs, dans les assemblées des états généraux, ne font point un corps séparé da la noblesse.

Les pairs en Angleterre sont depuis long-tems des gentilshommes comme en France ; mais ils n'ont point de pairie, point de terre à laquelle ce titre soit attaché ; ils ont conservé une bien plus haute prérogative, celle d'être le seul corps de la noblesse, en ce qu'il représentent tout le corps des anciens barons, relevans autrefois de la couronne ; ils sont non-seulement les juges de la nation, mais les législateurs conjointement avec le roi.

CHAPITRE IX.

Pourquoi le Parlement de Paris fut appellé la cour des pairs.

LA chambre du parlement à laquelle la chambre des enquêtes & celle des requêtes présentaient les procès par écrit, était dans son institution composée de barons, il était bien naturel que les grands pairs, les ducs & comtes y pussent entrer, & eussent voix délibérative quand ils se trouvaient à Paris. Ils étaient de plein droit conseillers nés du roi, ils étaient à la tête du grand-conseil; il fallait bien qu'ils fussent aussi conseillers-nés d'une cour composée de noblesse. Ils pouvaient donc entrer dans la chambre depuis appellée grand'chambre, parce que tous les juges y étaient originairement des barons. Ils avaient en effet cet droit quoiqu'ils ne l'exerçassent pas, comme ils ont celui de siéger dans tous les parlemens de province; mais jamais ils n'ont été aux chambres des enquêtes; la plupart des officiers de ces chambres ayant été originairement des jurisconsultes sans dignité & sans noblesse.

Si les pairs purent siéger à la chambre du parlement lorsque les évêques des provinces & les abbés en furent exclus, ce fut parce qu'on ne pouvait ôter à un duc de Bourgogne, à un duc de Guienne, à un comte d'Artois, une prérogative dont on dépouillait aisément un évêque sans puissance, & si on leur ôta ce privilège ce fut parce que dans les démêlés fréquens avec les papes, il était à craindre que les évêques ne prissent quelquefois le parti de Rome contre les intérêts de l'état. Les six pairs ecclésiastiques avec l'évêque de Paris conservèrent feulement le droit d'avoir féance au parlement : il faut remarquer que ces fix pairs ecclésiastiques furent les feuls de leur ordre qui eurent le nom de pairs depuis *Louis le Jeune*, par la feule raison que fous ce prince ils étaient les feuls évêques qui tinffent de grands fiefs immédiatement de la couronne.

Il n'y eut long-tems rien de réglé ni de certain fur la manière de procéder dans les jugemens concernant les grandes pairies ; mais l'ancien ufage était qu'un prince pair ne fût jugé que par fes pairs. Le roi pouvait convoquer les pairs du royaume où il voulait, tantôt dans une ville, tantôt dans une autre, dans fa propre maifon, dans celle d'un autre pair, dans la chambre où s'affemblaient les confeillers jugeurs du parlement, dans une églife, en un mot dans quelque lieu que le roi voulût choifir.

C'était ainfi qu'en ufaient les rois d'Angleterre, imitateurs & confervateurs des ufages de France ; ils affemblaient les pairs d'Angleterre où ils voulaient. *Philippe de Valois* les convoqua d'abord dans Paris, en 1341, pour décider de la grande querelle entre *Charles de Blois* & *Jean de Monfort* qui fe difputaient le duché de Bretagne. *Philippe de Valois*, qui favorifait *Charles de Blois*, fit d'abord pour la forme examiner la caufe par des pairs, des prélats, quelques confeillers chevaliers, & quelques confeillers clecrs ; & l'arrêt fut rendu à Conflans dans une maifon de campagne par le roi, les pairs, les hauts barons, les grands officiers, affiftés de confeillers chevaliers, & de confeillers clecrs.

Le roi *Charles V*, qui répara par fa politique les malheurs que les guerres avaient caufé à la France, fit ajourner à fa cour des pairs, en 1368 le 26 Janvier, ce grand prince de *Galles* furnommé le *prince Noir*, vainqueur de fon père & de fon aïeul, de *Henri de Tranftamare* depuis roi de Caftille, enfin de *Bertrand du Guefclin.*

Guefclin. Il prit le tems où ce héros commençait à être attaqué de la maladie dont il mourut, pour lui ordonner de venir répondre devant lui ; comme devant fon feigneur fouverain. Il eft bien vrái qu'il ne l'était pas. La Guienne avait été cédée au roi d'Angleterre *Edouard III* en toute propriété & fouveraineté abfolue par le traité de Bretigni. *Edouard* l'avait donnée au prince *Noir* fon fils pour prix de fon courage & de fes victoires.

Charles V lui écrivit ces propres mots : « De notre » majefté royale & feigneurie, nous vous commandons » que vous viengniez en notre cité de Paris en propre » perfonne, & vous vous montriez & préfentiez devant » nous en notre chambre des pairs pour ouir droit fur » lefdites complaintes & griefs émeus par vous, à faire » fur votre peuple qui clame à avoir & ouir reffort en » notre cour. »

Ce mandement fut porté non par un huiffier du parlement de Paris, mais envoyé par le roi lui-même au fénéchal de Touloufe commandant & juge de la nobleffe. Ce fénéchal fit porter l'ajournement par un chevalier nommé *Jean de Chaponval*, affifté d'un juge.

Le roi *Charles V*, pour colorer cet étrange procédé, manda au pays de la langue de *Oc* que le roi fon père ne s'était engagé à céder la fouveraineté de la Guienne que jufqu'à l'année 1361.

Rien n'était plus faux. Le traité de Bretigni eft du 8 Mai 1360. Le roi *Jean* l'avait figné pour fortir de prifon, *Charles V* l'avait rédigé, figné & confommé lui-même comme dauphin régent de France pendant la prifon de *Jean* fon père. C'était lui qui avait cédé en fouveraineté au roi d'Angleterre la Guienne, le Poitou, la Saintonge, le Limoufin, le Périgord, le Querci, le Bigorre, l'Angoumois, le Rouergue, &c.

Hift. du Parl. de Paris. D

Il eſt dit par le premier article de ce traité célèbre :
« Que le roi d'Angleterre & ſes ſucceſſeurs poſſéderont
» tous ces pays, de la même manière que le roi de
» France & ſon fils aîné & ſes ancêtres rois de France
» l'ont tenu. »

Comment *Charles V* pouvait-il écrire qu'il n'avait
cédé à ſon vainqueur la ſouveraineté de toutes ſes provinces que pour une année ? Il voulait ſans doute faire
croire ſa cauſe juſte, & animer par-là ſes peuples à la
défendre.

Quoiqu'il en ſoit, il eſt certain que ce fut le roi lui-
même au nom des pairs de ſon royaume, qui cita le
prince de Galles, ce fut lui qui ſigna la confiſcation de
la Guienne à Vincennes le 14 Mai 1737, & pendant
que le prince *Noir* ſe mourait, le connétable *du
Gueſclin* mit l'arrêt à exécution.

CHAPITRE X.

Du parlement de Paris rétabli par Charles VII.

LORSQUE *Charles VII* eut reconquis son royaume par les services presque toujours gratuits de sa noblesse, par le singulier enthousiasme d'une paysane du Barois, & surtout par les divisions des Anglais & de *Philippe le Bon* duc de Bourgogne, tout fut oublié, tout fut pacifié ; il réunit son petit parlement de Poitiers à celui de Páris. Ce tribunal prit une nouvelle forme. Il eut dans la grand'chambre trente conseillers tous jurisconsultes, dont quinze étaient laïques, & quinze ecclésiastiques. *Charles* en mit quarante dans la chambre des enquêtes. La chambre de la tournelle fut instituée pour les causes criminelles ; mais cette tournelle ne pouvait pas alors juger à mort ; il fallait quand le crime était capital, porter la cause à la grand'chambre. Tous les officiers eurent des gages. Les plaideurs ne donnaient aux juges que quelques faibles présens d'épiceries & de bouteilles de vin. Ces épices furent bientôt un droit converti en argent. C'est ainsi que tout a changé, & ce n'a pas été toujours pour le mieux.

CHAPITRE XI.

De l'usage d'enrégistrer les édits au Parlement, & des premières remontrances.

LA cour du parlement devint de jour en jour plus utile en n'étant composée que d'hommes versés dans les loix. Un de ses plus beaux droits était depuis long-tems l'enrégistrement des édits & des ordonnances des souverains, & voici comment ce droit s'était établi.

Un conseiller du parlement, nommé *Jean de Montluc*, qui vivait sous *Philippe le Bel*, avait fait pour son usage un registre des anciens édits, des principaux jugemens & des choses mémorables dont il avait eu connaissance. On en fit quelques copies. Ce recueil parut d'une très-grande utilité dans un tems d'ignorance, où les coutumes du royaume n'étaient pas seulement écrites. Les rois de France avaient perdu leur chartrier, ils sentaient la nécessité d'avoir un dépôt d'archives qu'on pût consulter aisément. La cour prit insensiblement l'usage de déposer au greffe du parlement ses édits & ses ordonnances. Cet usage devint peu à peu une formalité indispensable ; mais on ne peut savoir quel fut le premier enrégistrement, une grande partie des anciens registres du parlement ayant été brûlés dans l'incendie du palais en 1618.

Les premieres remontrances que fit le parlement furent adressées à *Louis XI* en 1461 sur cette fameuse pragmatique promulguée par *Charles VIII* & par le clergé de France assemblé à Bourges. C'était une digue opposée aux vexations de la cour de Rome ; digue trop faible qui fut bientôt renversée. On avait décidé dans cette assem-

blée avec les ambaffadeurs du concile de Bâle que les
conciles étaient fupérieurs aux papes, & pouvaient les
dépofer. La cour de Rome depuis long-tems avait impofé
fur les peuples, fur les rois & fur le clergé, un joug
étonnant dont on ne trouvait pas la fource dans la primitive églife des chrétiens. Elle donnait prefque partout
les bénéfices : & quand les collateurs naturels en avaient
conféré un, le pape difait qu'il l'avait réfervé dans fon
cœur *in petto*, il le conférait à celui qui le payait le plus
chérement ; & cela s'appellait une réferve. Il promettait
auffi les bénéfices qui n'étaient pas vacans, & c'était
des expectatives. Avait-on enfin obtenu un bénéfice, il
fallait payer au pape la premiere année du revenu, &
cet abus qu'on nomme les annates fubfifte encore aujour-
d'hui. Dans toutes les caufes que l'églife avait fu attirer à
elle, on appellait immédiatement au pape, & il fallait
qu'un français allât à trois cents lieues fe ruiner pour
la validité de fon mariage, ou pour le teftament de
fon père.

Une grande partie de ces inconcevables tyrannies fut
abolie par la pragmatique de *Charles VII.* *Louis XI*
voulut obtenir du pape *Pie II* le royaume de Naples
pour fon coufin germain *Jean d'Anjou*, duc titulaire de
Calabre. Le pape encore plus fin que *Louis XI*, parce
qu'il était moins emporté, commença par exiger de lui
l'abolition de la pragmatique. *Louis* n'héfita pas à lui
facrifier l'original même ; on le traina ignominieufement
dans les rues de Rome ; on en triompha comme d'un ennemi de la papauté ; *Louis XI* fut comblé de bénédictions
& de remerciemens. L'évêque d'Arras qui avait porté la
pragmatique à Rome reçut le même jour le bonnet de
cardinal. *Pie II* envoya au roi une épée bénite, mais il
fe moqua de lui, & ne donna point à fon coufin le
royaume de Naples.

D 3

Louis XI avant de tomber dans ce piége avait demandé l'avis de la cour du parlement, elle lui présenta un mémoire en quatre-vingt-neuf articles intitulé, *remontrances touchant les priviléges de l'église gallicane* : elles commencent par ces mots, *en obéissant comme de raison au bon plaisir du roi notre sire.* Et il est à remarquer que dans l'article 73 jusqu'au 80, le parlement compte quatre millions six cent quarante-cinq mille huit cents écus extorqués à la France par la chambre apostolique depuis l'invention de ces monopoles. Observons ici qu'il n'y avait pas trente ans que *Jean XXII*, réfugié dans Avignon, avait inventé ces exactions qui le rendirent le plus riche de tous les papes, quoiqu'il n'eût presque aucun domaine en Italie.

Le roi *Louis XI*, s'étant depuis raccommodé avec le pape, lui sacrifia encore la pragmatique en 1469, & c'est alors que le parlement soutenant les intérêts de son état fit de son propre mouvement de très-fortes remontrances qne le roi n'écouta pas ; mais ces remontrances étant le vœu de la nation entière, & *Louis XI* s'étant encore brouillé avec le pape, la pragmatique traînée à Rome dans la boue fut en honneur & en vigueur dans toute la France.

C'est ici que nous devons observer que cette compagnie fut dans tous les tems le bouclier de la France contre les entreprises de la cour de Rome. Sans ce corps la France aurait eu l'humiliation d'être un pays d'obédience. C'est à lui qu'on doit la ressource des appels comme d'abus, ressource imitée de la loi *præmunire* d'Angleterre. Ce fut en 1329 que *Pierre de Cunières* avocat du roi avait proposé le premier ce remède contre les usurpations de l'église.

Quelque despotique que fût *Louis XI*, le parlement protesta contre les aliénations du domaine de la couronne ;

mais on ne voit pas qu'il fit de remontrances. Il en fit
en 1482 au sujet de la cherté du bled, elles ne pouvaient avoir que le bien public pour objet. Il fut donc
en pleine possession de faire des représentations sous le
plus absolus de tous les rois ; mais il n'en fit ni sur
l'administration publique, ni sur celle des finances. Celle
qu'il fit au sujet du bled n'était qu'une affaire de police.

Son arrêt au sujet de l'imprimerie fut cassé par
Louis IX ; qui savait faire le bien quand il n'était point
de son intérêt de faire le mal. Cet art admirable avait
été inventé par des Allemands. Trois d'entr'eux en 1470
avaient apporté en France quelques épreuves de cet art
naissant ; ils exercerent même leurs talens sous les yeux
de la sorbonne. Le peuple alors très-grossier, & qui l'a
été très-long-tems, les prit pour des sorciers. Les co-
pistes qui gagnaient leur vie à transcrire le peu d'anciens
manuscrits qu'on avait en France, présenterent requête
au parlement contre les imprimeurs ; ce tribunal fit saisir,
& confisquer tous leurs livres. Le roi lui défendit de connaître de cette affaire, l'évoqua à son conseil, & fit payer
aux Allemands le prix de leurs ouvrages, mais sans marquer d'indignation contre un corps plus jaloux de conserver les anciens usages que soigneux de s'instruire de
l'utilité des nouveaux.

CHAPITRE XII.

*Du Parlement dans la minorité de Charles VIII,
& comment il refuſa de ſe mêler du gouvernement & des finances.*

APRÈS la mort de *Louis XI*, dans l'extrême jeuneſſe
de *Charles VIII*, qui entrait dans ſa quatorzième année, le parlement ne fit aucune démarche pour augmenter
ſon pouvoir. Au milieu des diviſions & des brigues de
madame de *Bourbon Beaujeu*, fille de *Louis XII*, du
duc d'Orléans héritier préſomptif de la couronne, qui
fut dépuis *Louis XII*, & du duc de *Bourbon*, frère
aîné du prince de *Bourbon Beaujeu*, le parlement reſta
tranquille, il ne s'occupa que du foin de rendre la juſtice, & de donner au peuple l'exemple de l'obéiſſance
& de la fidélité.

Madame de *Beaujeu*, qui avait l'autorité principale
quoique conteſtée, aſſembla les états-généraux en 1484.
Le parlement ne demanda pas ſeulement d'y être admis.
Les états donnerent le gouvernement de la perſonne du
roi à madame de *Beaujeu* ſa ſœur ſelon le teſtament de
Louis XI. Le duc d'Orléans, ayant levé des troupes,
crut qu'il mettrait la ville de Paris dans ſon parti, ſi le
parlement ſe déclarait en ſa faveur. Il alla au palais le 10
Janvier 1484. Il repréſenta aux chambres aſſemblées,
par la bouche de *Denis le Mercier*, chancelier de ſon
appanage, qu'il fallait qu'on ramenât a Paris le roi qui
était alors à Melun, & qu'il gouvernât par lui-même
avec les princes.

Jean de la Vaquerie, premier préſident, répondit au nom des chambres ces propres paroles : *le parlement eſt pour rendre juſtice au peuple ; les finances, la guerre, le gouvernement du roi ne ſont point de ſon reſſort.* Il l'exhorta pathétiquement à demeurer dans ſon devoir & à ne point troubler la paix du royaume.

Le duc d'Orléans laiſſa ſes demandes par écrit, le parlement ne fit point de réponſe. Le premier préſident, accompagné de quatre conſeillers & de l'avocat du roi, alla recevoir à Melun les ordres de la cour qui donna de juſtes éloges à ſa conduite.

Cette conduite ſi reſpectable ne ſe démentit ni dans la guerre que le duc d'Orléans fit à ſon ſouverain, ni dans celle que *Charles VIII* fit depuis en Italie.

Sous *Charles VIII* il ne ſe mêla des finances du royaume en aucune manière ; cette partie de l'adminiſtration était entièrement entre les mains de la chambre des comptes & des généraux des finances ; il arriva ſeulement que *Charles VIII* en 1496, dans ſon expédition brillante & malheureuſe d'Italie, voulut emprunter cent mille écus de la ville de Paris : chaque corps fut invité à prêter une partie de la ſomme ; l'hôtel-de-ville prêta cinquante mille francs ; les corps des métiers en prêterent auſſi cinquante mille. On ne ſait pas ce que prêterent les officiers de la chambre des comptes, ſes regiſtres ſont brulés. Ceux qui ont échappé à l'autre incendie, qui conſuma une partie du palais, portent, que le Cardinal *du Maine*, le ſire d'*Albret*, le ſire de *Clérieux* gouverneur de Paris, le ſire de *Graville* Amiral de France, vinrent propoſer le 6 Août aux officiers du parlement de prêter auſſi quelques deniers au roi. Il fallait que *Charles VIII* & ſon conſeil euſſent bien mal pris leurs meſures dans cette malheureuſe guerre pour être obligés de ſe ſervir d'un amiral de France, d'un cardinal, d'un prince,

comme de courtiers de change pour emprunter de l'argent
d'une compagnie de magistrats qui n'ont jamais été riches.
Le parlement ne prêta rien ; « *il remontra* aux commissai-
» res *la néceffité & indigence du royaume* , & le cas fi
» piteux que , *non indiget manu fcribentis* , qui fera
» cauſe d'ennui & atédiation aux liſans, *qui nec talia*
» *legendo temperent à lacrimis.* On pria les commiſſaires
» *comme grands perſonnages* , qu'ils en fiffent remon-
» trance au roi , lequel eſt *bon prince* ; « Bref le parle-
» ment garda ſon argent. C'eſt une affaire particuliere ,
elle n'a de rapport à l'intérêt public que la *néceffité & in-*
digence du royaume, alléguée par le parlement comme
la cauſe de ſon refus.

CHAPITRE XIII.

Du Parlement sous Louis XII.

LE règne de *Louis XII* ne produisit pas la moindre difficulté entre la cour & le parlement de Paris. Ce prince en répudiant sa femme fille de *Louis XI*, avec laquelle il avait habité vingt années, & en épousant *Anne de Bretagne*, ancien objet de ses inclinations, ne s'adressa point au parlement, quoiqu'il fût l'interprête & le modérateur des loix du royaume. Ce corps était composé de jurisconsultes séculiers & ecclésiastiques. Les pairs du royaume représentant les anciens juges de toute la nation y avaient séance ; il eût été naturel dans tous les états du monde, qu'un roi dans une pareille conjoncture n'eût fait agir que le premier tribunal de son royaume ; mais le préjugé, plus fort que la législation & que l'intérêt des nations entières, avait dès long-tems accoutumé les princes de l'Europe à rendre les papes arbitres de leurs mariages & du secret de leur lit. On avait fait un point de religion de cette coutume bizarre, par laquelle ni un particulier, ni un souverain ne pouvait exclure une femme de son lit & en recevoir une autre sans la permission d'un pontife étranger.

Le pape *Alexandre VI*, souillé de débauches & de crimes, envoya en France ce fameux *César Borgia*, l'un de ses bâtards, & le plus méchant homme de la chrétienté, chargé d'une bulle qui cassait le mariage du roi avec *Jeanne* fille de *Louis XI*, & lui permettait d'épouser *Anne de Bretagne*. Le parlement ne fit d'autre démarche que celle d'aller en corps au devant de *César Borgia*.

Louis XII donna le duché-pairie de Nevers à un étranger, à un ſeigneur de la maiſon de *Clèves*, c'était le premier exemple qu'on en eût en France. Ni les pairs, ni le parlement n'en murmurerent. Et lorſque *Henri II* fit duc & pair un *Montmorenci*, dont la maiſon valait bien celle de *Clèves*, il fallut vingt lettres de juſſion pour faire enrégiſtrer les lettres de ce duc de *Montmorenci.* C'eſt qu'il n'y eut aucun levain de fermentation du tems de *Louis XII*, & que du tems de *Henri II* tous les ordres de l'état commençaient à être échauffés & aigris.

CHAPITRE XIV.

Des grands changemens faits sous Louis XII, *trop négligés par la plupart des historiens.*

LOUIS XII acheva d'établir la jurisprudence du grand-conseil sédentaire à Paris. Il donna une forme au parlement de Normandie & à celui de Provence, sans que celui de Paris fût consulté sur ces établissemens, ni qu'il en prît ombrage.

Presque tous nos historiens ont négligé jusqu'ici de faire mention de cette barriere éternelle que *Louis XII* mit entre la noblesse & la robe.

Les baillis & prévôts, presque tous chevaliers, étaient les successeurs des anciens comtes & vicomtes. Ainsi le prévôt de Paris avait été souverain juge à la place des vicomtes de Paris.

Les quatre grands-baillis établis par *saint Louis* étaient les quatre grands juges du royaume. *Louis XII* voulut que tous les baillis & prévôts pussent juger s'ils n'étaient lettrés & gradués. La noblesse, qui eût cru déroger si elle eût su lire & écrire, ne profita pas du réglement de *Louis XII.* Les baillis conservèrent leur dignité & leur ignorance. Des lieutenans lettrés jugèrent en leur nom, & leur ravirent toute leur autorité.

Copions ici un passage entier d'un auteur célèbre. « On payait quarante fois moins d'épices qu'aujourd'hui. » Il n'y avait dans le bailliage de Paris que quarante- » neuf sergens, & à présent il y en a plus de cinq cents. » Il est vrai que Paris n'était pas la cinquième partie de villes ont augmenté plus que le nombre des habitans.

» Il maintint l'usage où étaient les parlemens du
» royaume de choisir trois sujets pour remplir une place
» vacante ; le roi nommait un des trois. Les dignités de
la robe n'étaient données alors qu'aux avocats. Elles
» étaient l'effet du mérite, ou de la réputation qui suppo-
» se le mérite. Son édit de 1499 éternellement mémora-
» ble , & que nos historiens n'auraient pas dû oublier, a
» rendu sa mémoire chère à tous ceux qui rendent la
» justice & à ceux qui l'aiment. Il ordonne par cet édit ,
» *qu'on suive toujours la loi malgré les ordres contrai-*
» *res à la loi, que l'importunité pourrait arracher du*
» *monarque* ».

CHAPITRE XV.

Comment le parlement se conduisit dans l'affaire du concordat.

LE règne de *François I* fut un tems de prodigalité & de malheurs. S'il eut quelque éclat , ce fut par la renaiſſance des lettres juſqu'alors mépriſées. L'encouragement que *Charles-Quint* , *François I* & *Léon X* donnèrent à l'envi l'un de l'autre aux ſciences & aux beaux-arts , rendit ce ſiécle mémorable. La France commença pour lors à ſortir pour quelque tems de la barbarie ; mais les malheurs , cauſés par les guerres & par la mauvaiſe adminiſtration , furent beaucoup plus grands que l'avantage de commencer à s'inſtruire ne fut conſidérable.

La première affaire dans laquelle le parlement entra avec une fermeté ſage & reſpectueuſe fut celle du concordat. *Louis XI* avait toujours laiſſé ſubſiſter la pragmatique après l'avoir imprudemment ſacrifiée. *Louis XII* trahi par le pape *Alexandre VI* , & violemment outragé par *Jules II* , avait rendu toute ſa vigueur à cette loi du royaume qui devait être la loi de toutes les nations chrétiennes. La cour de Rome dominait dans toutes les autres cours , ou du moins négociait toujours à ſon avantage.

L'empereur *Fréderic III* , les électeurs & les princes d'Allemagne avaient fait un concordat avec *Nicolas V* en 1448 , avant que *Louis XI* eût renoncé à la pragmatique & l'eût enſuite favoriſée. Ce concordat germanique ſubſiſte encore; le pape y a beaucoup gagné, il eſt vrai qu'il ne vend point d'expectatives ni de réſerves; mais il nomme la plupart des canonicats ſix mois de l'année ; il est vrai qu'on ne lui paie point d'annates, mais on lui paie une taxe qui en tient lieu : tout a été vendu dans l'églife fous des noms différens. *Fréderic III* reçut des reproches des états de l'empire, & fon concordat demeura en vigueur. *François I*, qui avait befoin du pape *Léon X* comme *Louis XI* avait eu befoin de *Pie II*, fit à l'exemple de *Fréderic III* un concordat, dans lequel on dit que le roi & le pape avaient pris ce qui ne leur appartenait pas, & donné ce qu'ils ne pouvaient donner ; mais il est très-vrai que le roi, en reprenant par ce traité le droit de nommer aux évêchés & aux abbayes ds fon royaume, ne reprenait que la prérogative de tous les premiers rois de France. Les élections caufaient fouvent des troubles, & la nomination du roi n'en apporte pas. Les rois avaient fondé tous les biens de l'églife, ou avaient fuccédé aux princes dont l'églife avait reçu ces terres. Il était jufte qu'ils conférassent les bénéfices fondés par eux, fauf aux feigneurs defcendans reconnus des premiers fondateurs, de nommer dans leurs terres à ces biens de l'églife donnés par leurs ancêtres, comme le roi devait conférer les biens donnés par les rois fes aïeux.

Mais il n'était ni dans la loi naturelle, ni dans celle de *Jefus-Chrift*, qu'un évêque ultramontain reçût en argent comptant la première année des fruits que ces terres produifent, que la promotion d'un évêque d'un fiége à un autre valût encore à ce pontife étranger une année des revenus des deux évêchés, qu'un évêque égal en tout aux autres évêques n'osât s'intituler pafteur de fon troupeau que par la permiffion du faint fiége de Rome.

Cependant, les droits des eccléfiaftiques gradués étaient confervés ; de trois bénéfices vacans ils pouvaient par la pragmatique en poftuler un, & par le concordat on leur accordait le droit d'impétrer un bénéfice pendant

quatre

quatre mois du l'année; ainſi l'univerſité n'avait point à
ſe plaindre de cet arrangement.

Le concordat déplut à toute la France. Le roi vint lui-
même au parlement, il y convoqua pluſieurs, évêques le
chapitre de la cathédrale de Paris & des députés de l'univerſité. Le cardinal de *Boiſi*, à la tête du clergé convoqués dit : *qu'on ne pouvait recevoir le concordat ſans
aſſembler toute l'égliſe gallicane.* François I lui répondit,
allez donc à Rome conteſter avec le pape.

Le parlement, après pluſieurs ſéances, conclut à rejetter le concordat juſqu'à l'acceptation de l'égliſe de
France. L'univerſité défendit aux libraires, qui alors dépendaient d'elle, d'imprimer le concordat, elle appella
au futur concile.

Le conſeil du roi rendit un édit par lequel il défendait
à l'univerſité de ſe mêler des affaires d'état ſous peine de
privation de ſes privilèges. Le parlement refuſa d'enrégiſtrer cet édit; tout fut en confuſion. Le roi nommait-il
un évêque, le chapitre en éliſait un autre, il fallait plaider. Les guerres fatales de *François I* ne ſervirent qu'à
augmenter ces troubles. Il arriva que le chancelier *Duprat*, premier auteur du concordat, & depuis cardinal,
s'étant fait nommer archevêque de Sens par la mère du
roi régente du royaume pendant la captivité de ce monarque, on ne voulut point le recevoir; le parlement s'y
oppoſa, on attendit la délivrance du roi. Ce fut alors
que *François I* attribua à la juriſdiction du grand-conſeil
la connaiſſance de toutes les affaires qui regardent la nomination du roi aux bénéfices.

Il eſt à propos de dire que ce grand-conſeil avait ſuccédé au véritable conſeil des rois, compoſé autrefois des
premiers du royaume, de même que le parlement avait
ſuccédé aux quatre grands-baillis de *ſaint Louis*, aux

Hiſt. du parl. de Paris.   E

parloirs du roi. On ne peut faire un pas dans l'hiftoir^e qu'on ne trouve des changemens dans tous les ordres d^e l'état , & dans tous les corps.

Ce grand confeil fut fixé à Paris par *Charles VIII.* Il n'avait pas la confidération du parlement de Paris ; mais il jouiffait d'un droit qui le rendait fupérieur en ce point à tous les parlemens, c'eft qu'il connaiffait des évocations des caufes jugées par les parlemens mêmes ; il réglait quelle caufe devait reffortir à un parlement ou à un autre ; il réformait les arrêts dans lefquels il y avait des nullités ; il faifait en un mot ce que fait le confeil d'état qu'on appelle le confeil des parties. Les parlemens lui ont toujours contefté fa jurifdiction. Les rois trop fouvent occupés de guerres malheureufes, ou de troubles inteftins plus malheureux encore, ont pu rarement fixer les bornes de chaque corps, & établir une jurifprudence certaine & invariable. Toute autorité veut toujours croître tandis que d'autres puiffances veulent la diminuer. Les établiffemens humains reffemblent aux fleuves dont les uns enflent leurs cours & les autres fe perdent dans des fables.

CHAPITRE XVI.

De la vénalité des charges , & des remontrances
fous François I.

DEPUIS l'extinction du gouvernement féodal en
France , on ne combattait plus qu'avec de l'argent , furtout quand on faifait la guerre en pays étranger. Ce
n'était pas avec de l'argent que les Francs & les autres
barbares du Nord avaient combattu; ils s'étaient fervis
de fer pour ravir l'argent des autres nations. C'était tout
le contraire quand *Louis XII* & *François I* pafsèrent en
Italie. *Louis XII* avait acheté des Suiffes , & ne les avait
point payés. Ces Suiffes demandèrent leur argent l'épée
à la main , ils affiégèrent Dijon. Le faible *Louis XII* eut
beaucoup de peine à les appaifer. Ces mêmes Suiffes fe
tournèrent contre *François I*.

Le pape *Léon X*, qui n'avait pas encore figné le concordat avec le roi , animait contre lui les cantons ; & ce
fut pour réfifter aux Suiffes que le chancélier *Duprat* ,
auparavant premier préfident , proftitua la magiftrature
au point de la vendre. Il mit à l'encan vingt charges nouvelles de confeillers au parlement.

Louis XII avait auparavant rendu dans un même
befoin les charges des généraux des finances vénales. Ce
mal était bien moins grand & bien moins honteux ; mais
vendre des charges de juges au dernier enchérifleur ,
c'était un opprobre qui confterna le parlement. Il fit de
très-fortes remontrances ; mais *Duprat* les ayant éludées,
il fallut obéir ; les vingt confeillers nouveaux furent reçus , on les diftribua, dix dans une chambre des enquêtes,
& dix dans une autre.

La même innovation se fit dans tous les autres pa
mens du royaume, & c'est depuis ce tems que les cha
furent presque toutes vénales en France. Un impôt (
lement réparti, & dont les corps-de-ville & les fin
ciers mêmes auraient avancé les deniers, eût été
raisonnable & plus utile ; mais le ministère comptait
l'empressement des bourgeois, dont la vanité acheter
l'envi ces nouvelles charges.

Ce trafic ouvrit le sanctuaire de la justice à des ;
quelquefois si indignes d'y entrer, que dans l'affaire
Samblancey, surintendant des finances, trahi, dit-
par un de ses commis nommé *Genti*, jugé par c
missaires, condamné à être pendu au gibet de Mont
con; ce *Genti* qui lui avait volé ses papiers justificatifs
qui craignait d'être un jour recherché, acheta pou
mettre à l'abri, une charge de conseiller au parlem
de conseiller il devint président; mais ayant continu
malversations, il fut dégradé & condamné à la pot
par le parlement même ; on l'exécuta sous le gibe
Montfaucon où son infidélité avait conduit son maître

L'argent provenu de la vente de vingt charges de
gistrature à Paris, & d'environ trente autres dar
reste du royaume, ne suffisant pas à *François I* pou
malheureuse expédition d'Italie, il acheta la grille
gent dont *Louis XI* avait orné l'église de saint Marti
Tours. Elle pesait six mille sept cent soixante & :
marcs deux onces moins un gros ; il prit aussi des o
mens d'argent dans d'autres églises ; faible secours
conquérir le Milanais & le royaume de Naples qu'i
conquit point.

Le paiement de cette argenterie fut assigné sur
domaines ; il y en avait pour deux cent cinquante
francs. Les moines & les chanoines pour se mettre à l
des censures de Rome, & encore plus pour assurer

paiement sur le domaine du roi , voulurent que ce marché fût enrégiftré au parlement.

Le roi envoya le capitaine *Fréderic* , commandant de la garde écoffaife , porter au parlement le 20 Juin 1522 les lettres-patentes pour l'enrégiftrement. L'avocat du roi *Jean le Liévre* parla , il expofa les cas où ce n'était pas la coutume de prendre l'argent des églifes , & le cas où il était permis de le prendre. Il fut arrêté que la cour écrirait au roi les raifons pour lefquelles icelles lettres-patentes ne pouvaient être publiées.

C'eft le premier exemple que nous ayons des remontrances du parlement fur un objet de finances. Il s'agiffait proprement de prévenir un procès entre le domaine du roi & les gens d'églife.

Le roi envoya le 27 Juin le même capitaine *Fréderic* avec une lettre , laquelle finiffait par ces paroles.

« L'impoffible ferait de prendre les treillis de faint
» Martin de Tours & autres joyaux des églifes qui ne
» font que trois ou quatre , qu'il ne vienne à la connaif-
» fance publique d'un chacun , & y en aura plus grand
» nombre qui le fauront par la prife que par la publica-
» tion dudit édit ; pourquoi vous mandons derechef &
» très-expreffément , & d'autant que craignez la rupture
» de nos affaires qui font tels & de telle importance que
» chacun fait , que vous procédiez à la publication &
» vérification de notredit édit : car ceux de ladite églife
» de faint Martin demandent ledit édit en cette forme, fi
» n'y faites plus de difficulté pour autant que nos affaires
» nous preffent de fi près que la longueur eft plus pré-
» judiciable à nous & à notre royaume que ne le vous
» pourrions écrire. Donné à Lyon le 23 Juin. *Sic figna-*
» *tum* , François. »

Le parlement ordonna que les lettres-patentes du roi

feraient lues , publiées & enrégiftrées, *quoad domanium dumtaxat*, c'eft-à-dire, feulement pour ce qui regarde le domaine du roi ; *plus , la cour a ordonné que le chancelier arrivé en cette ville , la cour le mandera venir céans pour lui faire remontrances que la cour avifera pour le bien de la juftice & chofes publiques de ce royaume.*

Le parlement de Paris mander un chancelier qui eft fon chef & celui de toutes les cours de juftice ! lui que le parlement appelle monfeigneur, tandis qu'il ne donne que le titre de monfieur au premier prince du fang ! mais nous avons déjà vu combien tous les ufages changent. D'ailleurs, le chancelier *Duprat*, auteur du concordat & de tant de vexations, était en horreur , & la haine publique ne connaît point de règle.

La même année 1522 il y eut auffi des remontrances du parlement, au fujet du domaine aliéné par le roi à l'hôtel-de-ville de Paris, pour le paiement d'un impôt fur le vin & fur le pied fourché, impôt dont l'hôtel-de-ville avait avancé les deniers. Ces remontrances font l'origine de celles qui ont été faites fous tous les règnes fuivans

CHAPITRE XVII.

Du jugement de Charles *duc de Bourbon, pair, grand-chambrier & connétable de France.*

CE fameux *Charles de Bourbon* qui avait tant contribué à la gloire de la France à la bataille de Marignan, qui fit depuis son roi prisonnier à la bataille de Pavie, & qui mourut en prenant Rome d'assaut, ne quitta la France, & ne fut la cause de tant de malheurs que pour avoir perdu un procès. Il est vrai qu'il s'agissait de presque tous ses biens.

Louise de Savoie mere de *François I*, n'ayant pu obtenir de lui qu'il l'épousât en secondes nôces, voulut le ruiner; elle était fille d'une *Bourbon*, & cousine germaine de *Susanne de Bourbon* femme du connétable, laquelle venait de mourir.

Non-seulement *Susanne* avait laissé tous ses biens par testament à son mari; mais il en était héritier par d'anciens pactes de famille, observés dans tous les tems. Le droit de *Charles de Bourbon* était encore plus incontestable par son contrat de mariage, *Charles & Susanne* s'étant cédé mutuellement leurs droits, & les biens devant appartenir au survivant. Cet acte avait été solennellement confirmé par *Louis XII*, & paraissait à l'abri de toute contestation. Mais la mere du roi, régente du royaume pendant que son fils allait à la guerre d'Italie, étant outragée & toute-puissante, conseillée par le chancelier *Duprat*, ce grand auteur de plus d'une infortune publique, intenta procès au parlement de Paris,

& eut le crédit de faire mettre en séqueſtre tous les biens du connétable.

Ce prince, d'ailleurs maltraité par *François I*, ne réſiſta pas aux ſollicitations de *Charles-Quint* ; il alla commander les armées de l'empereur ; & fut le fléau de ceux qui l'avaient perſécuté.

Aux nouvelles de la défection du connétable, le roi différa ſon voyage d'Italie. Il donna commiſſion au maréchal de *Chabannes*, grand-maître de ſa maiſon, au premier préſident du parlement de Normandie, & à un maître des requêtes, d'aller interroger les confidens du connétable, qui furent d'abord mis en priſon.

Parmi ces confidens ou complices étaient deux évêques, celui d'Autun & celui du Puy. Un ſecretaire du roi ſervit de greffier. C'eſt encore ici une marque évidente que les formalités changeaient ſelon les tems & ſelon les lieux.

Le reſte de l'inſtruction fut fait par de nouveaux commiſſaires, *Jean de Selve* premier préſident du parlement de Paris, *Jean Salat* maître des requêtes, *François de Loyne* préſident aux enquêtes, *Jean Papillon* conſeiller.

Le roi ordonna par des lettres réitérées du 20 Septembre, des 15 & 20 Octobre de l'année 1522, de faire le procès au connétable abſent, & à ſes complices empriſonnés.

Les quatre commiſſaires conſeillèrent au roi de renvoyer l'affaire au parlement de Paris, & le roi par une lettre du premier Novembre leur témoigna qu'il déſapprouvait beaucoup ce conſeil.

Ces commiſſaires inſtruiſirent donc le procès des prifonniers à Loches. Mais enfin, le roi incertain de la manière dont il fallait juger deux évêques, & craignant de fe commettre avec Rome, renvoya l'affaire au parlement de Paris. Il ne fut plus queftion de deux évêques, on n'en parla plus, les laïques feuls furent condamnés; ils furent jugés au mois de Janvier 1523, les uns à mort, les autres à d'autres peines. Le feigneur de St. Vallier, entre autres, fut condamné à perdre la tête le 16 Janvier 1523. C'eft lui dont on prétend que les cheveux blanchirent en peu d'heures après la lecture de fon arrêt. La tradition ajoute que *François I* ne lui fauva la vie que pour jouir de *Diane de Poitiers* fa fille. Cette tradition ferait bien plus yraifemblable que l'autre; fi *Diane* n'avait pas été alors un enfant de quatorze ans qui n'avait pas encore paru à la cour.

Quant au connétable de *Bourbon*, le roi vint le juger lui-même au parlement le 8 Mars 1523, accompagné feulement de deux nouveaux pairs, un duc d'Alençon & un duc de Bourbon. Vendôme, les évêques de Langres & de Noyon furent les feuls pairs eccléfiaftiques qui s'y trouvèrent. Ils fe retirèrent, ainfi que tous les confeillers clercs, quand on alla aux opinions. Il fut feulement ordonné qu'on ajournerait le connétable à fon de trompe.

Cette vaine cérémonie fe fit à Lyon, parce que cette ville paffa pour être la dernière du royaume du côté de l'Italie, le Dauphiné qui appartenait au dauphin n'étant pas regardé comme province du royaume.

Pendant qu'on faifait ces procédures, le connétable commandait déjà l'armée ennemie, il entrait en Provence pour répondre à fon ajournement, & comparaiffait en affiégeant Marfeilles. Le roi irrité que le parlement de Paris n'eût pas jugé à mort tous les complices de ce prince nomma un préfident de Touloufe avec cinq confeillers, deux préfidens de Bourdeaux & quatre confeillers, deux confeillers du grand-confeil, & un préfident de Bretagne, pour juger avec le parlement de Paris le refte des accufés, auxquels on n'avait pas encore fait le procès. Nouvel exemple bien frappant de la variété des ufages & des formes (*a*).

Cependant on pourfuivit lentement le procès contre le connétable ; il fallait trois défauts de comparaître pour qu'on jugeât, comme on difait alors, *en prefit de défaut* ; mais toutes ces pourfuites cefsèrent quand le roi fut vaincu & pris à Pavie par l'armée dans laquelle un des chefs était ce même *Charles de Bourbon.* Il fallut, au lieu de lui faire fon procès, lui reftituer par le traité de Madrid toutes fes terres, tous fes biens meubles & immeubles, dans l'efpace de fix femaines, lui laiffer le droit d'exercer fes prétentions fur fa fouveraineté de la Provence, & promettre de ne faire aucune pourfuite contre fes amis & fes ferviteurs. Le roi figna ce traité.

Il crut, quand il revint en France, que la politique ne lui permettait pas de tenir la parole à fes vainqueurs ; & après la mort du connétable tué en prenant Rome, *François I.* le condamna le 26 Juillet 1527 dans la grand'chambre du parlement, affifté de quelques pairs. Le chancelier *Duprat* prononça l'arrêt qui *damnait & aboliffait fa mémoire & renommée à perpétuité*, & qui confifquait tous fes biens, meubles & immeubles.

Pour fes biens, on en rendit une partie à fa maifon, & pour fa renommée elle a toujours été celle d'un héros qui eut le malheur de fe trop venger d'une injuftice qu'on lui avait faite.

(*a*) Confultez les collections de *Pierre du Puy*, garde de la bibliothèque du roi, tome II, & voyez fur tous les articles précédens le recueil des édits & ordonnances, le préfident *De Thou*, le comte de *Boulain-villiers* & tous les hiftoriens.

CHAPITRE XVIII,

De l'assemblée dans la grande salle du palais à l'occasion du duel entre Charles V & Fran-çois I.

APRÈS que *François I*, mal conseillé par son cou-rage & par l'amiral *Bonnivet*, eut perdu la bataille de Pavie, où il fit des actions de héros, & où il fut fait prisonnier ; après qu'il eut langui une année entière en prison, il fallut exécuter le fatal traité de Madrid, par lequel il avait promis de céder au victorieux *Charles V.* la Bourgogne, que cet empereur regardait comme le patrimoine de ses ancêtres ; il ne consulta sur cette af-faire délicate ni le parlement de Paris, ni le parlement de Bourgogne établi par *Louis XI*, mais il se fit repré-senter à Cognac où il était par des députés des états de Bourgogne, qu'il n'avait pu aliéner son domaine, & que s'il persistait à céder la Bourgogne à l'empereur, ils en appelleraient aux états-généraux à qui seuls il appartenait d'en juger.

Les députés des états de Bourgogne savaient bien que les états-généraux de l'empire avaient autant de droit que les états de France de juger cette question, ou plutôt qu'elle n'était que du ressort du droit de la guerre. Le vainqueur avait imposé la loi au vaincu, fallait-il que le vaincu accomplît ou violât sa promesse ?

L'empereur, en reconduisant son prisonnier au-delà de Madrid, l'avait conjuré de lui dire franchement & sur sa foi de gentilhomme, s'il était dans la résolution d'accomplir le traité , & avait même ajouté, qu'en quelque difpofition qu'il fût , il n'en ferait pas moins libre. *François I* avait répondu qu'il tiendrait fa parole. L'empereur repliqua, *je vous crois ; mais fi vous y manquez , je publierai partout que vous n'en avez pas ufé en homme d'honneur.* L'empereur était donc en droit de reprocher au roi que s'il avait combattu en brave chevalier à Pavie, il ne fe conduifait pas en loyal chevalier en manquant à fa promeffe. Il dit aux ambaffadeurs de France que le roi leur maître avait procédé de mauvaife foi, & que quand il voudrait il le lui foutiendrait feul à feul, c'eft - à - dire dans un combat fingulier.

Le roi, à qui on rapporta ce difcours public, préfenta fa réponfe par écrit à l'ambaffadeur de l'empereur, qui s'excufa de la lire, parce qu'il avait déjà pris congé. Vous l'entendrez au moins, dit le roi, & il lui fit lire l'écrit figné de fa main & par *Robertet* fecretaire d'état. Cet écrit portait en propres mots ;

« Vous faifons entendre que fi vous nous avez voulu, » ou voulez nous charger, que jamais nous ayons fait » chofe qu'un gentilhomme aimant fon honneur ne » doive faire, nous difons que vous avez menti par là » gorge, & qu'autant de fois que vous le direz vous » mentirez ; étant délibéré de défendre notre honneur » jufqu'au dernier bout de notre vie, pourquoi puifque » contre vérité vous nous avez voulu charger, défor- » mais ne nous écrivez aucune chofe, mais nous af- » affurez le camp, & nous vous porterons les armes, » proteftant que fi après cette déclaration, en autres » lieux vous écrivez, ou dites paroles qui foient con- » tre notre honneur, que la honte du délai en fera » votre, vu que venant audit combat, c'eft la fin de » toutes écritures. Fait en notre bonne ville & cité de

» Paris le 28 jour de Mars de l'an 1527 avant pâques.
» *François.* »

Le roi envoya ce cartel à l'empereur par un héraut
d'armes. *Charles V* envoya sa réponse par un autre
héraut. Le roi le reçut dans la grande salle du palais
le 10 Septembre 1528. Il était sur un trône élevé de
quinze marches devant la table de marbre. A sa droite
sur un grand échafaud étaient assis le roi de Navarre,
le duc d'Alençon, le comte de Foix, le duc de Vendôme, le duc de Ferrare de la maison d'*Est*, le duc
de Chartres, le duc d'Albanie régent d'Ecosse. De l'autre côté étaient le cardinal *Salviati* légat du pape, les
cardinaux de *Bourbon*, *Duprat*, de *Lorraine*, l'archevêque de Narbonne.

Au dessous des princes étaient les présidens & les
conseillers du parlement, & au-dessous du banc des
prélats, étaient les ambassadeurs. Ce fut la première
fois que le parlement en corps prit place dans une
assemblée de tous les grands & de tous les ministres
étrangers, & il y tint la place la plus honorable qu'on
pût lui donner.

Il est vrai que ce grand appareil se réduisit à rien ; le
roi ne voulut écouter le héraut de l'empereur qu'en
cas qu'il apportât *la sûreté du camp*, c'est-à-dire la
désignation du lieu où *Charles V* voulait combattre. En
vain le héraut voulut parler, le roi lui imposa silence.

Nous ne rapportons ici cette illustre & vaine cérémonie que pour faire voir dans quelle considération était
alors le parlement de Paris. Les maîtres des requêtes &
les conseillers du grand-conseil furent placés derrière les
évêques pairs de France & les autres prélats ; les membres de la chambre des comptes n'eurent point de séance,
quoique d'ordinaire ils en aient une égale à celle du parlement dans toutes les cérémonies publiques.

L'ordre des cérémonies a changé en France comme tout le reste. A l'entrée du roi *Louis XII* les proceſſions des paroiſſes marchèrent les premières ; les quatre ordres mendians les ſecondes : elles furent ſuivies de la chambre des comptes , enſuite parut l'hôtel-de-ville , il fut ſuivi du châtelet ; après le châtelet venait le parlement en robes rouges ; les chevaliers de l'hôtel du roi & deux cents hommes d'armes ſuivaient à cheval , & le prévôt de Paris à cheval avec douze gardes fermaient la marche. L'univerſité ne parut point , elle attendit le roi à la porte de Notre-Dame.

Le cérémonial obſervé à l'entrée de *François I* fut tout différent ; & il y eut encore des changemens à celle de *Henri II* & de *Charles III* , tant l'inconſtance a régné dans les petites choſes comme dans les grandes ; & dans la forme de l'appareil comme dans la forme du gouvernement.

En 1537 le parlement fit une nouvelle cérémónie , à laquelle on ne pouvait donner un autre nom ; ce fut de condamner juridiquement l'empereur *Charles-Quint.* Il faiſait toujours la guerre à *François I* , & l'accuſait devant toute l'Europe d'avoir violé ſa parole , & d'avoir appelé les Turcs en Italie. Le roi le fit ajourner comme ſon vaſſal pour les comtés de Flandre & d'Artois. Il faut être bien ſûr d'être le maître chez ſoi pour faire de telles procédures. Il oubliait que dans le traité de Madrid il avait racheté ſa liberté par la ceſſion de toutes ſes prétentions ſur ces fiefs.

Il vint donc au parlement avec les princes & les pairs ; l'avocat-général *Capel* fit un requiſitoire contre *Charles-Quint.* On rendit arrêt par lequel on citerait *Charles* empereur à ſon de trompe ſur la frontière ; & l'empereur n'ayant pas répondu le parlement confiſqua la Flandre, l'Artois & le Charolois dont l'empereur reſta le maître.

CHAPITRE XIX.

Des supplices infligés aux protestans , des mas-
sacres de Merindol & de Cabrières , & du par-
lement de Provence jugé criminellement par le
parlement de Paris.

LA coutume horrible de juger & de condamner à
mort pour des opinions religieuses fut introduite chez
les chrétiens dès le quatrième siècle de l'ère vulgaire.
Ce nouveau fléau qui affligea la nature humaine fut apportée d'Espagne par deux évêques nommés *Itace* &
Idace , comme depuis un autre espagnol introduisit l'horreur de l'inquisition.

Un nommé *Priscillien* avait institué une société de
dévots contemplatifs , telle que celle des anciens théra-
peutes , & des premiers gnostiques. Il y eut toujours
de pareilles sociétés chez les hommes ; l'Egypte , la
Syrie en étaient pleines long-tems avant la naissance du
christianisme. Cette société fit beaucoup de progrès en
Espagne & en Aquitaine. Plusieurs évêques se mirent à
la tête de cette congrégation. Les évêques *Itace* & *Idace*
eurent avec eux de violentes querelles.

Maxime , qui disputait l'empire à *Théodose 1* , était
alors à Trèves. Ce *Maxime* , à la vérité , était chrétien ;
mais il était à la tête du parti de l'ancienne religion romaine. Il avait détrôné & fait assassiner l'empereur
Gratien , & depuis il fut assassiné à son tour par l'empereur *Théodose*. Ce fut devant ce *Maxime* que les deux

Le célebre *saint Martin* évêque de Tours se trouvait lors à Trèves, il avait les mœurs douces de sa patrie, l obtint la grace de *Priscillien* & de ses adhérens : mais ès qu'il fut parti de Trèves, la faction contraire obtint eur mort. *Maxime* gagné soit par argent ; soit par inrigue, leur fit trancher la tête. Ce fut le premier neurtre juridique sollicité par des évêques pour cause de eligion.

Les chrétiens s'étaient mutuellement égorgés dès longems auparavant, mais ils ne s'étaient pas encore avisés le se servir du glaive de la justice.

Cette nouvelle barbarie s'étant donc introduite chez es chrétiens, le roi *Robert*, le même que le pape *Grégoire V* avait osé excommunier pour avoir épousé sa :ommère, le même qui avait quitté sa femme sur ce ɔrétexte, & qui étant fils d'un usurpateur mal affermi, :herchait à se concilier le siége de Rome, voulut lui :omplaire en faisant brûler dans Orléans en sa présence ɔlusieurs chanoines accusés d'avoir conservé les anciens logmes de l'ancienne église des Gaules, qui ne connaissaient ni le culte des images, [ni la transubstantiation, ni l'autres institutions. On les appellait manichéens, nom qu'on donnait alors à tous les hérétiques.

Le confesseur de la nouvelle reine *Constance* était du nombre de ces infortunés. Sa pénitente dans un mouvement de zèle lui creva un œil d'un coup de baguette lorsqu'il allait au supplice. Tous ses compagnons & lui se jetèrent dans les flammes en chantant des pseaumes, & crurent avoir la couronne du martyre.

Ceux qu'on appella Vaudois & Albigeois vinrent ensuite

fuite : tous voulaient rétablir la primitive église ; &
comme un de feurs principaux dogmes était la pauvreté,
ou du moins la médiocrité évangélique à laquelle ils
voulurent réduire les prélats & les moines, les archevêques de Narbonne & de Lyon en firent brûler quelques-
uns par leur feule autorité. Les papes ordonnèrent contre
eux une croifade comme contre les Turcs & les Sarrafins ;
on les extermina par le fer & par les flammes, & cent
lieues de pays furent défolées.

Enfin les débauches, les affaffinats & les empoifonnemens du pape *Alexandre VI*, l'ambition guerrière de
Jules II, la vie voluptueufe de *Léon X*, fes rapines pour
fournir à fes plaifirs, & la vente publique des indulgences foulevèrent une partie de l'Europe. Le mal était
extrême, il fallait au moins une réforme, elle fut commencée, mais par une défection entière en Allemagne,
en Suiffe & à Genève.

François I lui-même, en favorifant les lettres, avait
fait naître le crépufcule à la lueur duquel on commençait
à voir en France tous les abus de l'églife ; mais il était
toujours dans la néceffité de ménager le pape, ainfi que
le Turc, pour fe foutenir contre l'empereur *Charles-
Quint*. Cette politique l'engagea, malgré les fupplications
de fa fœur la reine de Navarre déjà calvinifte, à faire
brûler ceux qui feraient convaincus d'adhérer à la prétendue réforme. Il fit indiquer même au commencement
de 1535, par *Jean Du Belley* évêque de Paris, une
proceffion générale à laquelle il affifta une torche à la
main, comme pour faire amende honorable des profanations des fectaires. L'évêque portait l'euchariftie ; le
dauphin, les ducs d'Orléans, d'Angoulême & de Vendôme
tenaient les cordons du dais ; tous les ordres religieux &
tout le clergé précédaient. On voyait les cardinaux, les
évêques, les ambaffadeurs, les grands officiers de la

Hift. du Parl. de Paris.   F

couronne ; immédiatement après le roi. Le parlement, la chambre des comptes, toutes les autres compagnies fermaient la marche. On alla dans cet ordre à l'église de Notre-Dame, après quoi une partie de la proceſſion ſe ſépara pour aller à l'eſtrapade voir brûler à petit feu ſix bourgeois que la chambre de la tournelle du parlement avait condamnés le matin pour les opinions nouvelles. On les ſuſpendait au bout d'une longue poutre poſée ſur une poulie au-deſſus d'un poteau de vingt pieds de haut, & on les faiſait deſcendre à pluſieurs repriſes ſur un large bûcher enflammé. Le ſupplice dura deux heures & laſſa juſqu'aux bourreaux & au zèle des ſpectateurs.

Les deux jéſuites *Maimbourg* & *Daniel* rapportent après *Mézerai*, que *François I* fit dreſſer pendant cette exécution un trône dans la ſalle de l'évêché, & qu'il y déclara dans un diſcours pathétique, *que ſi ſes enfans étaient aſſez malheureux pour tomber dans les mêmes erreurs, il les ſacrifierait de même. Daniel* ajoute que ce diſcours attendrit tous les aſſiſtans & leur tira des larmes.

Je ne ſais où ces auteurs ont trouvé que *François I* avait prononcé ce diſcours abominable. La vérité eſt que dans ce tems-là même il écrivait à *Mélanchton*, & qu'il le priait de venir à ſa cour. Il ſollicitait les luthériens d'Allemagne & les ſoudoyait contre l'empereur; il faiſait une ligue avec le ſultan *Soliman* qui fut entiérement conclue deux ans après; il livrait l'Italie aux Turcs, & les muſſumans eurent une moſquée à Marſeilles, après que dès chrétiens eurent été brûlés dans Paris & dans les provinces.

Il ſe paſſa quelques années après une ſcène bien plus tragique. Il y avait ſur les confins de la Provence & du comtat d'Avignon des reſtes de ces anciens Vaudois & Albigeois qui avaient conſervé une partie des rites de l'égliſe des Gaules, ſoutenus par *Claude* évêque de Turin au huitième fiècle, & perpétués jufqu'à nos jours dans les fociétés proteftantes. Ces peuples habitaient vingt-deux bourgs dans les válées entourées de montagnes peu fréquentées, qui les rendaient prefque inconnus au refte du monde. Il cultivaient ces déferts depuis plus de deux cents ans, & les avaient rendus fertiles. Le véridique préfident *De Thou*, qui fut un des juges de l'affaire dont nous parlons, rend juftice à l'innocence de leur vie *laborieufe*, il les peint *patiens dans les plus grands travaux, juftes, fobres, ayant les procès en horreur, libéraux envers les pauvres, payant les tribus avec allé-greffe, n'ayant jamais fait attendre leurs feigneurs pour leurs rentes, affidus aux prières, ignorant toute efpèce de corruption*, mais ne fe profternant point devant des images, ne faifant point le figne de la croix, & quand il tonnait fe bornant à lever les yeux au ciel, &c.

Le vice-légat d'Avignon, & le cardinal de *Tournon* réfolurent d'exterminer ces infortunés. Ils ne fongeaient ni l'un ni l'autre qu'ils allaient priver le roi & le pape de fujets utiles.

Meyniers baron d'*Oppède*, premier préfident du parlement de Provence, obtint des lettres de *François I*, qui portaient ordre d'agir felon les loix contre ces hommes agreftes, *quibus in eos légibus agatur*, dit *De Thou*.

Le parlement de Provence commença par condamner dix-neuf habitans de Mérindol, leur femmes & leurs enfans, à être brûlés fans ouïr aucun d'eux; ils étaient errans dans les campagnes voifines. Cet arrêt alarma tout le canton. Quelques payfans prirent les armes, & pillèrent un couvent de carmes fur les terres d'Avignon.

Le préfident d'*Oppède* demanda des troupes. L'évêque de Cavaillon fujet du pape commença par amener quelques foldats ; il fe mit à leur tête, faccagea quelques maifons & tua quelques perfonnes. Ceux qu'il pourfuivait fe retirèrent fur les terres de France. Ils y trouvèrent trois mille foldats conduits par le premier préfident d'*Oppède* qui commandait dans la province en l'abfence du gouverneur. L'avocat-général faifait l'office de major dans cette armée. C'eft à cet avocat qu'on amenait les prifonniers. Il leur faifait réciter le *pater nofter* & l'*ave maria*, pour juger s'ils étaient hérétiques ; & quand ils récitaient mal ces prières, il criait *tolle & crucifige*, & les faifait arquebufer à fes pieds. Le foldat français eft quelquefois bien cruel , & quand la religion vient encore augmenter cette cruauté, il n'y a plus de bornes.

Il fut prouvé qu'en brûlant les villes de Mérindol & de Cabrières avec les villages d'alentour, les exécuteurs violèrent jufqu'à des filles de huit à neuf ans entre les bras de leurs mères, maffacrèrent enfuite les mères avec leurs filles. On enfermait pêle-mêle hommes, femmes, enfans dans des granges auxquelles on mettait le feu, & tout était réduit en cendres. Le peu qu'on épargna fut vendu par les foldats à des capitaines de galères comme des efclaves. Toute la contrée demeura déferte & la terre arrofée de fang refta fans culture.

Cet événement arriva en 1545. Plufieurs feigneurs de ces domaines fanglans & dévaftés, fe trouvant privés de leurs biens par cette exécution, préfentèrent requête à *Henri II* contre le préfident d'*Oppède*, le préfident *Lafond*, les confeillers *Tributi*, *Badet*, & l'avocat-général *Guerin*.

La caufe fut portée fous *Henri II* en 1550 au tribunal du grand confeil. Il s'agiffait d'abord de favoir s'il y avait lieu de plaider contre le parlement d'Aix. Le grand confeil jugea qu'on devait évoquer la caufe, &

elle fut renvoyée au parlement de Paris, qui par-là se trouva pour la première fois juge criminel d'un autre parlement.

Les deux préfidens Provençaux, l'avocat du roi *Guerin* furent emprifonnés. On plaida pendant cinquante audiences; le vice-légat d'Avignon intervint dans la caufe au nom du pape, & demanda par fon avocat *Renard*, que le parlement eût à ne point juger des meurtres commis dans les terres papales. On n'eut point d'égard à la requifition de maître *Renard*.

Enfin lè 13 Février 1552 l'avocat-général *Guerin* eut la tête tranchée. (*a*) Le préfident *De Thou* nous apprend que le crédit de la maifon de *Guife* fauva les autres du fupplice qu'ils méritaient; mais que *Mayniers d'Oppède* mourut dans les douleurs caufées par les remords, & pirés que le fupplice.

(*a*). Le préfident *Hénault* dit | en 1554.; il fe trompe fur le que l'avocat-général fut pendu ' genre du fupplice & fur la date.

CHAPITRE XX.

Du Parlement fous Henri II.

LE commencement du règne de *Henri II* fut fignalé, par ce fameux duel que le roi en plein confeil ordonna entre *Jarnac* & *La Châtaigneraye* le 11 Juin 1547. Il s'agiffait de favoir fi *Jarnac* avait avoué à *La Châtai-gneraye* , qu'il avait couché avec fa belle-mère. Ni les empereurs ni le fénat de Rome , n'auraient ordonné un duel pour une pareille affaire ; l'honneur chez les nations modernes n'était pas celui des Romains.

Le parlement ne fit aucune démarche pour prévenir ce combat juridique. Les cartels furent portés par des hérauts d'armes , & fignifiés pardevant notaires. Le parlement lui-même en avait ordonné plufieurs autrefois ; & ces mêmes duels regardés aujourd'hui comme un crime irrémiffible , s'étaient toujours faits avec la fanction des loix. Le parlement avait ordonné celui de *Carouge* & de *Le Gris* du tems de *Charles VI* en 1386, & celui du chevalier *Archon* & de *Jean Picard* fon beau-père en 1354.

Tous ces combats s'étaient faits pour des femmes. *Carouge* accufait *Le Gris* d'avoir violé la fienne , & le chevalier *Archon* accufait *Jean Picard* d'avoir couché avec fa propre fille. Non-feulement les juges eccléfiaftiques permirent auffi ces combats ; mais les évêques & les abbés combattirent par procureurs , & l'on trouve dans *le vrai théâtre d'honneur & de chevalerie* , que *Geofroi du Maine* évêque d'Anger , ayant un différend avec l'abbé de St. Serge pour la redevance d'un moulin , le procès fut jugé à coups de bâtons par deux champions qui n'avaient pas le droit de se tuer avec l'épée parce qu'ils n'étaient pas gentilshommes.

Cette ancienne jurisprudence a changé avec le tems comme tout le reste. On vit bientôt sous _Henri II_ un théâtre de carnage moins honorable & plus terrible. Les impôts créés par _François I_, & surtout les vexations sur le sel exercées par les exacteurs, soulevèrent le peuple en plusieurs endroits du royaume. On accusa le parlement de Bordeaux de s'être joint à la populace au lieu de lui résister, & d'avoir été cause du meurtre du seigneur de Monins commandant de Bordeaux, que les séditieux massacrèrent aux yeux des membres du parlement qui marchaient avec eux habillés en matelots. Le connétable _Anne de Montmorenci_, gouverneur du Languedoc, vint avec un maître des requêtes nommé _Etienne de Neuilli_, interdire le parlement pour un an, il fit exhumer le corps du seigneur de Monins par tous les officiers du corps-de-ville, qui furent obligés de le déterrer avec leurs ongles, & cent bourgeois passèrent par les mains du bourreau.

Ce traitement indisposa tous les parlemens du royaume, celui de Paris déplut à la cour plus que les autres. Le roi en 1554 se rendit semestre, & augmenta le nombre des charges. Il en vendit soixante & dix nouvelles. Les édits n'en furent point vérifiés ; mais ils furent exécutés pendant l'espace d'une année, après quoi le parlement ne fut plus semestre ; mais il demeura surchargé de soixante & dix membres inutiles qui avaient acheté leurs offices ; abus que le président _Jacques - Auguste De Thou_ déplore avec beaucoup d'éloquence.

Le règne de _Henri II_ ne fut guère plus heureux que celui de son père. Les défaites de S. Quentin & de Gravelines affaiblissaient le respect pour le trône, les impôts aliénèrent l'affection ; & tous les parlemens étaient mécontens.

Le roi, pour avoir plus aifément de l'argent, convoqua une grande affemblée dans la chambre du parlement de Paris en 1558. Quelques uns de nos hiftoriens lui ont donné le nom d'états-généraux, mais c'était une affemblée de notables, compofée de grands qui fe trouvèrent à Paris, & de quelques députés de provinces. Pour affembler de vrais états-généraux il eût fallu plus de tems, plus d'appareil, & fa grand'chambre aurait été trop petite pour les contenir.

Les tréforiers - généraux des finances y eurent une féance particulière ; ni eux, ni le parlement n'y furent confondus avec le tiers-état. Il n'était pas poffible que le parlement, cour des pairs, n'eût pas une place diftinguée dans le lieu même de fa réfidence.

Le roi y parla lui-même, la convocation ne dura que huit jours ; le feul objet était d'obtenir trois millions d'écus d'or, le clergé en paya un tiers, & le peuple les deux autres tiers ; jufques-là tout fut paifible.

CHAPITRE XXI.

Du supplice d'Anne Du Bourg.

LE duc *François de Guise*, & le cardinal de *Lorraine* son frère commençaient à gouverner l'état sous *Henri II. François de Guise* avait été déclaré lieutenant-général de l'état, & en cette qualité il précédait le connétable & lui écrivait en supérieur. Le cardinal de *Lorraine*, qui avait la première place dans le conseil, voulut pour se rendre encore plus nécessaire, établir en France l'inquisition, & il y parvint même enfin à quelques égards.

On n'institua pas à la vérité en France ce tribunal qui offense à la fois la loi naturelle, toutes celles de l'état, la liberté des hommes, & la religion qu'il déshonore en la soutenant ; mais on donna le titre d'inquisiteurs à quelques ecclésiastiques qu'on admit pour juges dans les procès extraordinaires qu'on faisait à ceux de la religion prétendue réformée ; tel fut ce fameux *Mouchi* qu'on appellait *Démocharès*, recteur de l'université. C'était proprement un délateur & un espion du cardinal de *Lorraine* ; c'est pour lui qu'on inventa le sobriquet de *Mouchards*, pour désigner les espions ; son nom seul est devenu un injure.

Cet inquisiteur suborna deux jeunes gens pour déposer que les prétendus réformés avaient fait le jeudi saint une assemblée, dans laquelle après avoir mangé un cochon en dérision de l'ancien sabbat, ils avaient éteint les lampes, & s'étaient abandonnés hommes & femmes à une prostitution générale.

C'eft une chofe bien remarquable qu'une telle calomnie ait toujours été intentée contre toutes les nouvelles fectes, à commencer même par le chriftianifme auquel on imputa des abominations pareilles. Les fectaires nommés hugue-nots, réformés, proteftans, évangéliques, furent pour-fuivis partout. On en condamna plufieurs aux flammes. Ce fupplice ne paraît pas proportionné au délit. Des gens qui n'étaient convaincus que d'avoir prié Dieu dans leur langue naturelle, & d'avoir communié avec du pain levé & du vin, femblaient ne pas mériter un fi affreux fup-plice; mais dès long-tems l'églife s'était fervie des bû-chers pour punir tous ceux qui avaient le malheur de ne pas penfer comme elle. On fuppofait que c'était à la fois imiter & prévenir la juftice divine qui deftine tous les ennemis de l'églife au feu éternel. Le bûcher était regardé comme un commencement de l'enfer.

Deux chambres du parlement prirent également con-naiffance du crime d'héréfie, la grand'chambre & la tournelle, quoique depuis la grand'chambre fe foit bor-née aux procès civils quand elle juge feule. Le roi don-nait auffi des commiffions particulières pour juger les délinquans. On nommait ces commiffions chambres-ardentes. Tant de fupplices excitèrent enfin la pitié ; & plufieurs membres du parlement s'étant adonnés aux lettres, penfèrent que l'églife devait plutôt réformer fes mœurs & fes loix, que verfer le fang des hommes, ou les faire périr dans les flammes.

Il arriva au mois d'avril 1559 dans une affemblée qu'on nomme mercuriale que les plus favans & les plus modé-rés du parlement proposèrent d'ufer de moins de cruauté, & de chercher à réformer l'églife. Ce fut l'avis du préfi-dent *Rançonnet*, d'*Arnaud Ferrier*, d'*Antoine Fumée*, de *Paul de Foix*, de *Nicolas Duval*, de *Claude Violé*, d'*Euftache de la Porte*, de *Loüis du Faur*, & du célèbre *Anne Du Bourg*.

Un de leurs confrères les dénonça au roi. Il violait en cela son serment de conseiller, qui est de tenir les délibérations de la cour secrètes. Il violait encore plus les loix de l'honneur & de l'équité.

Le roi excité par les *Guifes*, & séduit par cette malheureuse politique qui fait croire que la liberté de penser détruit l'obéissance, vint au parlement le 15 juin 1559 sans être attendu. Il était accompagné de *Bertrand* ou *Bertrandi*, cardinal, garde des sceaux, autrefois premier préfident du parlement, homme tout dévoué aux maximes ultramontaines. Le connétable de *Montmorenci* & plusieurs grands-officiers de la couronne prirent séance.

Le roi qui savait qu'on délibérait alors sur la même matière, voulut qu'on continuât à parler en liberté, plusieurs tombèrent dans le piège qu'on leur tendait. Le conseiller *Claude Viole* & *Louis du Faur* recommandèrent éloquemment la réforme des mœurs & la tolérance des religions. Le conseiller *Du Bourg* s'expliqua avec encore plus de force ; il montra combien il était affreux de voir régner à la cour la débauche, l'adultère, la concussion, l'homicide, tandis qu'on livrait aux tourmens & à la mort des citoyens qui servaient le roi selon les loix du royaume, & Dieu selon leur conscience.

Du Bourg, neveu du chancelier de ce nom, était diacre ; sa cléricature l'avait engagé à étudier plus qu'un autre cette funeste théologie qui est depuis tant de siècles un amas d'opinions contraires. La science l'avait fait tomber dans l'opinion de ces réformateurs ; d'ailleurs juge intègre, homme d'une vie irréprochable, & citoyen zélé.

Le roi ordonna au connétable de faire arrêter sur le champ *Du Bourg*, *Du Faur*, *De Foix*, *Cumée*, *La Porte* : les autres eurent le tems de se sauver. Il y avait dans le parlement beaucoup plus de magistrats attachés à la maison de *Guise* qu'aux sciences.

St. André & *Minard* présidens aux enquêtes poursuivirent la mort d'*Anne Du Bourg*. Comme il était dans le sacerdoce il fut d'abord jugé par l'évêque de Paris *Du Belley*, assisté de l'inquisiteur *Mouchi* : il appella comme d'abus de la sentence de l'évêque, il réclama son droit d'être jugé par ses pairs, c'est-à-dire, par les chambres du parlement assemblées ; mais l'esprit de parti & l'asservissement aux *Guises* l'ayant emporté au parlement sur une de ses plus grandes prérogatives, *Du Bourg* fut jugé successivement à l'officialité de Paris, à celle de Sens & à celle de Lyon, condamné dans toutes les trois à être dégradé & livré au bras séculier comme hérétique. On le mena d'abord à l'officialité, là étant revêtu de ses habits sacerdotaux on les lui arracha l'un après l'autre. On fit la cérémonie de passer légérement un morceau de verre sur sa tonsure & sur ses ongles, après quoi il fut ramené à la bastille & condamné à être étranglé & brûlé par des commissaires du parlement que ses persécuteurs avaient nommés. Il reçut son arrêt avec résignation & courage : éteignez vos feux, dit-il à ses juges, renoncez à vos vices, convertissez-vous à Dieu. Il fut pendu & brûlé dans la place de Grève le 19 octobre 1559.

Gui Du Faur fut condamné par les commissaires à une interdiction de cinq ans, à une amende de cinq cents livres. Son arrêt porte : « Pour avoir témérairement » avancé qu'il n'y a point de meilleur remède pour finir » les troubles de l'église, que l'assemblée d'un concile » écuménique, & qu'en attendant on doit suspendre » les supplices. »

Une grande partie du parlement s'éleva contre cet arrêt & accepta la protestation de *Du Faur* ; tout le parlement fut long-tems partagé, les esprits s'échauffèrent,

& enfin le parti de la raison l'emportant sur celui du fanatifme & de la fervitude, le jugement des commiffaires contre *Du Faur* fut rayé & bifé à la pluralité des voix.

Cependant, le confeiller *Anne du Bourg* ayant déclaré à la potence qu'il mourait ferviteur de Dieu & ennemi des abus de l'églife romaine ; fon fupplice fit plus de profé-lites en un jour que les livres & les prédications n'en avaient fait en plufieurs années. Le nom catholique de-vint en horreur aux proteftans , & les factions furent fi animées , que depuis ce tems jufqu'aux années paifibles & trop courtes où *Henri IV* reftaura le royaume , c'eft-à-dire , pendant plus de quarante années , il ne fe paffa pas un feul jour qui ne fût marqué par des querelles fan-glantes , par des combats particuliers ou généraux , ou par des affaffinats , ou par des empoifonnemens , ou par des fupplices. Tel fut l'état où les difputes de religion réduifirent le royaume pendant un demi fiècle , tandis que la même caufe eut à-peu-près les mêmes effets dans l'Angleterre , dans l'Allemagne & dans les Pays-Bas.

CHAPITRE XXII.

De la conjuration d'Amboife, & de la condam-
nation à mort de Louis de Bourbon, prince
de Condé.

S<small>I</small> *Anne du Bourg* ne fut pas jugé par fes pairs affemblés, un prince du fang ne le fut pas non plus par les
fiens. *François de Guife* & le cardinal de *Lorraine* fon
frère tous deux étrangers, mais tous deux devenus pairs
du royaume, l'un par fon duché de Guife, l'autre par fon
archevêché de Rheims, étaient les maîtres abfolus de
l'état fous le jeune & faible *François II* qui avait époufé
leur niéce *Marie Stuart.*

Les princes du fang écartés & humiliés, ne purent fe
foutenir contre eux qu'en fe joignant fecrètement aux
proteftans qui commençaient à faire un parti confidérable
dans le royaume. Plus ils étaient perfécutés, plus leur
nombre croiffait ; le martyre dans tous les tems a fait des
profélites.

Louis de Condé, frère d'*Antoine de Bourbon,* roi de
la Baffe-Navarre, entreprit d'ôter aux *Guifes* un pouvoir qui ne leur appartenait pas, & fe rendit criminel
dans une jufte caufe par la fameufe confpiration d'Amboife. Elle fut tramée avec un grand nombre de gentilshommes de toutes les provinces, les uns catholiques,
les autres proteftans ; elle fut fi bien conduite, qu'après
avoir été découverte, elle fut encore formidable. Sans un
avocat nommé *Davenel* qui la découvrit, non par zèle
pour l'état, mais par intérêt, le fuccès était infaillible ;

les deux princes lorrains étaient enlevés ou tués dans Amboise. Le prince de *Condé*, chef de l'entreprise, employait les conjurés d'un bout de la France à l'autre, sans s'être découvert à eux. Jamais conspiration ne fut conduite avec plus d'art & plus d'audace.

La plupart des principaux conjurés moururent les armes à la main. Ceux qui furent pris auprès d'Amboise expirèrent dans les supplices, & cependant il se trouva encore dans les provinces des gentilshommes assez hardis pour braver les princes de Lorraine victorieux & tout-puissans : entr'autres, le seigneur de *Mouvans* demeura en armes dans la province; & quand le duc de *Guise* voulut le regagner, *Mouvans* fit à ses émissaires cette réponse; *dites aux princes lorrains que tant qu'ils persécuteront les princes du sang, ils auront dans Mouvans un ennemi irréconciliable. Tout pauvre qu'il est, il a des amis gens de cœur.*

Le prince de *Condé* qui attendit dans Amboise auprès du roi la victoire ou la défaite de ses partisans, fut arrêté dans le château d'Amboise par le grand-prévot de l'hôtel *Antoine Duplessis Richelieu*, tandis qu'on faisait mourir ses complices par la corde ou par la hache; mais il avait si bien pris ses mesures, & il parla avec tant d'assurance qu'il fut mis en liberté.

La conspiration découverte & punie ne servit qu'à rendre *François de Guise* plus puissant. Le connétable *Anne de Montmorenci*, réduit à recevoir ses ordres & à briguer sa faveur, fut envoyé au parlement de Paris comme un simple gentilhomme de la maison du roi, pour rendre compte de la journée d'Amboise, & pour intimer un ordre de ne faire aucune grace aux hérétiques.

Le véridique *de Thou* rapporte en propres mots, *que les présidens & les conseillers comblèrent à l'envi les princes de Lorraine d'éloges ; le parlement en corps viola l'usage, & abaissa sa dignité*, dit-il, *jusqu'à écrire au duc de Guise, & à l'appeller par une lâche flatterie le conservateur de la patrie.* Ainsi, tout fut faible ce jour-là, le parlement & le connétable.

La même année 1560, le prince de *Condé* échappé d'Amboise, & s'étant retiré dans le *Béarn*, s'y déclara publiquement de la religion réformée ; & l'amiral de *Coligni* présenta une requête au roi, au nom de tous les protestans du royaume, pour obtenir une liberté entière de l'exercice de leur religion; ils avaient déjà deux mille deux cent cinquante églises, soit publiques, soit secrètes, tant le sang de leur frères avait cimenté leur religion. Les *Guises* virent qu'on allait leur faire une guerre ouverte. Les protestans voulurent livrer la ville de Lyon au prince de *Condé*, ils ne réussirent pas ; les catholiques de la ville s'armèrent contre eux, & il y eut autant de sang répandu dans la conspiration de Lyon que dans celle d'Amboise.

On ne peut concevoir comment après cette action le prince de *Condé* & le roi de Navarre son frère osèrent se présenter à la cour dans Orléans, où le roi devait tenir les états. Soit que le prince de *Condé* crût avoir conduit ses desseins avec assez d'adresse pour n'être pas convaincu, soit qu'il pensât être assez puissant pour qu'on craignît de mettre la main sur lui, il se présenta & il fut arrêté par *Philippe de Maillé* & par *Chavigni-le-roi*, capitaine des gardes. Les *Guises* croyaient avoir assez de preuves contre lui pour le condamner à perdre la vie ; mais n'en ayant pas assez contre le roi *Antoine de Navarre*, le cardinal de *Lorraine* résolut de le faire assassiner. Il y fit consentir le roi *François II.* On devait faire venir *Antoine de Navarre* dans la chambre du roi, ce jeune monarque devait lui faire des reproches, les témoins devaient
s'écrier

s'écrier qu'*Antoine* manquait de respect au roi, & des affaſſins apoſtés devaient le tuer en préſence du roi même.

Antoine, mandé dans la chambre de *François II*, fut averti à la porte par un des ſiens, du complot formé con‑tre ſa vie. Je ne puis reculer, dit-il, je vous ordonne ſeulement, ſi vous m'aimez, de porter ma chemiſe ſan‑glante à mon fils qui lira un jour dans mon ſang ce qu'il doit faire pour me venger. *François II* n'oſa pas com‑mettre ce crime, il ne donna point le ſignal convenu.

On ſe contenta de procéder contre le prince de *Condé.* Il faut encore obſerver ici qu'on ne lui donna que des commiſſaires, le chancelier de *l'Hôpital*, *Chriſtophe de Thou*, préſident du parlement, père de l'hiſtorien, les conſeillers *Faye & Viole*. Ils l'interrogèrent, & ils de‑vaient le juger avec les ſeigneurs du conſeil-étroit du roi, ainſi le duc de *Guiſe* lui-même devait être ſon juge. Tout était contre les loix dans ce procès. Le prince appellait envain au roi : envain il repréſentait qu'il ne devait être jugé que par les pairs aſſemblés, on déclarait ſes appels mal fondés

Le parlement intimidé ou gagné par les *Guiſes* ne fit aucune démarche. Le prince fut condamné à la pluralité des voix dans le conſeil du roi, où l'on fit entrer le pré‑ſident *Chriſtophe de Thou*, & les deux conſeillers du parlement.

François II ſe mourait alors ; tout allait changer, le connétable de *Montmorenci* était en chemin & allait reprendre ſon autorité. L'amiral *Coligni* neveu du con‑nétable s'avançait, la reine-mère *Catherine de Médicis*, était incertaine & accablée ; le chancelier de *l'Hôpital* ne voulait point ſigner l'arrêt ; les deux princes de *Guiſe* oſèrent bien la preſſer de faire exécuter le prince de

Hiſt. du Parl. de Paris.   G

Condé déjà condamné, & le roi de Navarre son frère à qui on pouvait faire le procès en un jour. Le chancelier de l'*Hôpital* soutint la reine chancelante contre cette résolution désespérée. Elle prit un parti sage, le roi son fils touchait à sa fin, elle profita des momens où elle était encore maîtresse de la vie des deux princes pour se réconcilier avec eux & pour conserver son autorité malgré la maison de *Lorraine*. Elle exigea d'*Antoine de Navarre* un écrit par lequel il renonçait à la régence, & se l'assura elle-même dans son cabinet, sans consulter ni le conseil ni les députés des états-généraux qu'on devait tenir à Orléans, ni aucun parlement du royaume.

François II son fils mourut le 5 décembre âgé de dix-sept ans & dix mois; son frère *Charles IX* n'avait que dix ans & demi. *Catherine de Médicis* sembla maîtresse absolue les premiers jours de ce règne. Elle tira le prince de *Condé* de prison de sa seule autorité; ce prince & le duc de *Guise* se réconcilièrent & s'embrassèrent en sa présence, avec la résolution déterminée de se détruire l'un l'autre, & bientôt s'ouvrit la carrière des plus horribles excès ou l'esprit de faction, la superstition, l'ignorance revêtue du nom de théologie, le fanatisme & la démence aient jamais porté les hommes.

Pendant que *François II* touchait à sa fin, le parlement de Paris réprima autant qu'il le pût par un arrêt authentique, des maximes ultramontaines, capables d'augmenter encore les troubles de l'état. Les aspirans au doctorat soutiennent en sorbonne des thèses théologiques, ignorées pour l'ordinaire du reste du monde; mais alors elles excitaient l'attention publique. On soutint dans une de ces thèses, *que le pape souverain monarque de l'église peut dépouiller de leurs royaumes les princes rebelles à ses décrets.* Le chancelier de l'*Hôpital* envoya des lettres-patentes au président *Christophe De Thou*, &

à deux confeillers, pour informer fur cette thèfe auffi criminelle qu'abfurde. *Tanquerel* qui l'avait foutenue s'enfuit. Le parlement rendit un arrêt, par lequel la forbonne affemblée abjurerait l'erreur de *Tanquerel*. Le docteur *Le Gouft* demanda pardon pour *Tanquerel* au nom de la forbonne le 12 décembre 1560. On eut dans la fuite des maximes plus affreufes à réfuter.

CHAPITRE XXIII.

Des premiers troubles fous la régence de Catherine de Médicis.

DÈS que le faible *François II* eut fini fon inutile
vie , *Catherine Medici* que nous nommons *de Médicis*
affembla les états dans Orléans le 13 décembre 1560. Le
parlement de Paris , ni aucun autre n'y envoyèrent de
députés. A peine dans ces états parla-t-on de la régence ;
on y confirma feulement au roi de Navarre la lieutenance-
générale du royaume : titre donné trois fois auparavant
à *François* duc de *Guife*.

La reine ne prit point le nom de régente , foit qu'elle
crût que le nom de reine-mère du roi dût lui fuffire , foit
qu'elle voulût éviter des formalités ; elle ne voulait que
l'effentiel du pouvoir. Les états même ne lui donnèrent
point le titre de majefté ; les rois alors le prenaient rarement. Nous avons encore beaucoup de lettres de tems-là
où l'on dit à *Charles IX* & à *Henri III*, votre alteffe. La
variété & l'inconftance s'étendent fur les noms & fur les
chofes.

Catherine de Médicis, était intéreffée à rabaiffer les
Guifes qui l'avaient humiliée du tems de *François II* ; &
dans cette idée elle favorifa d'abord des calviniftes. Le roi
de Navarre l'était , mais il craignait toujours d'agir. Le
connétable de *Montmorenci* l'homme le plus ignorant de
la cour , & qui à peine favait figner fon nom , fut long-
tems indécis ; mais fa femme *Magdelaine de Savoye* , auffi
bigote que fon mari était ignorant , l'emporta fur les
Coligni, & détermina fon mari à s'unir avec le duc de

Guife. Le maréchal de *faint André* fe joignit à eux, & on donna à cette union le nom de triumvirat, parce qu'on aime toujours à comparer les petites chofes aux grandes. *S. André* était en tout fort au deffous de *François de Guife* & de *Montmorenci*, il était le *Lépide* de ce triumvirat, d'ailleurs plus connu par fes débauches & par fes rapines que par fes actions.

Ce fut-là le premier fignal des divifions au milieu des états d'Orléans. La reine-mère envoya d'abord un ordre au nom du roi fon fils à tous les gouverneurs de provinces de pacifier autant qu'ils le pourraient les troubles de réligion. Cette déclaration défendait aux peuples de fe fervir des noms odieux de huguenots & de papiftes. Elle rendait la liberté à tous les prifonniers pour caufe de réligion, elle rappellait ceux que la crainte avait fait retirer hors du royaume depuis le tems de *François I.* Rien n'était plus capable de ramener la paix, fi les hommes euffent écouté la raifon.

Le parlement de Paris après beaucoup de débats fit des remontrances. Il allégua que cette ordonnance (célèbre édit de Juillet 1561) devait être adreffée aux parlemens du royaume, & non aux gouverneurs des provinces. Il fe plaignit qu'on donnât trop de liberté aux novateurs. La reine mena fon fils au parlement au mois de Juillet. Jamais il n'y eut une plus grande affemblée. Le prince de *Condé* y était lui-même. On y fit enregiftrer l'édit qu'on nomme de Juillet, édit de concorde & de paix, beaucoup plus détaillé que l'ordonnance dont on fe plaignait ; édit qui recommandait à tous les fujets la tolérance, qui défendait aux prédicateurs les termes injurieux fous peine de la vie, qui prohibait les affemblées publiques, & qui en réfervant aux eccléfiaftiques feuls la connaiffance de l'héréfie ; prefcrivait aux juges de ne prononcer jamais la peine de mort contre ceux-mêmes que l'églife livrait au bras féculier.

Cet édit fut suivi du colloque de Poissi tenu au mois d'août 1561. Cette conférence ne pouvait être qu'inutile entre deux partis diamétralement opposés. D'un côté on voyait un cardinal de *Lorraine*, un cardinal de *Tournon*, des évêques comblés de richesses, un jésuite nommé *Lainez* & des moines, défenseurs opiniâtres de l'autorité du pape : de l'autre étaient de simples ministres protestans, tous pauvres, tous voulant qu'on fût pauvre comme eux, & tous ennemis irréconciliables de cette puissance papale qu'ils regardaient comme l'usurpation la plus tyrannique.

Les deux partis se séparèrent très-mécontens l'un de l'autre, ce qui ne pouvait être autrement.

Jacques Auguste de Thou rapporte que le cardinal de *Tournon* ayant reproché vivement à la reine d'avoir mis au hasard la religion romaine en permettant cette dispute publique, *Catherine* lui répondit : *Je n'ai rien fait que de l'avis du conseil & du parlement de Paris.*

Il paraît cependant que la majorité du parlement était alors contre les réformateurs. Apparemment la reine entendait que les principales têtes de ce corps lui avaient conseillé le colloque de Poissi.

Après cette conférence dont on sortit plus aigri qu'on n'y était entré, la cour pour prévenir les troubles assembla dans saint Germain-en-Laye le 17 janvier 1562 des députés de tous les parlemens du royaume. Le chancelier de l'*Hôpital* leur dit que dans les divisions & dans les malheurs de l'état il ne fallait pas imiter *Caton*, à qui *Ciceron* reprochait d'opiner dans le sein de la corruption, comme il eût fait dans les tems vertueux de la république.

On proposa des tempéramens qui adoucissaient encore l'édit de Juillet. Par ce nouvel édit, long-tems connu sous le nom d'édit de Janvier, il fut permis aux réformés d'avoir des temples dans les fauxbourgs de toutes

les villes. Nul magistrat ne devait les inquiéter ; au contraire, on devait leur prêter main forte contre toute insulte, & condamner à mille écus d'or d'amende ceux qui
troubleraient leurs assemblées ; mais aussi ils devaient
restituer les églises, les maisons, les terres, les dixmes
dont ils s'étaient emparés. Ils ne pouvaient par cet édit
convoquer aucun synode qu'en présence des magistrats
du lieu. Enfin on leur enjoignait d'être en tout des citoyens soumis, en servant Dieu selon leur conscience.

Quand il fallut enrégistrer ce nouvel édit, le parlement fit encore plusieurs remontrances. Enfin après trois
lettres de jussion, il obéit le 6 mars 1562, en ajoutant
la clause qu'il cédait à la volonté absolue du roi ; qu'il
n'approuvait point la religion nouvelle, & que l'édit ne
subsisterait que jusqu'à nouvel ordre. Cette clause, dictée
par le parti des *Guises* & du triumvirat, inspira la défiance aux réformés, & rendit les deux édits de pacification inutiles.

Les querelles d'état & de religion augmentèrent par
les moyens mêmes qu'on avait pris pour les pacifier. Le
petit triumvirat, la faction des *Guises* & celle des prêtres
menaçaient & choquaient dans toutes les occasions le
parti des *Condé*, des *Coligni* & des réformés : on était
encore en paix, mais on respirait la guerre civile.

Le hasard qui causa le massacre de *Vassi* fit enfin courir
la France entière aux armes, & si ce hasard n'en avait pas
été la cause, d'autres étincelles auraient suffi pour allumer
l'embrasement.

Le duc de *Guise* en allant de sa terre de Joinville à la
cour, & marchant comme tous les grands seigneurs de
ces tems-là, accompagné de grand nombre de gentilshommes, & de valets armés, entendit de loin dans une
grange auprès de *Vassi* des huguenots qui chantaient des

pfeaumes ; fes domeftiques qui étaient auffi infolens que leur maître était hautain, crurent que c'était manquer de refpeft à leur maître, & voulurent les faire-taire ; la querelle s'échauffa, on en tua près de foixante & on en bleffa près de trois cents.

La renommée qui groffit tout porta dans la France & dans l'Europe la nouvelle du carnage le plus horrible & le plus prémédité. Tous les réformés du royaume s'armèrent à ce fignal, & la guerre civile commença dans toutes les villes, & dans toutes les campagnes.

Le prince de *Condé* s'empara de la ville d'Orléans, (Avril 1562) & fe fit déclarer par fon parti protecteur du royaume de France ; foit qu'il empruntât ce titre des Anglais, comme il eft très-vraifemblable, foit que les circonftances préfentes le fourniffent d'elles-mêmes.

Au lieu d'appaifer cette guerre civile naiffante, le parlement, où le parti des *Guifes* dominait toujours, rendit au mois de Juillet 1562 plufieurs arrêts par lefquels il profcrivait les proteftans ; ordonnait à toutes les communautés de prendre les armes, de pourfuivre & de tuer tous les novateurs qui s'affembleraient pour prier dieu en français.

Le peuple déchaîné par la magiftrature exerça fa cruauté ordinaire partout où il fut le plus fort ; il étrangla à Ligueuil en Touraine plufieurs habitans, arracha les yeux au pafteur du temple & le brûla à petit feu. Cormeri, Loches, l'Ifle-Bouchard, Azai, Vendôme furent faccagés, les tombeaux des ducs de Vendôme mis en piéces, leurs corps exhumés, dans l'efpérance d'y trouver quelques joyaux, & leurs cendres jetées au vent. Ce fut le prélude de cette St. Barthelemi qui effraya l'Europe dix années après, & dont le fouvenir infpirera une horreur éternelle.

CHAPITRE XXIV.

Du chancelier de l'Hôpital. De l'assassinat de François de Guise.

ON croit bien que toutes ces cruautés ne furent point sans représailles ; les protestans firent autant de mal qu'on leur en faisait, & la France fut un vaste théâtre de carnage. Le parlement de Toulouse fut partagé. Vingt-deux conseillers tenaient encore pour les édits de pacification, les autres voulaient que les protestans fussent exterminés. Ceux-ci se retranchèrent dans l'hôtel-de-ville ; on se battit avec fureur dans Toulouse, il y périt trois à quatre mille citoyens, & c'est-là l'origine de cette fameuse procession qu'on fait encore à Toulouse tous les ans le 10 Mars, en mémoire de ce qu'on devrait oublier. Le chancelier de l'*Hôpital*, sage & inutile médecin de cette frénésie universelle, cassa vainement l'arrêt qui ordonnait cette funeste cérémonie annuelle.

Le prince de *Condé* cependant faisait une véritable guerre. Son propre frère le roi de Navarre, long-tems flottant entre la cour & le parti protestant, ne sachant s'il était calviniste ou papiste, toujours incertain & toujours faible, suivit le duc de *Guise* au siège de Rouen, dont les troupes du prince de *Condé* s'étaient emparées ; il y fut blessé à mort en visitant la tranchée le 15 Octobre 1562. La ville fut prise, livrée au pillage. Tous les partisans du prince de *Condé* qu'on y trouva furent massacrés excepté ceux qu'on réserva au supplice. Le chancelier de l'*Hôpital* au milieu de ces meurtres fit encore publier un édit par lequel le roi & la reine sa mère ordonnaient à tous les parlémens du royaume de suspendre

toute procédure criminelle contre les hérétiques, & pro-
posaient une amnistie générale à ceux qui s'en rendraient dignes.

Voilà le troisième arrêt de douceur & de paix que ce
grand-homme fit en moins de deux ans : mais la rage
d'une guerre à la fois civile & religieuse l'emporta toujours sur la tolérance du chancelier.

Le parlement de Normandie, malgré l'édit fit pendre
trois conseillers de ville, & le prédicant ou ministre
Marlorat avec plusieurs officiers.

Le prince de *Condé* à son tour souffrit que dans Orléans dont il était maître, le conseil de ville fit pendre un
conseiller du parlement de Paris nommé *Sapin*, & un
prêtre, qui avaient été pris en voyageant ; il n'y avait
plus d'autre droit que celui de la guerre.

Cette même année se donna la première bataille rangée
entre les catholiques & les huguenots, auprès de la
petite ville de Dreux, non loin de ces campagnes d'Ivri,
lieu où depuis le grand *Henri IV* gagna & mérita sa
couronne.

D'un côté on voyait ces trois triumvirs, le vieux &
malheureux connétable de *Montmorenci*, *François de
Guise* qui n'était plus lieutenant-général de l'état, mais
qui par sa réputation en était le premier homme, & le
maréchal de *saint André* qui commandait sous le connétable.

A la tête de l'armée protestante était le prince *Louis
de Condé*, l'amiral *Coligni* & son frère d'*Andelot* : presque tous les officiers de l'une & de l'autre armée étaient
ou parens ou alliés, & chaque parti avait amené des
troupes étrangères à son secours.

L'armée catholique avait des Suisses, l'autre avait des Reîtres. Ce n'est pas ici le lieu de décrire cette bataille. Elle fut comme toutes celles que les Français avaient données, sans ordre, sans art, sans ressource prévue. Il n'y eut que le duc de *Guise* qui sut mettre un ordre certain dans le petit corps de réserve qu'il commandait. Le connétable fut enveloppé, & pris comme il l'avait été à la bataille de saint Quentin. Le prince de *Condé* eut le même sort. Le maréchal de *saint André* abandonné des siens fut tué par le fils du greffier de l'hôtel-de-ville de Paris nommé *Baubigni*. Ce maréchal avait emprunté de l'argent au greffier, au lieu de payer le père il avait maltraité le fils. Celui-ci jura de s'en venger, tint parole, & en délivra la France.

Le duc de *Guise* voyant les deux chefs opposés prisonniers, & tout en confusion, fit marcher à propos son corps de réserve, & gagna le champ de bataille. Ce fut le 20 Décembre 1562. *François de Guise* alla bientôt après faire le siège d'Orléans. Ce fut-là qu'il fut assassiné le 18 Février 1563 par *Poltrot de Merey*, gentilhomme Angoumois. Ce n'était pas le premier assassinat que la rage de religion avait fait commettre. Il y en avait eu plus de quatre mille dans les provinces ; mais celui-ci fut le plus signalé par le grand nom de l'assassiné & par le fanatisme du meurtrier qui crut servir Dieu en tuant l'ennemi de la secte.

J'anticiperai ici un peu le tems, pour dire que quand *Charles IX* revint à Paris après sa majorité, la mère du duc de Guise *Antoinette de Bourbon*, sa femme *Anne d'Est*, & toute sa famille vinrent en deuil se jeter aux genoux du roi, & demander justice contre l'amiral de *Coligni* qu'on accusait d'avoir encouragé *Poltrot* à ce crime.

Le parlement condamna *Poltrot* le 18 Mars à être

déchiré avec des tenailles ardentes, tiré à quatre chevaux
& écartelé, supplice réservé aux assassins des rois. Le
criminel varia toujours à la question, chargeant tantôt
l'amiral de *Coligni* & *Dandelot* son frère, tantôt
les justifiant. Il demanda à parler au premier président
Christophe De Thou avant que d'aller au supplice. Il
varia de même devant lui. Tout ce qu'on put enfin con-
jecturer de plus vraisemblable, c'est qu'il n'avait d'autre
complice que la fureur du fanatisme. Tels ont été presque
tous ceux à qui l'abus de la religion chrétienne a mis dans
tous les tems le poignard à la main, tous aveuglés par les
exemples de *Jaël*, d'*Aod*, de *Judith* & de *Matathias*,
qui tua dans le temple l'officier du roi *Antiochus*, dans
le tems que ce capitaine voulait exécuter les ordres de
son maître, & sacrifier un cochon sur l'autel. Tous ces
assassinats étant malheureusement consacrés, il n'est pas
étonnant que des fanatiques ignorans, ne distinguant pas
les tems & les lieux, aient imité des attentats qui doivent
inspirer l'horreur, quoique rapportés dans un livre qui
inspire du respect.

CHAPITRE XXV.

De la majorité de Charles IX & de ses suites.

APRÈS la prise de Rouen & la bataille de Dreux, le chancelier de l'*Hôpital* réussit à donner à la France quelque ombre de paix. On posa les armes des deux côtés, on rendit tous les prisonniers. Il y eut un quatrième édit de pacification, signé & scellé à Amboise le 19 Mars 1563, publié & enregistré au parlement de Paris & dans toutes les cours du royaume.

: Le roi fut ensuite déclaré majeur au parlement de Normandie ; il n'avait pas encore quatorze ans accomplis ; né le 27 Juin 1550, l'acte de sa majorité est du 14 Août 1563. Ainsi il était âgé de treize ans un mois & dix-sept jours. Le chancelier de l'*Hôpital* dit dans son discours que c'était pour la première fois que les années commencées passaient pour des années accomplies. Il est difficile de démêler pourquoi il parlait ainsi : car *Charles VI* fut sacré à Rheims en 1380 âgé de treize ans & quelques jours. Ce fut plutôt la première fois qu'un roi fut déclaré majeur dans un parlement *Charles IX* s'assit sur un trône ; la reine sa mère vint lui baiser la main à genoux, elle fut suivie d'*Alexandre* duc d'Orléans, qui fut depuis le roi *Henri III* du prince de Navarre, c'est le grand *enri HIV* ; puis *Charles* cardinal de *Bourbon*, le prince de *Condé*, le prince *Louis de Montpensier*, *François* son fils, nommé le dauphin d'Auvergne, *Charles de la Roche-sur-Yon*, rendirent le même hommage, & tous vinrent ensuite se ranger auprès du roi.

Le cardinal de *Lorraine*, & le cardinal *Odet de Châ-*

tillon, frère de l'amiral, fuivirent les princes. Il eſt à remarquer que le cardinal de *Châtillon* s'était déclaré proteſtant; il s'était publiquement marié à l'héritière de *Péquigni*, & il n'en aſſiſta pas moins en habit de cardinal à cette cérémonie. *Eléonor* duc de Longueville, deſcendant du fameux *Durois*, baiſa la main du roi après les cardinaux; enſuite vint le connétable de *Montmorenci*, l'épée nue à la main; le chancelier *Michel de l'Hôpital*, quoique fils d'un médecin, & n'étant pas au rang des nobles, ſuivit le connétable, il précéda les maréchaux de *Briſſac*, de *Montmorenci*, de *Bourdillon*. Le marquis de *Gouſier de Boiſi* grand-écuyer parut après les maréchaux de France.

L'édit fut porté par le marquis de *ſaint Gelais de Lanſac*, au parlement de Paris, pour y être enrégiſtré; mais, dit le préſident de Thou, *ce parlement le refuſa; il députa* Chriſtophe de Thou *ſon père*, Nicolas Prévôt *préſident des enquêtes, & le conſeiller* Guillaume Viole, *pour repréſenter qu'aucun édit ne devait paſſer en aucun parlement du royaume, ſans avoir été auparavant vérifié à celui de Paris; que l'édit ſur la majorité du roi portait que les huguenots auraient liberté de conſcience; mais qu'en France il ne devait y avoir qu'une religion; que le même édit ordonnait à tout le monde de poſer les armes, mais que la ville de Paris devait être toujours armée, parce qu'elle était la capitale & la fortereſſe du royaume.*

Le roi, quoique jeune, mais inſtruit par ſa mère, répondit: *je vous ordonne de ne pas agir avec un roi majeur comme vous avez fait pendant ſa minorité; ne vous mêlez pas des affaires dont il ne vous appartient pas de connaître; ſouvenez-vous que votre compagnie n'a été établie par les rois que pour rendre la juſtice ſuivant les ordonnances du ſouverain. Laiſſez au roi &*

à *fon conſeil les affaires d'état* ; *défaites-vous de l'erreur*
de vous regarder comme les tuteurs des rois, comme
les défenſeurs du royaume, & comme les gardiens de
Paris.

Les députés ayant rapporté à la compagnie les intentions du roi, le parlement délibéra, les ſentimens furent
partagés. *Pierre Seguier* préſident qu'on nomme à mortier, c'eſt-à-dire, préſident de la grand'chambre du
parlement, & *François d'Ormi* préſident des enquêtes,
allèrent rendre compte de ce partage au roi qui était
alors à Meulan. Le roi caſſa le 24 Septembre cet arrêt
de partage, ordonna que la minute ſerait biffée & la-
cérée, & enfin, le parlement enrégiſtra l'édit de la
majorité le 28 Septembre de la même année.

O N fait affez que l'Efpagnol *Ignace de Loyola*
tant déclaré le chevalier errant de la vierge *Marie*
ayant fait la veille des armes en fon honneur, était v
apprendre un peu de latin à Paris à l'âge de trente-
ans, que n'ayant pu y réuffir, il fit vœu avec quelq
uns de fes compagnons d'aller convertir les Turcs, q
qu'il ne fût pas plus le turc que le latin. Enfin, n'a
pu paffer en Turquie, il fe confacra lui & les fiei
enfeigner le catéchifme aux petits enfans, & à faire
ce que voudrait le pape; mais peu de gens favent po
quoi il nomma fa congrégation naiffante *la fociét*
Jefus.

Les hiftoriens de fa vie rapportent que fur le g
chemin de Rome il fut ravi en extafe, que le
éternel lui apparut avec fon fils chargé d'une lo
croix, & fe plaignant de fes douleurs; le père éte
recommanda *Ignace* à *Jefus*, & *Jefus* à *Ignace*. Dè
jour il appella fes compagnons jéfuites, ou compagni
Jefus. Il ne faut pas s'étonner qu'une compagnie à
quelle on a reproché tant de politique ait commencé
le ridicule. La prudence achève fouvent les édifices fo
par le fanatifme.

Les difciples d'*Ignace* obtinrent de la protectioi
France. *Guillaume Duprat* évêque de Clermont, fil
cardinal *Duprat*, leur donna dans Paris une maifon c
appellèrent le college de Clermont, & leur légua tre
fix mille écus par fon teftament.

Ils se mirent aussi-tôt à enseigner. L'université de
Paris s'opposa à cette nouveauté en 1554. L'évêque
Eustache Du Belley, à qui le parlement renvoya les
plaintes de l'université, déclara que l'institut était contraire aux loix, & dangereux à l'état. Le cardinal de
Lorraine, qui les protégeait, obtint le 25 Avril 1560
des lettres de *François II* au parlement de Paris, portant ordre d'enrégistrer la bulle du pape & la patente
du roi qui établissaient les jésuites. Le parlement au-lieu
d'enrégistrer les lettres renvoya l'affaire à l'assemblée de
l'église gallicane. C'était précisément dans le tems du
colloque de Poissi. Les prélats, qui y étaient assemblés en
grand nombre, approuvèrent l'institut sous le nom de
société, & non d'ordre religieux, à condition qu'ils
prendraient un autre nom que celui de jésuites.

L'université alors leur intenta procès au parlement,
après avoir consulté le célèbre *Charles Du Moulin.*
Pierre Versoris plaida pour eux, le savant *Etienne*
Pasquier pour l'université. Le parlement rendit le 5
Avril un arrêt, par lequel en se remettant à délibérer
plus amplement sur leur institut, il leur permettait par
provision d'enseigner la jeunesse (*a*).

Tel fut leur établissement, telle fut l'origine de toutes
les querelles qu'ils essuyèrent & qu'ils suscitèrent depuis,
& qui enfin les ont chassés du royaume.

(*a*) Le président *Hénault* dit | qu'en 1574. Cette méprise est
qu'ils n'ouvrirent leur collège | peu importante.

CHAPITRE XXVII.

Du chancelier de l'Hôpital & de ses loix.

L'INTRODUCTION des jésuites en France ne servit pas à éteindre les feux que la religion avait allumés. Ils étaient par un vœu particulier dévoués aux ordres du pape, & l Espagne étant le berceau de leur institut, les prémiers jésuites établis à Paris furent les émissaires de *Philippe II* qui fondait une partie de sa grandeur sur les misères de la France.

Le chancelier de l'*Hôpital* était presque le seul homme du conseil qui voulût la paix. A peine avait-il donné un édit de pacification que les prédicateurs catholiques & protestans prêchaient le meurtre dans plusieurs provinces & criaient aux armes.

L'*Hôpital*, pour derniere ressource, imagina de faire voyager le jeune roi *Charles IX* dans toutes les provinces de son royaume. On le montra de ville en ville comme celui qui devait guérir tant de maux. A peine avait-on dequoi subvenir aux frais de ce voyage; l'agriculture était négligée, presque toutes les manufactures étaient tombées, la France était aussi pauvre que turbulente.

Ce fut dans ce voyage que le législateur l'*Hôpital* fit la célèbre ordonnance de Moulins en 1566. On vit les plus sages loix naître des plus grands troubles. Il venait d'établir la jurisdiction consulaire à Paris & dans plusieurs villes, & par-là il abrégeait des procédures ruineuses qui étaient un des malheurs des peuples. L'édit de Moulins ordonne la frugalité & la modestie dans les vêtemens, que la pauvreté publique ordonnait assez, & que le luxe des grands n'observait guère.

C'est depuis cette ordonnance qu'il n'est plus permis de redemander en justice des créances au-dessus de cent livres, sans produire des billets ou des contrats. L'usage contraire n'avait été établi que par l'ignorance des peuples, chez qui l'art d'écrire était très-rare. Les anciennes substitutions faites à l'infini furent limitées au quatrième degré. Toutes les donations furent enrégistrées au greffe le plus voisin pour avoir une authenticité certaine.

Les mères qui se remariaient n'eurent plus le pouvoir de donner leurs biens à leur second mari. La plupart de ces utiles réglemens sont encore en vigueur. Il y en eut un plus salutaire que tous les autres, qui n'essuya que les murmures publics; ce fut l'abolissement des confréries. La superstition les avait établis chez le bourgeois, la débauche les conservait, on faisait des processions en faveur d'un saint dont on portait l'image grossière au bout d'un bâton, après quoi on s'enivrait, & la fureur de l'ivresse redoublait celle des factions.

Ces confréries servirent beaucoup a former la ligue dont le cardinal de *Lorraine* avait fait dès long-tems le projet.

Cet article & quelques autres empêchèrent le parlement de Paris d'enrégistrer l'édit de Moulins ; mais après deux remontrances il fut vérifié le 23 Décembre 1566.

Ce qui rendait le parlement difficile était la manière un peu dure dont le chancelier s'était exprimé devant l'assemblée des notables convoquée à Moulins pour y publier ces loix. Elle était formée de tous les princes du sang, de tous les grands-officiers du royaume, & de plusieurs évêques. On avait appellé à ce conseil le premier président du parlement de Paris *Christophe de Thou*, & *Pierre Seguier* président, *Jean d'Affis* premier président du parlement de Toulouse, *Jacques Benoît de Large-bastion* de celui de Bordeaux ; *Jean Truchon* de celui de Grenoble, *Louis Le Févré* de celui de Dijon, & *Henri Fourneau* président au parlement d'Aix.

L'*Hôpital* commença sa harangue en disant que presque tous les maux de l'état avaient leur origine dans la mauvaise administration de la justice ; qu'on avait trop souffert que des juges résignassent leurs offices à des hommes incapables ; qu'il fallait diminuer le nombre inutile des conseillers, supprimer les épices, & soumettre les juges à la censure. Il parla bien plus fortement dans le lit de justice que le roi tint à Bordeaux dans ce voyage.

« (*a*) Messieurs, dit-il, le roi a trouvé beaucoup de
» fautes en ce parlement, lequel étant comme plus der-
» nièrement institué : car il y a cent & deux ans, vous
» avez moindre excuse de vous départir des anciennes
» ordonnances, & toutefois vous êtes aussi débauché que
» les vieux, par aventure pis.... Enfin, voici une
» maison mal réglée. La première faute que je vous vois
» commettre, c'est de ne garder les ordonnances, en
» quoi vous désobéissez au roi. Si vous avez des remon-
» trances à lui faire, faites-les, & connaîtrez après sa
» dernière volonté. C'est votre faute aussi à vous, pré-
» sidens & gens du roi, qui devez requérir l'observation
» des loix, mais vous cuidez être plus sages que le roi,
» & estimez tant vos arrêts que les mettez par-dessus
» les ordonnances, que vous interprétez comme il vous
» plaît. J'ai cet honneur de lui être chef de justice ; mais
» je serais bien marri de lui faire une interprétation de
» ses ordonnances de moi-même, sans lui communiquer.

(*a*) Histoire du chancelier de l'*Hôpital*.

» On vous accuse de beaucoup de violences; vous
» menacez les gens de vos jugemens ; & plusieurs font
» scandalisés de la manière dont faites vos affaires , &
» surtout vos mariages ; quand on sait quelque riche
» héritière, quant & quant, c'est pour monsieur le con-
» seiller, & on passe outre....

» Il y en a entre vous lesquels pendant ces troubles se
» font faits capitaines, les autres commissaires des vi-
» vres.... Vous baillez même votre argent à intérêt aux
» marchands , & ceux-là devraient laisser leur robe &
» se faire marchands. D'ambition , vous en êtes tout
» garnis. Eh ! soyez ambitieux de la grace du roi, &
» non d'autre ».

Cette inflexible sévérité du chancelier de l'*Hôpital* ,
qui semblait si opposée à son esprit de tolérance , nuisit
plus que ses bonnes loix ne servirent. Il eût dû faire des
réprimandes aux particuliers coupables , & ne pas ou-
trager les corps entiers ; il les indisposait, il était cause
lui-même de la résistance aux édits de paix , & détruisait
son ouvrage. Les catholiques attaquèrent impunément les
protestans , & bientôt la guerre recommença plus violente qu'auparavant.

CHAPITRE XXVIII.

Suite des guerres civiles. Retraite du chancelier de l'Hôpital. Journée de la saint Barthelemi. Conduite du parlement.

AUGUSTE *De Thou* contemporain, qui fut long-tems le témoin des malheurs de sa patrie, qui voulut en vain les adoucir, & qui les a racontés avec tant de vérité, nous apprend que l'inobservation des édits, les supplices, les bannissemens, le dépouillement des biens, les meurtres réitérés & toujours impunis, déterminèrent enfin les protestans à se défendre. (*a*) Ils étaient alors au nombre de plus d'un million qui ne voulaient plus être persécutés par les quatorze ou quinze autres dont la France était composée. Ils étaient persuadés que dans le voyage de *Charles IX* par toutes les provinces de la France, le roi & la reine sa mère avaient vu secrète-ment le duc d'*Albe* à Bayonne, & qu'excités par le pape & par le cardinal de *Lorraine*, ils avaient pris des mesures sanglantes avec ce duc d'*Albe* pour exter-miner en France la religion qu'on appellait la réformée & la seule véritable.

On donna d'abord sous les murs de Paris la bataille de saint Denis, (*b*) où le connétable de *Montmorenci* reçut sept blessures mortelles. Le chancelier de l'*Hôpital* après chaque bataille trouvait le moyen de faire rendre un édit de pacification. Ils étaient aussi nécessaires qu'ils devinrent

(*a*) *De Thou*, liv. 42. au commencement.
(*b*) 10 Novembre 1566.

inutiles ; celui-ci qui était très-ample, & qui accordait la plus grande liberté de conscience, fut enrégiftré au parlement de Paris le 27 Mars 1568 ; mais quand le roi eut fait porter cet édit au parlement de Toulouse par un gentilhomme nommé *Rapin*, qui avait appartenu au prince de *Condé*, le parlement de Toulouse, au-lieu de faire vérifier l'édit, fit couper la tête à *Rapin*. On peut juger fi une telle violence fervit à concilier les efprits. Elle fut d'autant plus funefte qu'elle demeura impunie. Le meurtre de *René de Savoye*, comte de *Cipierre*, affaffiné dans la ville de Fréjus avec toute fa fuite, pour avoir favorifé la religion proteftante qui n'était pas la fienne, fut un nouveau fignal de guerre.

Pour comble de malheur précifément en ce tems-là, Le pape *Pie V*, *Guifleri*, autrefois dominicain, violent perfécuteur d'une religion ennemie de fon pouvoir, envoya au roi une bulle qui lui permettait d'aliéner le fonds de cinquante mille écus de rente de biens eccléfiaf-tiques, à condition qu'il exterminerait les huguenots dans fon royaume.

L'*Hôpital* s'oppofa fortement dans le confeil à cette bulle qui trafiquait du fang des Français, mais le cardinal de *Lorraine* l'emporta. L'*Hôpital* fe retira dans fa maifon de campagne, & fe démit de fa place de chancelier. Il eft à croire que, s'il eût gardé cette place, les calamités de la France auraient été moins horribles, & qu'on n'aurait pas vu arriver la journée de la faint Barthelemi.

Dès que le feul homme qui infpirait des fentimens de douceur fut forti du confeil, la cour fut entiérement livrée au cardinal de *Lorraine* & au pape ; on révoqua tous les édits de paix, on en publia coup fur coup qui défendaient fous peine de la vie toute autre religion que la catholique romaine. On ordonna à tous les prédicans

H 4

ou miniſtres calviniſtes de ſortir du royaume quinze jours après la publication. Les proteſtans furent privés de leurs charges & de la magiſtrature. Le parlement de Paris en publiant ces édits y ajoûta un clauſe, ce qui ne s'était jamais fait auparavant. Cette clauſe était qu'à l'avenir, tout homme reçut en charge ferait ſerment de vivre & de mourir dans la religion catholique romaine, & cette loix a ſubſiſté depuis dans toute ſa force.

Ces édits, qui ordonnaient à des milliers de citoyens de changer de religion, ne pouvaient produire que la guerre : toute la France fut encore un théâtre de carnage.

La bataille de Jarnac (a) ſuivie de plus de ving t combats ſignala l'année 1569, qui finit par la bataille de Montcontour la plus meurtrière de toutes. L'amiral de *Coligni* était alors le chef le plus renommé des proteſtans. Le parlement de Paris le condamna à la mort le 13 Septembre 1569, & l'arrêt promettait cinquante mille écus à quiconque le livrerait vivant. Le 28 Septembre, le procureur général *Bourdin* requit qu'on donnât la même ſomme à quiconque l'aſſaſſinerait, & que quand même l'aſſaſſin ferait coupable du crime de lèze-majeſté on lui donnât ſa grace. L'arrêt fut ainſi réformé ſuivant le requiſitoire. On donna un pareil arrêt contre *Jean de Ferrière* vidame de Chartres, & contre le comte de *Montgomeri* ; leurs effigies avec celle de l'amiral furent traînées dans un tombereau, & penduës à une potence ; mais les têtes de *Ferrière* & de *Montgomeri* ne furent point miſes à prix.

Ce fut-là le premier exemple des proſcriptions depuis celles du triumvirat romain. Le cardinal de *Lorraine* fit traduire en latin, en allemand, en italien & en anglais, cet arrêt de proſcription.

(a) 15 Mars 1569.

Un des valets de chambre de *Coligni*, nommé *Dominique d'Albe*, crut pouvoir mériter les cinquante mille écus en empoisonnant son maître ; mais il eût été douteux qu'un empoisonnement, difficile d'ailleurs à prouver, lui eût valu la somme promise. Il fut reconnu sur le point d'exécuter son crime, & pendu avec cet écriteau, *traître envers Dieu, sa patrie & son maître.*

Le parti protestant, malgré les pertes de Jarnac & de Montcontour, faisait de grands progrès dans le royaume, il était maître de la Rochelle, & de la moitié du pays au-delà de la Loire. Le jeune *Henri* roi de Navarre, c'est le même que *Henri IV*, & le prince *Henri de Condé* son cousin, avaient succédé au prince *Louis de Condé* tué à la bataille de Jarnac. *Jeanne de Navarre* avait elle-même présenté son fils aux troupes & aux députés des églises protestantes qui le reconnurent pour leur chef, tout jeune qu'il était.

Les protestans reprenaient de nouvelles forces, & de nouvelles espérances. La cour manquait d'argent malgré les bulles du pape. Elle fut obligée d'envoyer demander la paix à *Jeanne de Navarre* mère de *Henri IV*. L'amiral *Coligni*, chef du parti au nom de ce prince ; était très-lassé de la guerre : la cour se crut enfin heureuse de revenir au système du chancelier de l'*Hôpital* ; elle abolit tous les édits nouveaux qui ôtaient aux calvinistes leurs emplois & la liberté de conscience ; on leur laissa tous leurs temples dans Paris & à la cour. On leur permit même dans le Languedoc de ne plus dépendre du parlement de Toulouse qui avait fait trancher la tête au calviniste *Rapin* envoyé du roi lui-même. Ils pouvaient porter toutes leurs causes des jurisdictions subalternes du Languedoc aux maîtres des requêtes de l'hôtel. Ils pouvaient dans les parlemens de Rouen, de Dijon, d'Aix, de Grenoble, de Renne, récuser à leur choix six juges, soit présidens,

ſoit conſeillers, & quatre dans Bordeaux, On leur aban-
donnait pour deux ans les villes de la Rochelle, Mon-
tauban, Cognac & la Charité ; c'était plus qu'on n'a-
vait jamais fait pour eux, & cependant l'édit fut enrégiſtré au parlement de Paris & par tous les autres ſans
aucune repréſentation.

La miſère publique, cauſée par la guerre & devenue
extrême, fût la cauſe de ce conſentement général. Cette
paix, qu'on appellé mal-aſſiſe ou boiteuſe, fut conclue le
15 Août 1570. La cour de Rome ne murmura point ;
ſon ſilence fit penſer qu'elle était inſtruite des deſſeins
ſecrets de *Catherine de Médicis* & de *Charles IX* ſon
fils. La cour accordait des conditions trop favorables aux
proteſtans pour qu'elles fuſſent ſincères. Le deſſein était
pris d'exterminer pendant la paix ceux qu'elle n'avait
pu détruire par la guerre. Sans cela, il n'eût pas été
naturel que le roi preſſât l'amiral *Coligni* de venir à la
cour, qu'on l'accablât de graces extraordinaires, &
qu'on rendît ſa place dans le conſeil au même homme
qu'on avait pendu en effigie, & dont la tête était proſ-
crite. On lui permit même d'avoir auprès de lui cinquante gentilshommes dans Paris ; c'était probablement
cinquante victimes de plus qu'on faiſait tomber dans le
piége.

Enfin arriva la journée de la St. Barthelemi (*a*), pré-
parée depuis deux années entières ; journée dans laquelle
une partie de la nation maſſacra l'autre, où l'on vit les
aſſaſſins pourſuivre les proſcrits juſques ſous les lits &
dans les bras des princeſſes qui intercédaient en vain pour
les défendre, où enfin *Charles IX* lui-même tirait d'une
fenêtre de ſon louvre ſur ceux de ſes ſujets qui échappaient
aux meurtriers. Les détailles de ces maſſacres que je dois

(*a*) 24 Août 1572.

òmettre ici feront préfens à tous les efprits jufqu'à la dernière poftérité.

Je remarquerai feulement que le chancelier de *Birague*, (*a*) qui était garde des fceaux cette année, fut ainfi qu'*Albert de Gondi*, depuis maréchal de *Retz*, un de ceux qui préparèrent cette journée. Ils étaient tous deux Italiens. *Birague* avait dit fouvent, que pour venir à bout des huguenots, il fallait employer des cuifiniers & non pas des foldats. Ce n'était pas là le chancelier de l'*Hôpital*.

La journée de la St. Berthelemi fut ce qu'il y a jamais eu de plus horrible. La manière juridique dont la cour voulut foutenir & juftifier ces maffacres fut ce qu'on a vu jamais de plus lâche. *Charles IX* alla lui-même au parlement le troifième jour des maffacres & pendant qu'ils duraient encore. Il préfuppofa que l'amiral de *Coligni*, & tous ceux qu'on avait égorgés, & dont on continuait de pourfuivre la vie, avaient fait une confpiration contre fa perfonne & contre la famille royale, & que cette conf-piration était prête d'éclater, quand on fe vit obligé de l'étouffer dans le fang des complices.

Il n'était pas poffible que *Coligni* affaffiné trois jours avant par *Maurevert* prefque fous les yeux du roi, & bleffé très-dangereufement, eût fait dans fon lit cette confpiration prétendue.

C'était le tems des vacances du parlement; on affem-bla exprès une chambre extraordinaire. Cette chambre condamna le 27 Septembre 1572 l'amiral *Coligni*, déjà mort & mis en pièces, à être traîné fur la claie, & pendu à un gibet dans la place de grève, d'où il ferait

____

(*a*) Il eft omis comme garde des fceaux dans l'abrégé chronolo-gique du préfident *Hénault*.

porté aux fourches patibulaires de Montfaucon. Par ce^t arrêt son château de Châtillon-sur-Loing fut rasé, les arbres du parc coupés ; on sema du sel sur le territoire de cette seigneurie ; on croyait par-là rendre ce terrain stérile, comme s'il n'y eût pas eu dans ces tems déplorables assez de terre en friche en France. Un ancien préjugé faisait penser que le sel ôte à la terre sa fécondité ; c'est précisément tout le contraire ; mais l'ignorance des hommes égalait alors leur férocité.

Les enfans de *Coligni*, quoique nés du sang le plus illustre, furent déclarés roturiers, privés non-seulement de tous leurs biens, mais de tous les droits de citoyen, & incapables de tester. Enfin le parlement ordonna qu'on ferait tous les ans à Paris une procession, pour rendre graces à Dieu des massacres, & pour en célébrer la mémoire. Cette procession ne se fit point, parce que les tems changèrent, & cette honte fut du moins épargnée à la nation.

Par un autre arrêt du même jour, deux gentilshommes amis de l'amiral, *Briquequemaut* & *Cavagnes*, échappés aux assassins de la St. Barthelemi, furent condamnés à être pendus comme complices de la prétendue conspiration ; ils furent traînés le même jour dans un tombereau à la grève, avec l'effigie de l'amiral. *De Thou* assure que le roi & *Catherine* sa mère, vinrent jouir de ce spectacle à l'hôtel-de-ville, & qu'ils y traînèrent le roi de Navarre, notre *Henri IV.*

La cour avait d'abord écrit dans plusieurs provinces, que les massacres de Paris n'avaient été qu'un léger tumulte passager, excité par la conspiration de l'amiral. Mais par un second courier, on envoya dans toutes les provinces un ordre exprès de traiter les protestans comme on les avait traités à Paris.

· ' Les peuples de Lyon & de Bordeaux furent ceux qui imitèrent la fureur des Parifiens avec le plus de barbarie. Un jéfuite nommé *Edmont Ogier* excitait le peuple de Bordeaux au carnage, un crucifix à la main. Il mena lui-même les affaffins chez deux confeillers au parlement dont il croyait avoir à fe plaindre, & qu'il fit égorger fous fes yeux (*a*).

Le cardinal de *Lorraine* était alors à Rome. La cour lui depêcha un gentilhomme pour lui porter ces nouvelles. Le cardinal lui fit préfent fur le champ de mille écus d'or. Le pape *Grégoire XIII* fit incontinent tirer le canon du château St. Ange; on alluma le foir des feux de joie dans toute la ville de Rome. Le lendemain le pape accompagné de tous les cardinaux alla rendre graces à Dieu dans l'églife de St. Marc & dans celle de St. Louis, il y marcha à pied en proceffion; l'embaffadeur de l'empereur lui portait la queue, le cardinal de *Lorraine* dit la meffe; on frappa des médailles fur cet événement; on fit faire un grand tableau dans lequel les maffacres de la St. Barthelemi étaient peints. On lit dans une banderole au haut du tableau ces mots, *pontifex Colignii necem probat.*

Charles IX ne furvécut pas long-tems à ces horreurs. Il vit que pour comble de malheurs, elles avaient été inutiles. Les proteftans de fon royaume, n'ayant plus d'autres reffources que de vendre chèrement leur vie, furent encouragés par leur défefpoir. L'atrocité de la St. Barthelemi fit horreur à un grand nombre de catholiques, qui ne pouvant croire qu'une religion fi fanguinaire pût être la véritable, embraffèrent la proteftante.

Charles IX, dévoré de remords & d'inquiétude, tomba dans un maladie mortelle. Son fang s'alluma &

(*a*) Ils fe nommaient *Guilloche* & *Sevin*.

se corrompit, il lui sortait quelquefois par les pores ; le sommeil le fuyait ; & quand il goûtait un moment de repos, il croyait voir les spectres de ses sujets égorgés par ses ordres ; il se réveillait avec des cris affreux ; tout trempé de son propre sang, effrayé de celui qu'il avait répandu, n'ayant pour consolation que sa nourrice, & lui disant avec des sanglots : *ah ! ma nourrice, que de sang ! que de meurtres ! qu'ai-je fais ! je suis perdu.*

Il mourut le 30 mai 1574, n'ayant pas encore vingt-quatre ans. Le président *Hénault* a remarqué que le jour de ses obsèques à St. Denis, le parlement étant à table envoya un huissier commander au grand-aumônier *Amiot* de venir lui dire graces comme au roi de France. On croit bien que le grand-aumônier refusa de venir à cette cérémonie.

CHAPITRE XXIX.

Seconde régence de Catherine de Médicis. *Premiers états de Blois. Empoisonnement de* Henri de Condé. *Lettre de* Henri IV *, &c.*

CHARLES IX, douze jours avant sa mort, sentant sa fin approcher, remit le gouvernement entre les mains de *Catherine* sa mère le 18 Mai. Le 19 on dressa les patentes qui la déclaraient régente jusqu'à l'arrivée de son frère *Henri* qui était alors en Pologne. Ces patentes ne furent enrégistrées au parlement de Paris que le 3 Juin. L'acte porte : *que la reine a bien voulu accepter la régence aux instantes prières du duc d'Alençon, du roi de Navarre, du cardinal de* Bourbon *& des présidens & conseillers à ce députés.* Ce fut alors seulement qu'elle prit le titre de reine régente.

Henri III roi de Pologne s'échappa bientôt de Varsovie pour venir tenir d'une main faible, quoique sanguinaire, les rênes du plus malheureux état, & du plus mauvais gouvernement qui fût alors au monde.

Le duc *Henri de Guise*, surnommé le *Balafré*, prit la place de *François* son père, & son frère *Louis* cardinal, celle du cardinal de *Lorraine.* Tous deux se mirent à la tête de l'ancien parti toujours opposé aux princes de la maison de *Bourbon.*

Le cardinal de *Lorraine* avait imaginé le projet de la ligue, le duc de *Guise* & son frère l'exécutèrent. Elle commença en Picardie en 1576 au milieu même de la paix que *Henri III* venait d'accorder à ses sujets. Il avait déclaré dans l'affemblée de Moulins qu'il défavouait la faint Barthelemi à laquelle il n'avait eu que trop de part. Il réhabilitait la mémoire de *Coligni* & de tous ses amis que le parlement avait condamnés ; il donnait des places de sûreté au parti proteftant , & même il lui donnait dans chacun des huit parlemens , qui partageaient alors la jurifdiction de tout le royaume , une chambre mi-partie de catholiques & de proteftans, pour juger leurs procès fans partialité. Les *Guifes* prirent ce tems pour faire cette fameufe & longue confpiration fous le nom de fainte ligue.

Le préfident *Hennequin* , un confeiller au châtelet nommé la *Bruyere* , & fon père , parfumeur fur le pont au change, furent les premiers qui allumèrent l'embrafement dans Paris. Le roi fe trouva au bout de trois mcis entouré d'un parti formidable dépendant des *Guifes* & du pape.

Cette confpiration de la moitié du royaume n'avait rien qui annonçât la rebellion & la défobéiffance au roi. La religion la rendait refpectable , elle n'en était que plus dangereufe. *Henri III* crut s'en rendre le maître en s'en déclarant le chef, mais il n'en fut que l'efclave, & enfuite la victime. Il fe vit obligé de révoquer tous fes édits & de faire la guerre au roi de Navarre, qui fut depuis heureufement fon fucceffeur, & pour trop peu de tems , & qui feul pouvait être fon défenfeur. Il affembla d'abord les premiers états de Blois le 3 Décembre 1576. Le tiers-état y fut affis auffi bien que le clergé & la nobleffe. Les princes du fang y prirent place fuivant l'ordre de leur naiffance, & non pas fuivant celui des pairies comme il fe pratiquait autrefois ; la proximité de la couronne régla leur rang, & ils prirent le pas fans difficulté fur tous les autres pairs du royaume. On en fit une déclaration qui fut fût enrégiftrée le 8 Janvier 1577. Le parlement n'eut de place à ces états ni en corps , ni par députés ; mais le premier préſident de la chambre des comptes , *Antoine Nicolaï* , vint y prendre féance & y parler , & chacun des trois ordres nomma des commiffaires pour examiner avec lui les befoins de l'état (*a*).

Ces premiers états de Blois ne donnèrent point d'argent au roi qui en avait un extrême befoin ; mais le clergé demanda la publication du concile de Trente , dont plus de vingt-quatre décrets étaient directement contraires aux loix du royaume & aux droits de la couronne. La nobleffe & le tiers-état s'y oppoſèrent avec force. Les trois ordres ne ſe réunirent que pour laiffer le roi dans l'indigence où ſes profuſions & une guerre malheureuſe contre ſon héritier préſomptif l'avaient réduit.

On a prétendu qu'à ces premiers états de Blois les députés des trois ordres avaient été chargés d'une inſtruction approuvée du roi portant *que les cours des parlemens font des états-généraux au petit pied*. Cette anecdote ſe trouve dans l'*examen* d'une hiſtoire de *Henri IV* affez inconnue , compoſée par un écrivain nommé monſieur de *Bury*. Mais l'auteur de l'examen ſe trompe. Il eſt très-faux , & il n'eſt pas poſſible que les états-généraux aient ordonné à leurs députés de dire au roi que les parlemens font des états-généraux. L'inſtruction porte ces propres paroles : *il faut que tous édits ſoient vérifiés & comme contrôlés ès cours de parlement , lefquelles combien qu'elles ne ſoient qu'une forme des trois états racourcie au petit pied , ont pouvoir de ſuſpendre , modifier & refuſer leſdits édits.* Voyez les mémoires de *Nevers* pag. 449 du I volume. Ainſi les premiers états de Blois ont dit à-peuprès le contraire de ce qu'on veut leur faire dire. Il faut ,

(*a*) Le pere *Daniel* ne parle | apprenait l'hiſtoire de France à d'aucun de ces faits : c'eſt qu'il | meſure qu'il l'écrivait.

en critiquant une hiftoire, citer jufte & fe mettre foi-
même à l'abri de la critique : il faut furtout confidérer que
c'était alors un tems de troubles & de factions.

Le roi, qui dans la décadence de fes affaires fe confo-
lait par les plaifirs, permit à des comédiens Italiens,
dont la troupe fe nommait *Li Gelofi*, d'ouvrir un théatre
à l'hôtel de Bourbon. Le parlement leur en fit défenfe
fous peine de dix mille livres d'amende. Ils jouèrent malgré l'arrêt du parlement en Avril 1577 avec un concours
prodigieux. On ne payait que quatre fols par place. Un
fait fi petit ferait indigne de l'hiftoire s'il ne fervait à
prouver qu'alors l'influence de la cour de Rome avait mis
la langue italienne à la mode dans Paris ; que l'argent y
était extrêmement rare, & que la fimple volonté du roi
fuffifait pour rendre un arrêt du parlement inutile.

Henri III jouait alors une autre comédie. Il s'était en-
rôlé dans la confrérie des flagellans. On ne peut mieux
faire que de rapporter les paroles d'*Augufte de Thou*.
« Ces pénitens, dit-il, ont donné un fens détourné à ce
» paffage des pfeaumes, où *David* dit qu'il eft foumis
» aux fléaux de la colère du feigneur, *quoniam ego in*
» *flagella paratus fum*; (a) & dans leur mafcarade ils
» allaient fe fouettant par les rues. »

Le parlement ne rendit point d'arrêt contre cet abus
dangereux, autorifé malheureufement par le roi même.
Le cardinal de *Lorraine*, qui avait affifté comme lui pieds
nuds à la première proceffion des flagellans en 1574, en
avait remporté une maladie qui l'avait mis au tombeau. Le
roi fe crut obligé de donner cette farce au peuple pour
impofer filence à la ligue qui commençait à fe former, &
au peuple qui le croyait protecteur fecret des hérétiques;
mais comme il mêlait à cette dévotion ridicule des débau-

(a) Pfeaume XXXVII. v. 18.

ches honteufes trop connues, il fe rendit méprifable au peuple même qu'il voulait féduire. Il crut , lorfque la ligue éclata , qu'il la contiendrait en fe mettant lui-même à la tête ; mais il ne vit pas que c'était la confirmer folemnellement & lui donner des armes contre lui-même. Toutes ces démarches fervirent à creufer fon précipice.

La ligue l'obligea à tourner contre *Henri de Navarre* les armes qu'il aurait voulu employer contre elle.

Ce fut pendant cette guerre & après la bataille de Coutras, que le prince *Henri de Condé* mourut empoifonné à faint Jean d'Angeli en Saintonge le 5 Mars 1588. Il faut voir fur cet empoifonnement avéré, la lettre de *Henri IV* à la comteffe de Grammont *Corifande d'Andouin* ; c'eft un des monumens les plus précieux de ces tems horribles.

..... « Il fe leva le famedi matin, dîna debout, &
» puis joua aux échecs : il fe leva de fa chaife, fe mit à
» fe promener par fa chamble , devifant avec l'un &
» l'autre. Tout d'un coup il dit : baillez-moi ma chaife,
» je fens une grande faibleffe ; il ne fut par affis qu'il
» perdit la parole , & foudain après il rendit l'ame affis.
» Les marques du poifon fortirent foudain. Il n'eft pas
» croyable l'étonnement que cela a porté en ce pays-là.
» Je pars dès l'aube du jour pour y aller pourvoir en
» diligence. Je me vois bien en chemin d'avoir de la
» peine. Priez Dieu hardiment pour moi; fi j'en échappe,
» il faudra bien que ce foit lui qui me gardait , dont je
» fuis peut-être plus près que je ne penfe ; je vous de-
» meurerai fidèle efclave. Bon foir, mon ame, je vous
» baife un million de fois les mains..... Voilà ce qu'on a
» fait jufqu'à cette heure. Je ne me trompe guère en mes
» jugemens ; c'eft une dangereufe bête qu'une mauvaife
» femme. Tous ces empoifonneurs font tous papiftes ;
» voilà les inftruftions de la dame. J'ai découvert un

» tuer pour moi ; Dieu m'en gardera, & je vous en
» manderai bientôt davantage.

» Le diable eſt déchaîné, je ſuis à plaindre , & eſt
» merveille ſi je ne ſuccombe ſous le faix. Si je n'étais
» huguenot je me ferais turc. Ah ! les violentes épreuves
» par où l'on ſonde ma cervelle. Je ne puis faillir d'être
» bientôt fou ou habile homme ; cette année ſera ma
» pierre de touche , c'eſt un mal bien douloureux que le
» domeſtique. Toutes les gehennes que peut recevoir un
» eſprit ſont ſans ceſſe exercées ſur le mien , je dis
» toutes enſemble. Plaignez-moi , mon ame , & ne
» portez point votre eſpèce de tourment , c'eſt celui que
» j'appréhende le plus. Je pars vendredi & vais à Clérac.
» Je retiendrai votre précepte de me taire ».

Le grand-prévôt de ſaint Jean d'Angeli fit tirer à quatre
chevaux le nommé *Ancellin Brillant* (*a*) ancien avocat
au parlement de Bordeaux , & maître-d'hôtel ou contrô-
leur du prince , convaincu d'avoir fourni le poiſon. On
exécuta en effigie *Belcaſtel*, page de la princeſſe de *Condé*;
on mit en priſon la princeſſe elle-même , elle en appella
à la cour des pairs. Elle fut long-tems priſonnière , & ce
ne fut que ſous le règne de *Henri IV* que le parlement
ſans être aſſiſté d'aucun pair la déclara innocente.

(*a*) C'eſt ainſi que le nomme *Henri IV* dans ſa lettre.

CHAPITRE XXX.

Affaffinat des Guifes. *Procès criminel commencé contre le roi* Henri III.

LE 9 Mai 1588 fut la journée qu'on nomme des barricades , qui eut de fi étranges fuites. Le duc de *Guife* était arrivé dans Paris malgré les ordres du roi , en prétextant qu'il ne les avait pas reçus. *Henri III*, dont les gardes avaient été défarmés & arrêtés , fortit de Paris , & alla tenir les feconds états de Blois. Il n'y eut aucun député du parlement de Paris , prefque tout ce qui compofait les états était attaché aux *Guifes*.

Le roi fut d'abord obligé de renouveller le ferment d'union de la fainte ligue, trifte cérémonie dont il s'était lui même impofé la néceffité. Cette démarche enhardit le clergé à demander tout d'une voix que *Henri de Navarre* fût déclaré exclus de tout droit à la couronne. Il fut fecondé par le corps de la nobleffe , & par celui du tiers-état.

L'archevêque d'Embrum *Guillaume d'Avençon* , fuivi de douze députés de chaque ordre , vint fupplier le roi de confirmer leur réfolution. Cet attentat contre la loi fondamentale du royaume était encore plus folemnel que le jugement rendu contre le roi *Charles VII* , puifqu'il était fait par ceux qui repréfentaient le royaume entier ; mais *Henri III* commençait déjà à rouler dans fon efprit un autre attentat tout différent.

Il voyait le duc & le cardinal de *Guife* maîtres de la délibération des états; on le forçait à faire la guerre à *Henri de Navarre* , & on lui refufait de l'argent pour la foute-

L 3

nir. Il réfolut la mort de ces deux frères. Le maréchal d'*Aumont* lui confeilla de les mettre entre les mains de la juftice, & de les faire punir comme criminels de lèze-majefté. Ce parti eût été le plus jufte & le plus noble, mais il était impoffible. Une grande partie des pairs & des officiers du parlement étaient de la ligue. On n'aurait pu d'ailleurs rien prouver contre le duc, déclaré par le roi même général de la fainte union. Il s'était conduit avec tant d'art à la journée des baricades, qu'il avait paru réprimer le peuple au-lieu de l'exciter à la révolte. De plus, le roi avait donné une amniftie folemnelle & avait juré fur le faint-facrement d'oublier le paffé.

Enfin dans l'état des chofes, au milieu des fuperftitions qui régnaient, les juges féculiers n'auraient pas ofé condamner à la mort le cardinal de *Guife*. Rome, encore toute-puiffante par les préjugés des peuples, donnait à un cardinal le droit d'être criminel de lèze-majefté impunément; & il eût été plus difficile, même felon les loix, de prouver les délits du cardinal que ceux du duc fon frère.

Henri III fit affaffiner le duc par neuf de fes gentils-hommes, de ceux qu'on nommait les quarante-cinq. Il fallut préparer cette vengeance par beaucoup de perfidie; elle ne pouvait s'exécuter autrement. Le duc de *Guife* fut tué dans l'appartement du roi; mais cette troupe des quarante-cinq, qui avait trempé fes mains dans le fang de leur général, n'ofa pas fe charger du meurtre d'un prêtre. On trouva quatre malheureux foldats moins fcrupuleux, qui le tuèrent à coups de hallebardes.

Ce double affaffinat faifait efpérer au roi que la ligue confternée ferait bientôt diffipée; mais il s'apperçut qu'il n'avait commis qu'une atrocité imprudente. Le duc de *Mayenne*, frère des deux princes égorgés, arma pour venger leur mort. Le pape *Sixte-quint* excommunia *Henri III*.Paris tout entier se souleva,& courut aux arme s

Le véridique *De Thou* nous instruit que *Henri de Navarre*, ce même *Henri IV* dont la mémoire nous est si chère, avait toujours rejetté avec horreur les offres que plusieurs gentilshommes de son parti lui avaient faites d'assassiner *Henri de Guise.* Cependant il avait plus à se plaindre du duc de *Guise* que *Henri III.* C'était à lui précisément que *Guise* en voulait ; c'était lui que *Guise* avait fait déclarer par les états indigne de posséder jamais la couronne de France ; c'était lui que la faction de *Guise* avait fait proscrire à Rome par une bulle où il était appellé *génération bâtarde & détestable de la maison de Bourbon* ; c'était lui qu'en effet le duc de *Guise* voulait faire déclarer bâtard sous prétexte que sa mere *Jeanne de Navarre* avait été autrefois promise en mariage au duc de *Clèves.* Malgré tant de raisons *Henri IV* rejetta constamment une vengeance honteuse , & *Henri III* l'exerça d'une manière qui devait révolter tous les esp rits.

Toute la France, excepté la cour du roi, disait que l'assassinat était un aussi grand crime dans un souverain que dans un autre homme ; crime même d'autant plus odieux qu'il n'est que trop facile , & que de si affreux exemples sont capables de porter une nation à les imiter.

Anne d'Est, mère des deux princes assassinés , & *Catherine de Clèves* veuve du duc de *Guise*, présentèrent requête au parlement de Paris contre les assassins. Le parlement répondit :

« Vu par la cour, toutes les chambres assemblées , la » requête à elle présentée &c. tout considéré , ladite » cour a ordonné & ordonne commission d'icelle être dé- » livrée à ladite suppliante. »

Par un second arrêt , maîtres *Pierre Michon* & *Jean Courtin* furent nommés commissaires le dernier Janvier

1589 pour informer. *Henri III* avait ordonné qu'on fît
le procès à la mémoire du duc ; il expédia une commiſſion
à Blois. Le parlement ſur une nouvelle requête rendit
l'arrêt ſuivant.

« Vu par la cour , toutes les chambres aſſemblées, la
» requête à elle préſentée par dame *Catherine. de Clèves*
» ducheſſe-douairière de *Guiſe* &c. qui , avertie que ceux
» qui ont proditoirement meurtri les corps (des *Guiſes*)
» s'éfforcent de diffamer injurieuſement leur mémoire
» par une forme de procès , ayant à cette fin député cer-
» tains prétendus commiſſaires , au préjudice de la juriſ-
» diction qui en appartient notoirement à ladite cour par
» les loix de France, privativement à tous autres juges ,
» quels qu'ils puiſſent être : au moyen de quoi icelle ſup-
» pliante a appellé & appelle de l'octroi & exécution de la-
» dite commiſſion , requérant en être reçue appellante, &
» de tout ce qui s'en eſt enſuivi & pourra enſuivre , comme
» des procédures manifeſtement nulles & faites par des
» juges notoirement incompétens; & ordonne commiſſion
» lui être livrée pour intimer ſur ledit appel , tant ceux
» qui ont expédié & délivré ladite commiſſion que les
» commiſſaires, & néanmoins ordonner que dès à pré-
ſent défenſes leur ſoient faites, ſur peine d'être dé-
» clarés infracteurs des loix certaines & notoires de
» France , & comme tels punis extraordinairement , de
» paſſer outre , ni entreprendre aucune cour de juriſ-
» diction ou connaiſſance &c. Tout conſidéré , ladite
» cour a reçu & reçoit ladite de *Clèves* appellante de
» ladite commiſſion ; exécution d'icelle & de tout ce qui
» s'en eſt enſuivi & pourra enſuivre... & cependant ,
» fait inhibitions & défenſes particulièrement aux com-
» miſſaires & tous autres, de paſſer outre &c. Fait en
» parlement le 1 Février 1589. *Du Tillet* ».

On rapporte encore une autre piéce imprimée chez
Denis Binet avec permiſſion 1589.

AVERTISSEMENT AU PROCÉS.

« Messieurs les députés du royaume de France,
» demandeurs felon l'exploit & libelle de monfieur *Pierre*
» *Dufour* l'évêque ; en date du 12 Janvier 1589, d'une
» part, & le peuple & confors auffi joints demandeurs
» d'une part, contre *Henri de Valois*, au nom & en
» la qualité qu'il procède défendeur d'autre part, difent
» pardevant vous meffieurs les officiers & confeillers dé
» la couronne de France, tenans la cour de parlement à
» Paris, que pour les caufes, raifons & moyens ci-après
» déduits.

» Le dit *Henri de Valois* pour raifon de meurtre &
» affaffinat, commis ès illuftriffimes perfonnes de mef-
» fieurs les duc & cardinal de *Guife*, à faire amende
» honorable nud en chemife, la tête nue & pieds nuds,
» la corde au col, affifté de l'exécuteur de la haute-jufti-
» ce, tenant en fa main une torche ardente de trente
» livres ; le-quel dira & déclarera à l'affemblée des états,
» les deux genoux en terre, qu'à tort & fans caufe il
» a commis, ou fait commettre ledit affaffinat aux deffus
» dits duc & cardinal de *Guife*, duquel il demandera par-
» don à Dieu, à la juftice & aux états. Que dès à préfent
» comme criminel & tel déclaré, il fera démis & déclaré
» indigne de la couronne de France, renonçant à tout
» tel droit qu'il y pourrait prétendre, & ce pour les
» cas plus à plein mentionnés & déclarés au procès,
» dont il fe trouvera bien & duement atteint & convain-
» cu ; outre qu'il fera banni & confiné à perpétuité au
» couvent & monaftère des hiéronimites affis près du
» bois de Vincennes, pour là jeûner au pain & à l'eau

» le reſte de ſes jours. Enſemble condamné aux dépens,
» & à ces fins diſent &c. par ces moyens & autres que
» la cour de grace pourra trop mieux ſuppléer ; con-
» cluent les demandeurs avec dépens. Pour l'abſence
» de l'avocat, ſigné *Chicot.* »

Cette piéce eſt plus que ſuſpecte. *Bayle*, en la citant à l'article *Henri de Guiſe*, aurait dû, ce me ſemble, faire réflexion qu'elle n'eſt point tirée des regiſtres du parlement, qu'elle n'eſt point ſignée d'un avocat, qu'on la ſuppoſe ſignée par *Chicot*, c'eſt le même nom que celui du fou du roi. Il n'y eſt point fait mention de la mère & de la veuve des princes aſſaſſinés. Il n'était point d'uſage de ſpécifier au parlement les peines que la juſtice peut infliger contre un coupable. Enfin cette requête doit être plutôt conſidérée comme un libelle du tems, que comme une piéce judiciaire. Elle ſert ſeulement à faire voir quel était l'emportement des eſprits dans ces tems déplorables.

CHAPITRE XXXI.

Parlement traîné à la Bastille par les factieux.
Décret de la sorbonne contre Henri III. *Meurtre*
de ce monarque.

ON peut avec juste raison ne pas regarder comme
le parlement de Paris celui qni siégeait alors dans cette
ville. C'est ici qu'il faut soigneusement observer les
dates. Le duc de *Guise* avait été assassiné le vendredi
23 Décembre 1588, & le cardinal le 24.

La ligue était à Paris toute puissante; la faction nommée des seize composée de bourgeois, & vendue à l'Espagne & au pape, était maîtresse de la ville.

Le lundi 16 Janvier 1589, *Jean le Clerc*, autrefois
procureur au parlement, & devenu gouverneur de la bastille, se transporta à la grand'chambre, suivi de trente
satellites couverts de cuirasses & le pistolet à la main ;
il ordonna au premier président de *Harlai*, aux présidens
De Thou & *Potier* de le suivre. Il alla ainsi de chambre
en chambre se saisir des magistrats qu'il soupçonnait être
attachés au roi. Tous furent conduits à la bastille à travers deux haies de bourgeois.

Quelques membres de la chambre des comptes, du
grand conseil, & de la cour des aides furent mis dans
d'autres prisons.

Le parlement était alors composé d'environ cent quatre-vingts membres. Il y en eut cent vingt-six qui firent

ferment fur le crucifix de ne jamais fe départir de la ligue, & de pourfuivre la vengeance de la mort du duc & du cardinal de *Guife*, contre les auteurs & les complices. Les greffiers, les avocats, les procureurs, les notaires firent le même ferment au nombre de trois cent vingt-fix.

Le mardi 17 Janvier qui était le lendemain de l'emprifonnement des cinquante magiftrats, le parlement tint fes féances comme à l'ordinaire. L'audience fut tenue par le préfident *Barnabé Briffon* qui accepta ce dangereux pofte. Il cru fe préparer une reffource contre l'indignation du roi en proteftant fecrètement pardevant les notaires *Luçon* & *Le Noir*, que c'était malgré lui qu'il préfidait à ce parlement, & qu'il cédait à la violence : proteftation qui fert rarement d'excufe, & qui ne décèle qu'un efprit faible.

Le premier préfident *Achille de Harlai*, plus courageux, aima mieux refter à la baftille que de trahir fon roi & fa confcience. *Briffon* cru ménager les deux partis, & fut bientôt la victime de fa politique malheureufe.

Ce fut dans ce même mois de Janvier que la forbonne, s'étant affemblée extraordinairement au nombre de foixante & dix docteurs, déclara que le peuple était libre du ferment de fidélité prêté au roi, *populus hujus regni folutus eft, & liberatus à facramento fidelitatis*, &c. Un tel acte n'aurait été dans d'autres tems qu'un crime de lèze-majefté au premier chef ; mais alors c'était un arrêt d'une cour fouveraine de confcience, arrêt qui favorifant l'opinion publique était exécuté avec zèle.

Le jeudi 26 Janvier le héraut *Auvergne*, envoyé de la part du roi, fe préfenta aux portes de Paris pour interdire le parlement & les autres cours fupérieures. On le mit en prifon, il fut menacé de la corde & ren-

voyé fans réponfe. Le roi avait indiqué que fon parlement fe tiendrait à Tours, comme *Charles VII* avait
tenu le fien à Poitiers, mais il ne réuffit pas mieux que
Charles VII. Il créa quelques confeillers nouveaux ;
ceux qui pouvaient lui être affectionnés dans le parlement de Paris n'eurent pas la liberté d'aller à Tours ; &
cette cour continua fes fonctions fans difficulté.

Le 13 Mars 1589, le duc de *Mayenne* prêta dans
la grand'chambre le ferment de lieutenant-général de
l'état royal & couronne de France. Le préfident *Briffon*
lifait le ferment, & le duc de *Mayenne* répétait mot à
mot après lui.

Le même efprit de fédition avait gagné prefque toutes
les villes du royaume. La populace de Touloufe égorgea
le premier préfident *Duranti* & l'avocat-général *Raffis* ;
deux magiftrats connus par leur fidélité pour le roi, &
par l'intégrité de leur vie. On pendit le cadavre de *Duranti* à une potence. Les autres membres du parlement
de Touloufe, dont deux confeillers, comme le remarque
De Thou, avaient les mains encore teintes du fang de
leur premier préfident, embrafsèrent le parti de la ligue.
Henri III. fut pendu en effigie dans la place publique
par le peuple furieux ; on vendait une mauvaife eftampe
de lui, & on criait, *à cinq fous notre tyran.*

Henri III qui s'était attiré tant de malheurs pour
n'avoir pas voulu s'unir avec *Henri de Navarre*, & pour
s'être imaginé qu'il pourrait triompher à la fois de la
ligue & de ce brave prince, fut enfin obligé d'avoir
recours à lui. Les deux rois joignirent leurs armées &
vinrent fe camper à S. Cloud devant Paris. La ducheffe
de *Montpenfier*, fœur du duc de *Guife* & du cardinal
de *Lorraine*, animait avec fureur les Parifiens à foutenir
toutes les horreurs du fiége.

Il eſt rapporté dans le journal de *Henri III* que le roi lui fit dire qu'il la ferait brûler vive : à quoi elle répondit : *le feu eſt pour des ſodomites tels que lui.*

Trois jours après ce diſcours, le moine *Jacques Clément* jacobin, que le préſident *De Thou* ne fait âgé que de vingt-deux ans, aſſaſſina *Henri III* dans St. Cloud.

On trouve dans les mémoires de ce tems-là que *La Gueſle* procureur-général, qui avait trouvé le moyen de s'évader de Paris, & qui malheureuſement préſenta lui-même le moine au roi, ne fut point appellé pour faire le procès au cadavre du meurtrier tué de pluſieurs coups de la main des gardes, immédiatement après avoir commis ſon crime. Il dépoſa comme un autre dans le procès criminel, fait au cadavre par le marquis de *Richelieu* grand prévôt de France, & ce fut *Henri IV* qui porta lui-même l'arrêt le 2 Août 1589, & condamna le corps du moine à être écartelé & brûlé. Le même prince condamna deux jours après un cordelier nommé *Jean le Roi* à être jeté vivant dans un ſac au fond de la Seine, pour avoir tué un de ſes ſerviteurs.

A l'égard du moine *Jacques Clément*, il avait été incité à ce parricide par ſon prieur nommé *Bourgoin*, & par la ducheſſe de *Montpenſier.* Les mémoires du tems diſent que cette princeſſe s'était abandonnée à lui pour le mieux encourager; mais ce fait eſt bien douteux. *Jacques Clément* n'eut pas le tems de s'en vanter, & ſans doute la princeſſe n'en fit pas l'aveu; il faut s'en tenir aux faits publics & conſtatés.

CHAPITRE XXXII.

Arrêts de plusieurs parlemens après la mort de Henri III. *Le premier président* Brisson *pendu par la faction des seize.*

APRÈS la mort de *Henri III*, il ne parut pas que *Henri IV* dût être jamais roi de France. Plusieurs seigneurs catholiques l'abandonnèrent sous prétexte qu'il était hérétique ; mais dans le dessein réel de démembrer le royaume , & d'en saisir quelques ruines. Les prédicateurs remercièrent DIEU dans Paris , de la mort de *Henri de Valois*.

Dès le 7 Août 1589, le duc de *Mayenne* fit publier dans le parlement & enrégistrer un édit par lequel on reconnaissait pour roi le cardinal *Charles de Bourbon* qu'on nomma *Charles X*. On fit frapper de la monnoie en son nom. Ce *Charles X* était un vieillard peu capable du rôle qu'on lui faisait jouer , & qui de plus était alors prisonnier d'état à Chinon. *Henri IV* avait été obligé de s'assurer de sa personne , & la ligue ne le regardait que comme un fantôme , au nom duquel elle s'arrogeait la suprême puissance.

Le parlement de Bordeaux ne reconnut ni *Henri IV* ni *Charles X*, mais celui de Toulouse donna un étonnant exemple, voici comme il s'exprima le 22 Août 1589.

« La cour , toutes les chambres assemblées, avertie » de la miraculeuse , épouvantable & sanglante mort » de *Henri III* advenue le premier de ce mois, a ex-

» horté & exhorte tous les évêques & pasteurs ....
» de faire chacun en leurs églises, rendre graces à
» DIEU de la faveur qu'il nous a faite de la délivrance
» de la ville de Paris & autres villes du royaume, a
» ordonné & ordonne que tous les ans le premier
» d'Août, l'on fera procession & prières publiques en
» reconnaissance des bénéfices qu'il nous a fait ledit jour. »

Cet étrange arrêt ajoutait défense, sous peine de mort,
de reconnaître *Henri de Bourbon*, soi-disant roi de Navarre,
& enjoignait d'observer exactement la bulle d'excommunication lancée contre ce prince par le pape *Sixte-
Quint*, en vertu de laquelle bulle la cour le déclare une
seconde fois indigne & incapable de succéder à la
couronne de France, comme atteint & convaincu de plusieurs crimes notoires, mentionnés dans ledit arrêt. (*a*)

C'est ainsi qu'on foulait aux pieds toutes loix divines
& humaines sous le nom de la justice & de la religion.

Tandis que *Henri IV*, à peine à la tête trois mille hommes, battait au combat d'Arques près de Dieppe le duc
de *Mayenne* qui en avait environ dix mille, tandis que
nuit & jour sous les armes il regagnait une partie de
son royaume par sa valeur & par celle de la noblesse
attachée à sa fortune, le cordelier *Perriti* devenu pape
sous le nom de *Sixte V*. envoyait un légat à Paris, &
lui donnait une jurisdiction entière sur les laïques dans
presque tous les cas qui sont essentiellement de la jurisdiction royale. Ce légat était le cardinal *Caïetan*, de
la même maison que ce *Boniface VIII* dont la mémoire
était encore si odieuse en France. Ses lettres de créance
& les provisions de sa jurisdiction suprême furent enrégistrées sans difficulté au parlement de Paris le 20 Février
1590, à la requête du procureur-général.

(*a*) *De Thou*, liv. 117.

Dans

Dans le même tems ; (*a*) la sorbonne continuait à seconder cette démence autant qu'il était en elle. Elle déclarait sérieusement que le pape est en droit d'excommunier & de déposer les rois, qu'il n'était pas même permis de traiter avec *Henri de Béarn* hérétique & relaps ; que ceux qui le reconnaissaient pour roi *étaient en péché mortel*, & assurait au nom de la sainte Trinité que quiconque osait parler de paix *était désobéissant à l'église notre sainte mère, & en devait être retranché comme un membre pourri & gangrené.*

Le 5 Mars de là même année, le parlement fit publier un nouvel arrêt, par lequel il était défendu, sous peine de mort, d'avoir la moindre correspondance avec *Henri IV.*, & ordonné de reconnaître le fantôme *Charles X* pour roi, & le duc de *Mayenne* lieutenant-général de l'état royal pour maître.

Henri IV répondait aux parlemens & à la sorbonne en gagnant la bataille d'Ivri (*b*). Le cardinal de *Bourbon*, *Charles X*, reconnu roi (*c*) dans Paris & dans une partie de la France mourut quelque tems après au château de Châtenai en Poitou ; où *Henri IV* l'avait fait transférer. La ligue ne s'occupa qu'à faire élire un nouveau roi. L'intention de *Philippe II* était de donner le royaume de France à sa fillle *Claire Eugénie* qui devait épouser le duc de *Guise* fils du *balafré* assassiné à Blois.

On faisait toujours rendre des arrêts par le parlement, & ce qu'on appelle des décrets par la sorbonne. Celle-ci par son décret du 7 Mai 1590 promettait la couronne

(*a*) 10 Février 1590.   (*c*) 9 Mai 1590.
(*b*) 14 Mars 1590.

du martyre à quiconque avait le bonheur de mourir en combattant contre *Henri IV*.

Ce fut en vertu de ce décret que se fit cette fameuse procession de la ligue (*a*) en présence du cardinal *Caïetan* légat du pape, de plusieurs évêques italiens, & du jésuite *Bellarmin* depuis cardinal, qui tous avaient suivi le légat.

L'évêque de Senlis *Guillaume Rose* était à la tête portant un crucifix d'une main, & une hallebarde de l'autre. Après lui venait le prieur des chartreux suivi de tous ses moines, l'habit retroussé, le capuchon abattu, un casque en tête : les quatres ordres mendians, les minimes, les capucins marchaient dans le même équipage, portant tous de vieux mousquets avec un air menaçant, les yeux enflammées, en grinçant les dents, comme le dit le président *De Thou*.

Le curé de saint Côme faisait l'office de sergent, il ordonnait la marche, les haltes, les salves de mousquetterie. Les moines défilant devant le coche du légat, l'un d'eux tua son aumônier d'un coup de fusil chargé à balle. Cette accident ne troubla point la cérémonie. *De Thou* rapporte que les moines crièrent que cet aumônier était sauvé puisqu'il était mort dans une si sainte cérémonie, & le peuple ne prit seulement pas garde à la mort de l'aumônier.

Cependant, on pendait sans miséricorde tous ceux qui parlaient de traiter avec le roi. Ce prince victorieux à Ivri, était déjà devant les portes de Paris avec des troupes plus formidables que la procession des moines.

Il fit préparer (*b*) une escalade du côté du fauxbourg

(*a*) 5 Juin 1590.   (*b*) 10 Septembre 1590.

saint Jacques pendant une nuit fort sombre. Cette entreprise allait réussir. Qui croirait qu'un libraire, un avocat & un jésuite empêchèrent *Henri IV* de se rendre maître de sa capitale ? Le jésuite d'une vieille hache, coupa la main d'un soldat qui avait déjà le poignet appuyé sur la muraille ; on jeta de la paille allumée dans le fossé où les royalistes étaient descendus, l'alarme fut donnée partout, & *Henri IV* fut obligé de se retirer.

La guerre continua de tous les côtés. Les parisiens redoublaient tous les jours leur serment de ne point reconnaître le roi.

Le nouveau pape *Grégoire XIV* envoyait des troupes au secours de la ligue ; il fournissait aux factieux de Paris quinze mille livres par moi du trésor que *Sixte V* avait amassé. Ces troupes marchaient avec un archevêque nommé *Mateucci* qui faisait la fonction de commissaire-général de l'armée. La ville de Verdun était son rendez-vous. Le jésuite *Jouvenci* avoue dans son histoire de la compagnie de *Jésus*, que le supérieur des novices de Paris, nommé *Nigri*, rassembla tous les novices de l'ordre, & les mena à Verdun à l'armée papale, dans laquelle il furent incorporés. Ce trait qui peut paraître incroyable ne l'est point après tout ce que nous avons vu.

Au milieu de tant d'événemens, les uns horribles, les autres ridicules, la faction qu'on nommait des seize, qui avait dans Paris beaucoup plus d'autorité que le parlement, & qui balançait même celle du duc de *Mayenne*, donna un nouvel exemple des excès d'atrocité où les guerres civiles entraînent les hommes. Ces seize ayant découvert qu'un procureur de la ville nommé *Brigard*, avait envoyé une lettre à saint Denis, occupé alors par

les troupes royales, le déférèrent au parlement pour
lui faire son procès. Le premier préfident *Barnabé Briffon*
fauva la vie à ce malheureux. Les feize foupçonnèrent
Briffon d'être dans le cœur du parti du roi, & voici comme ils s'en vengèrent.

Buffi le Clerc gouverneur de la Baftille, celui-là
même qui avait déjà emprifonné une partie du parlement, commença d'abord par exiger un blanc figné de
dix des principaux factieux, en leur difant que c'était
pour confulter la forbonne. Dès qu'il eut leur fignature
il remplit le papier d'une fentence de mort contre le
premier préfident. On épia le moment où il avait l'imprudence d'aller à pied dans les rues. Il fut faifi, conduit
au petit châtelet; & dès qu'il y fut entré, *Cromé* confeiller au grand-confeil fe préfenta à lui revêtu d'une
cotte d'armes, le fit mettre à genoux, lui lut la fentence qui le condamnait à être pendu pour crime de lèze-
majefté divine & humaine.

C'eft une chofe affez fingulière que *Briffon* dans ce
moment terrible, l'efprit encore rempli des formalités
des loix dans lefquelles il avait été élevé, demanda à
être confronté avec les témoins qui l'accufaient. *Cromé*
ne lui répondit que par un grand éclat de rire. *Briffon*,
eut la faibleffe de demander qu'on différât l'exécution
jufqu'à ce qu'il eût fini un ouvrage de jurifprudence qu'il
avait commencé, on rit encore davantage, & il fut
pendu à une poutre.

(*a*) Une heure après, le lieutenant du grand-prévôt
nommé *Chouiller*, alla faifir dans le palais *Larcher*
confeiller de la grand'chambre, fous-doyen des confeil-

(*a*) 16 Novembre 1691.

lers, vieillard septuagénaire, accusé aussi d'être partisan du roi. Il fut mené au même endroit où était le corps de *Brisson.* Dès que *Larcher* apperçut ce spectacle, il demanda lui-même à mourir, & on le pendit à la même poutre.

Le curé de St. Côme dans le même tems, suivi d'une troupe de prêtres & de suppôts de l'université, était allé prendre dans son lit, le conseiller au châtelet *Tardif* dangereusement malade, & qui venait d'être saigné ; il le présenta lui-même au bourreau, & le fit périr de la même manière.

C'est encore une des horreurs de la nature humaine qu'il se trouve des hommes qui fassent de ces exécutions, & dont le métier soit d'arracher la vie à d'autres hommes ; sans s'informer seulement ni si cette mort est juste, ni quel est le droit de celui qui la commande.

Le lendemain on exposa les trois corps dans la place de Grève, pendus à une potence avec des écriteaux qui les déclaraient traîtres, ennemis de Dieu & hérétiques. Le duc de *Mayenne* était alors absent de Paris, & les seize qui se croyaient les maîtres de la ville prirent ce tems pour écrire au roi d'Espagne. Ils lui dépêchèrent le jésuite *Claude Matthieu* pour le supplier de leur donner sa fille pour reine en la mariant au jeune duc de *Guise.* La lettre que *Matthieu* portait fut interceptée & portée au roi. Il ne manqua pas d'en faire tomber une copie entre les mains du duc de *Mayenne ;* c'était le seul moyen de diviser la ligue en semant la jalousie entre ce duc & son neveu.

Mayenne arrivé à Paris commença par ôter à *Bussi le Clerc* son gouvernement de la Bastille ; il fit pendre

fans . forme de procès quatre des fcélérats qui avaient
fait mourir les magiftrats. Le même bourreau fervit
pour eux tous , & fut enfuite pendu lui-même.

Cromé le plus coupable échappa ; le parlement reprit fes fonctions ordinaires , & le préfident *Le Maître*
prit la place de *Briffon* , fans être intimidé par la cataf-
trophe de fon prédéceffeur.

CHAPITRE XXXIII.

Le royaume démembré. Le seul Parlement séant auprès de Henri IV *peut montrer sa fidélité. Il décrète de prise de corps le nonce du pape.*

PENDANT que le parlement de Paris était ainsi tour-à-tour l'organe & la victime de la ligue, il faut voir ce que faisaient alors les autres parlemens du royaume. Celui de Provence avait envoyé au duc de Savoie *Philibert-Emmanuel* gendre de *Philippe II* une députation solemnelle composée de *Chastel* évêque de Riez, du baron d'*Ampus*, & d'un avocat nommé *Fabregues*.

Le duc arriva dans Aix le 14 Novembre 1591. On lui présenta le dais comme au roi, tous les membres du parlement lui baisèrent la main. *Honoré du Laurent* porta la parole pour toute la compagnie, on le reconnut pour protecteur de la province & on lui prêta serment de fidélité.

Le parlement de Grenoble était alors partagé; ceux qui étaient fidèles au roi s'étaient retirés au Pertuis; mais *Lesdiguières* qui fut depuis connétable, ayant pris la ville, le parlement se réunit, & n'administra plus la justice qu'au nom du roi.

Le parlement de Rouen se trouvait dans une situation toute semblable à celle qu'éprouvait le parlement de Paris, entièrement dominé par la faction de la ligue, & à la merci des troupes espagnoles, il eut le malheur de rendre l'arrêt suivant le premier Janvier 1592.

K 4

« La cour a fait, & fait très-expreſſes inhibitions &
» défenſes à toutes perſonnes, de quelque état, dignité
» & condition qu'elles ſoient, ſans nul excepter, de
» favoriſer en aucun acte & manière que ce ſoit, le
» parti de *Henri de Bourbon* ; mais s'en déſiſter in-
» continent à peine d'être pendus & étranglés. Or-
» donne ladite cour que monition générale ſera oc-
» troyée au procureur-général, *nemine dempto*, pour
» informer contre ceux qui favoriſeront ledit *Henri*
» *de Bourbon* & ſes adhérens... eſt ordonné que par les
» places publiques ſeront plantées potences pour y pen-
» dre ceux qui ſeront ſi malheureux que d'attenter
» contre leur patrie. »

Il n'y eut que le parlement du roi ſéant tantôt à
Tours, tantôt à Châlons, qui pût donner un libre
cours à ſes ſentimens patriotiques. Le pape *Gré-*
goire XIV à ſon avènement au pontificat avait d'abord
envoyé un nonce à la ligue pour ſeconder le cardinal
Caïetan qui faiſait à Paris les fonctions de légat ; ce
nonce s'appellait *Landriano* ; il apportait des bulles qui
renouvellaient les excommunications & les monitoires
contre *Henri III* & *Henri IV*.

Le petit parlement de Châlons, qui n'avait pas même
alors de préſident à ſa tête, déploya toute la vigueur
que les autres auraient montrée s'ils avaient été ou plus
libres ou moins ſéduits. Il décréta de priſe de corps
Landriano ſoi-diſant nonce du pape, qui avait oſé entrer dans le royaume ſans là permiſſion du roi, le fit
citer en trois jours de marché à ſon de trompe, accorda dix mille livres de récompenſe à qui le livrerait à
la juſtice, défendit aux archevêques & évêques de publier ſes bulles ſous peine d'être déclarés criminels de
lèze-majeſté, & enfin appella au futur concile de l'é-
lection de *Grégoire XIV*.

Cette démarche qui étonna toute la France, était régulière & simple. C'était en effet une insulte à toutes les loix & à la raison humaine, qu'un évêque étranger osât décider du droit des couronnes. La religion qui lui servait de prétexte condamnait elle-même cette audace; & le bon sens en faisait sentir le ridicule; mais depuis *Grégoire VII*, l'opinion qui fait tout avait enraciné ces funestes idées dans toutes les têtes ecclésiastiques qui avaient versé ce poison dans celles des peuples. L'ignorance recevait ces maximes, la fraude les appuyait, & le fer les soutenait. Un moine suffisait alors parmi les catholiques pour persuader que l'apôtre *Pierre* qui n'alla jamais à Rome, & qui ne pouvait savoir la langue latine, avait siégé vingt-cinq ans sous *Tibère*, & sous d'autres empereurs, dans un tems où le titre d'évêque n'était affecté à aucun lieu, & que de ce prétendu siége il avait transmis à *Grégoire XIV*, qui vint quinze cents ans après lui, le droit de parler en maître à tous les souverains & à toutes les églises. Il fallait être ligueur effréné ou imbécile pour croire de telles fables, & pour se soumettre à une telle tyrannie.

Il se trouva pour l'honneur de la France, deux cardinaux & huit évêques qui secondèrent la fermeté du vrai parlement autant que le permettait leur caractère. Les cardinaux étaient celui de *Bourbon* cousin-germain du roi, & *Lenoncour*, quoique Lorrain. Les prélats étaient *de Beaune* archevêque de Bourges, *du Bec* évêque de Nantes, *de Thou* évêque de Chartres, *Fumée* de Beauvais, *Sourdis* de Maillesais (*a*) *d'Angenes* du Mans, *Clausse* de Châlons, *d'Aillon* de Bayeux. Leurs noms méritent d'être consacrés à la postérité.

Ils firent ensemble un mandement à Chartres, (*b*)

(*a*) Evêché qui ne subsiste plus, & qui est transféré à la Rochelle dès l'année 1649.

(*b*) 21 Septembre 1591.

adreſſé à tous les catholiques du royaume. « Nous
» ſommes informés, diſent-ils, que *Grégoire XIV* mal
» inſtruit, & trompé par les artifices des ennemis de
» l'état, a envoyé des bulles & des monitoires pour in-
» terdire & excommunier les évêques, les princes &
» la nobleſſe qui ne ſont pas rebelles à leurs rois.... après
» une mûre délibération, nous déclarons ces excommu-
» nications nulles dans la forme & dans le fond, injuſtes,
» dictées par les ennemis de la France... ſans préju-
» dicier à l'honneur du pape. »

Le parlement du roi ſéant à Tours fit mieux ; il fit
brûler par la main du bourreau les bulles du pape, &
déclara *Grégoire* ſoi-diſant pape, perturbateur du repos
public, & complice de l'aſſaſſinat de *Henri III* puiſqu'il
l'avait approuvé.

Le parlement de Paris de ſon côté, preſſé par les ligueurs, fit brûler l'arrêt de celui de Tours au pied du
grand eſcalier, & lui donna les qualifications d'*exécrable* & d'*abominable*.

Le parlement de Tours traita de même l'arrêt du
parlement de Paris. Il fallait que la victoire jugeât de ces
diſputes, mais *Henri IV*, à qui le duc de Parme avait
fait lever le ſiége de Paris & de Rouen ; n'était pas encore en état d'avoir raiſon.

(*a*) Le premier préſident *Achille de Harlai* était alors
auprès du roi ; c'était lui qui ſoutenait la dignité du
parlement de Tours & de Châlons. Il s'était enfin racheté
de la priſon de la Baſtille, & avait trouvé le moyen de
ſe rendre auprès de *Henri IV*. Il conçut le premier
l'idée de ſecouer enfin pour jamais le joug du pape, &

(*a*) *Daniel* ſupprime ou | d'écrire l'hiſtoire de France pour
étrangle tous ces faits rapportés | oublier des choſes ſi capitales.
par de *Thou*. Ce n'eſt pas la peine |

de créer un patriarche. Le cardinal de *Lenoncour* &
l'archevêque de Bourges entraient dans ce deffein ;
mais il était impraticable. Il eût fallu changer tout
d'un coup l'opinion des hommes qui ne change qu'avec
le tems , ou avoir affez de troupes & affez d'argent
pour commander à l'opinion.

Cependant ce parlement ftatua des réglemens dignes
de la liberté de l'églife gallicane. Toutes les nomina-
tions du roi aux évêchés & aux abbayes devaient être
confirmées par l'archevêque de la métropole fans recourir
à une bulle du pape ; tout le clergé conferverait fes
droits , indépendamment des ordres de Rome ; les
évêques accorderaient la même difpenfe que le pape.
Ce réglement était auffi fage que hardi ; il réprimait
l'ambition d'une cour étrangère , & flattait le clergé
national ; & cependant à peine eut-il lieu quelques mois ;
l'églife était auffi déchirée que l'état ; la même ville était
prife tour-à-tour par des catholiques & par des proteftans ; l'ordre & la police ne font pas le partage d'une
guerre civile.

CHAPITRE XXXIV.

Etats-généraux tenus à Paris par des Espagnols & des Italiens. Le parlement soutient la loi salique. Abjuration de Henri IV.

AU milieu de tous les reflux orageux de la fortune de *Henri IV*, le tems était arrivé où *Philippe II* croyait donner un maître à la France. Du fond de l'Efcurial il faifait tenir les états-généraux à Paris, convoqués par les menées de fon ambaffadeur & par celles du cardinal légat plus encore par les ordres du duc de *Mayenne*, Paris avait une garnifon efpagnole ; *Philippe* promettait une armée de vingt-quatre mille hommes, & beaucoup d'argent. *Henri IV* n'en avait point, & fon armée était peu confidérable. Il était campé à Saint-Denis, d'où il pouvait voir arriver dans Paris les députés de ces états-généraux qui allaient donner fon patrimoine à un autre.

Le pape *Clément VIII*, qui avait fuccédé à *Grégoire XIV*, envoya le 15 Avril 1592 un bref au cardinal-légat, par lequel il lui ordonnait de procéder à l'élection d'un roi. Le bref ne fut enrégiftré que le 28 Octobre. Le parlement de Châlons fignala fon zèle ordinaire contre cette infolence ; mais il ne décréta point de prife de corps le légat comme il avait décrété *Landriano*. Ce titre de *légat* en impofait encore ; & il y a des préjugés que la fermeté la plus grande n'ofe quelquefois attaquer.

Cet arrêt du parlement de Châlons fut encore brûlé

par celui de Paris le 24 Décembre Ces deux parlemens se
faisaient la guerre par leurs bourreaux , & toute la France
en armes attendait quel roi les états opposeraient au roi
légitime.

Le parlement de Paris n'eut point de séance dans ces
états. Ils s'ouvrirent le 25 Janvier 1593 dans le louvre.
On y voyait un *Jean Boucher* curé de St. Benoît, séditieux , emporté jusqu'à la démence , un curé de St. Ger-
main-l'Auxerrois , un *Cueilli* docteur de sorbonne ; mais
le président *De Neuilli*, le président *Le Maître* & le
conseiller *Guillaume du Vair* y avaient place au nom du
parlement. Les harangues qui furent prononcées étaient
aussi ridicules que celle de la *satyre Ménippée*. Ce ridicule n'empêchait pas qu'on ne se disposât à nommer un
roi. L'or de l'Espagne & les bulles de Rome pouvaient
beaucoup. Des troupes espagnoles s'avançaient encore.
Le duc de *Feria* ambassadeur d'Espagne admis dans ces
états y parlait comme un protecteur parle à des peuples
malheureux & désunis qui ont besoin de lui. Enfin il
déclara qu'il fallait élire l'infante d'Espagne , & qu'on
lui donnerait pour mari le jeune duc de *Guise* , ou le
duc de *Nemours* de Savoie son frère utérin ; mais c'é-
tait sur le duc de *Guise* que le choix devait tomber.

Trois Espagnols dominèrent dans ces états-généraux
de France , le duc de *Feria* ambassadeur extraordinaire,
dom Diego d'Ibarra & *Taxis* ambassadeur ordinaire ,
& le licencié *Mendosa*. *Taxis* & *Mendoza* firent chacun un long discours contre la loi salique. On l'avait
déjà foulée aux pieds du tems de *Charles VI*. Elle avait
reçu auparavant de rudes atteintes ; & si les Espagnols
secondés du pape avaient réussi , cette loi n'était plus
qu'une chimère, *Henri IV* était perdu ; mais heureusement le duc de *Mayenne* était aussi intéressé que *Henri IV*
à prévenir ce coup fatal. L'élection d'une reine espagnole

le faifait tomber des degrés du trône où il était affis le premier. Il fe voyait le fujet du jeune *Guife* fon neveu, & il n'était pas poffible qu'il confentît à ce double affront.

Le parlement de Paris dans cette extrêmité fecourut à la fin *Henri IV* & le duc de *Mayenne*, & fauva la France.

Le *Maître*, que le duc de *Mayenne* avait créé premier préfident, affembla toutes les chambres le 29 Juin 1593. On déclara la loi falique inviolable, on protefta de nullité contre l'élection d'un prince étranger, & le préfident *Le Maître* fut chargé de fignifier cet arrêt au duc de *Mayenne*, & de lui faire les repréfentations les plus fortes. Le duc de *Mayenne* les reçut avec une indignation fimulée : car pouvait-il être affligé que le parlement rejettât une élection qui lui aurait ôté fon pouvoir ? Ces remontrances même le flattaient beaucoup. (*a*) Le parlement lui difait avec autant d'adreffe que de fermeté : *imitez le roi* Louis XII *votre bifaïeul, que fon amour pour la patrie a fait furnommer le père du peuple*. Ces paroles faifaient affez entendre qu'on ne le regardait pas comme un prince étranger, & tant qu'on éloignait le choix de l'infante, il demeurait revêtu de l'autorité fuprême fous le titre de protecteur & de lieutenant-général de l'état royal de France.

Dans cette incertitude des états-généraux, il fe formait plufieurs partis ; celui d'Efpagne & de Rome était encore le plus confidérable ; mais les meilleurs citoyens, parmi lefquels on comptait plufieurs membres du parlement, étaient en fecret pour *Henri IV*, & penchaient à le reconnaître pour roi, de quelque religion qu'il pût être ; ils croyaient qu'il tenait fon droit à la couronne de

(*a*) *De Thou*, liv. 106.

la nature , qui rend tout homme héritier du bien de
ſes ancêtres. Si on ne doit point demander à un citoyen
ce qu'il croit de l'euchariſtie & de la confeſſion pour qu'il
jouiſſe des biens de ſon père , à plus forte raiſon , ne
devait-on pas demander cette condition à l'héritier
naturel de tant de rois. *Henri IV* n'exigeait point des
ligueurs qu'ils ſe fiſſent proteſtans , pourquoi vouloir
que *Henri IV* ſe fît catholique ? Pourquoi gêner la
conſcience du meilleur des hommes & du plus brave
des princes qui ne gênait la conſcience de perſonne ?

Tels étaient les ſentimens des gens raiſonnables , &
c'eſt toujours le plus petit nombre.

Une grande partie du peuple , qui ſentait ſa miſère
& qui ne raiſonnait point , ſouhaitait ardemment *Henri IV* pour roi , mais ne le voulait que catholique.
Preſſé à la fois par l'équité qui tôt ou tard parle au
cœur de l'homme , mais encore plus dominé par la ſorbonne & par les prêtres , partagé entre la ſuperſtition &
ſon devoir , il n'eût jamais reconnu un roi qui priait
Dieu en français , & qui communiait ſous les deux
eſpèces.

Henri IV prit enfin le ſeul parti qui convenait à ſa ſi-
tuation & à ſon caractère. Il fallait ſe réſoudre , ou à
paſſer ſa vie à mettre la France à feu & à ſang , & haſar-
der ſa couronne , ou ramener les eſprits en changeant de
religion. Des princes d'Orange , des *Guſtave-Adolphe* ,
des *Charles XII* n'auraient pas pris ce dernier parti.
Il y aurait eu plus d'héroïſme à être inflexible ; mais
il y avait plus d'humanité & plus de politique dans ſa
condeſcendance. Cette négociation qui coutait à ſon
cœur , mais qui était néceſſaire , avait commencé dès la
première tenue des états. Les évêques de ſon parti
avaient eu de fréquentes conférences à Sureïnne avec
les évêques du parti contraire en dépit de la ſorbonne ,

qui avait eu l'insolence & la faiblesse de déclarer ces conférences illicites & impies ; mais dont les décrets méprisés par tous les bons citoyens commençaient à l'être par la populace même.

On tint donc ces conférences pendant une trève accordée par le roi & le duc de *Mayenne*. Les deux principaux chefs des ces négociations étaient *Renaud* évê-de *Bourges* du côté du roi , & d'*Espinac* archevêque de Lyon pour la ligue ; le premier respectable par sa vertu courageuse , l'autre diffamé par son inceste avec sa sœur , & odieux par ses intrigues.

Quelques détours que d'*Espinac* pût prendre pour s'opposer à la conclusion, quelques efforts qu'il tentât avec ses collègues pour intimider les évêques royalistes , quelques menaces qu'il fît de la part du pape, il ne put empêcher les prélats du parti du roi de recevoir son abjuration. L'Espagne , Rome , le duc de *Mayenne* & la ligue, combattaient pour le papisme, & tout ce qu'ils craignaient était que *Henri IV* ne se fît catholique. Il franchit ce pas le 25 Juillet 1593 dans l'église de saint Denis.

Ce n'est pas un trait indigne de cette histoire d'apprendre qu'un curé de saint Eustache avec six de ses confrères, ayant demandé au duc de *Mayenne* la permission d'aller à saint Denis voir cette cérémonie , le duc de *Mayenne* les renvoya au légat de Rome, & ce légat les menaça de les excommunier s'ils osaient être témoins de la conversion du roi. Ces bons prêtres méprisèrent la cérémonie du légat italien, ils sortirent de Paris à travers une foule de peuple qui les bénissait ; ils assistèrent à l'abjuration , & le légat n'osa les excommunier.

Il n'est pas nécessaire de sacrer un roi qui l'est uniquement par le droit de sa naissance. Le sacre n'est qu'une cérémonie , mais elle en impose au peuple , & elle était
indispensable

indifpenfable pour un roi à peine réuni à l'églife domi-
nante : *Henri* ne pouvait étre facré à Rheims, cette ville
était poffédée encore par fes ennemis. On propofa Chartres. On fit voir que ni *Pepin*, ni *Charlemagne*, ni
Robert fils de *Hugues Capet*, tige de la maifon régnante,
ni *Louis le Gros*, ni plufieurs autres rois n'avaient été
facrés à Rheims. La bouteille d'huile nommée fainte
ampoule, révérée des peuples, faifait naître quelque
difficulté. Il fut aifé de prouver que fi un ange avait apporté cette bouteille d'huile du haut du ciel, *faint Remi*
n'en avait jamais parlé ; que *Grégoire de Tours* qui rapporte tant de miracles avait gardé le filence fur cette
ampoule. S'il fallait abfolument de l'huile apportée par
un ange, on en avait une bonne fiole à *Tours*, &
cette fiole valait bien mieux que celle de Rheims, parce
que long-tems avant le baptême de *Clovis*, un ange
l'avait apportée pour guérir *faint Martin* d'un rhuma-
tifme. (*a*) Enfin l'ampoule de Rheims n'avait été donnée
que pour le baptême de *Clovis*, & non pour le facre. On
emprunta donc la fiole de Tours. *Nicolas de Thou*,
évêque de Chartres, oncle de l'hiftorien, eut l'honneur
de facrer le plus grand roi qui ait gouverné la France, &
fe feul de fa race à qui les Français aient difputé fa couronne.

(*a*) *De Thou*, liv. 108.

CHAPITRE XXXV.

Henri IV reconnu dans Paris.

HENRI IV converti & facré, n'en était pas plus maître de Paris, ni de tant d'autres villes occupées par les chefs de la ligue. C'était beaucoup d'avoir levé l'obftacle & détruit le préjugé des citoyens catholiques qui haiffent fa religion & non fa perfonne. C'était encore plus d'avoir réuffi par fon changement à divifer les états ; mais fa converfion ni fon onction ne lui donnaient ni troupes ni argent.

Le légat du pape, le cardinal *Pellevé*, tous les autres prélats ligueurs combattaient dans Paris la converfion du roi par des proceffions & par des libelles ; les chaires retentiffaient d'anathême contre ce même prince devenu catholique, on traitait fon changement de fimulé, & fa perfonne d'apoftat. Des armes plus dangereufes étaient employées contre lui, on fubornait de tous côtés des affaffins. On en découvrit un entre plufieurs nommé *Pierre Barrière*, de la lie du peuple, bigot & intrépide, employé autrefois par le duc de *Guife le Balafré*, pour enlever la reine *Marguerite* femme de *Henri IV* au château d'Uffon. Il fe confeffa à un dominicain, à un carme, à un capucin, à *Aubri*, curé de faint André-des-Arcs, ligueur des plus fanatiques, & enfin à *Varade*, recteur du collège des jéfuites de Paris. Il leur communiqua à tous le deffein qu'il avait de tuer le roi pour expier fes péchés, tous l'encouragèrent & lui gardèrent le fecret, excepté le dominicain. C'était un Florentin attaché au parti du roi, & efpion de *Ferdinand*, grand-duc de Tofcane.

indifpe... s autres fe fervaient de la confeffion pour infpirer le parricide, celui-ci s'en fervit pour l'empêcher ; il révéla le fecret de *Barrière.* On dit que c'eft un facrilège ; mais un facrilège qui empêche un parricide eft une action vertueufe. Le Florentin dépeignit fi bien cet homme, qu'il fut arrêté Melun lorfqu'il fe préparait à commettre fon crime.

Dix commiffaires nommés par le roi, le condamnèrent à la roue (*a*). Il déclara avant de mourir que ceux qui lui avaient confeillé ce crime l'avaient affuré, *que fon ame ferait portée par les anges à la béatitude éternelle s'il venait à bout de fon entreprife.*

Ce fut là le premier fruit de la converfion de *Henri IV.* Cependant les négociations de *Briffac* créé maréchal de France par le duc de *Mayenne*, & le zèle de quelques citoyens de Paris, donnèrent à *Henri IV* cette capitale que la victoire d'Ivri, la prife de tous les fauxbourgs & l'efcalade aux murs de la ville n'avaient pu lui donner.

Le duc de *Mayenne* avait quitté la ville, & y avait laiffé pour gouverneur le maréchal de *Briffac.* Ce feigneur au milieu de tant de troubles, avait conçu d'abord le deffein de faire de la France une république ; mais un échevin nommé *Langlois*, homme qui avait beaucoup de crédit dans la ville, & des idées plus faines que le maréchal de *Briffac*, traitait déjà fecrètement avec le roi. *L'Huillier* prévôt des marchands, entra bientôt dans le même deffein ; ils y entraînèrent *Briffac* ; plufieurs membres du parlement fe joignirent fecrètement à lui. Le premier préfident *le Maître* était à la tête, le procureur-général *Molé*, les confeillers *Pierre d'Amours* & *Guillaume du Vair*, s'affemblaient fecrètement à l'arfenal. Le refte du parlement n'était point dans le fecret ; il rendit même un

(*a*) 28 Août 1593.

L 2

arrêt par lequel il défendait toute forte d'affemblées & d'amas d'armes. (*a*) L'arrêt portait que les maifons où ces affemblées fecrètes auraient été tenues, feraient rafées ; toute entreprife, tout difcours contre *la fainte ligue* était réputé crime d'état.

Cet arrêt calmait les inquiérudes des ligueurs. Le légat & le cardinal *Pellevé* qui faifaient promener dans Paris la châffe de *fainte Geneviève*, les ambaffadeurs d'Efpagne, la fonction des feize, les moines, la forbonne étaient raffurés & tranquilles, lorfque le lendemain 22 Mars 1594, à quatre heures du matin, un bruit de moufqueterie & des cris de *vive le roi* les réveillèrent.

Le prévôt des marchands *L'Huillier*, l'échevin *Langlois* avaient paffé la nuit fous les armes avec tous les bourgeois qui étaient du complot. On ouvrit à la fois la porte des Tuileries ; celle de faint Denis, & la porteneuve ; les troupes du roi entraient par ces trois côtés & vers la baftille. Il n'en coûta la vie qu'à foixante foldats de troupes étrangères, poftées au-delà du louvre, & *Henri IV* était déjà maître de Paris avant que le cardinal légat fût évéillé.

On ne peut mieux faire que de rapporter ici les paroles de ce refpectable Français *Augufte de Thou*. « On vit » prefque en un moment les ennemis de l'état chaffés de » Paris, les factions éteintes, un roi légitime affermi » fur fon trône, l'autorité du magiftrat, la liberté pu» blique & les loix rétablies. »

Henri IV mit ordre à tout. Un de fes premiers foins fut de charger le chancelier *Chiverni* d'arracher & de déchirer au greffe du parlement toutes les délibérations, tous les arrêts attentatoires à l'autorité royale produits par

(*a*) 21 Mars 1594.

c

es tems malheureux. Le favant *Pierre Pithou* s'acquitta de ce miniftère par l'ordre du chancelier. C'était un homme d'une érudition prefque univerfelle; il était, dit *De Thou*, le confeil des miniftres d'état, & le juge per-pétuel des grandes affaires fans magiftrature.

Le 28 Mars 1594, le chancelier vint au parlement accompagné des ducs & pairs, des grands officiers de la couronne, des confeillers d'état & des maîtres des requê-tes. Ce même *Pierre Pithou*, qui n'était point magiftrat, fit les fonctions de procureur-général. Le chancelier ap-portait un édit qui pardonnait au parlement, qui le réta-bliffait, & qui faifait en même-tems l'éloge de l'arrêt qu'il avait donné en faveur de la loi falique, malgré le légat & les ambaffadeurs d'Efpagne; après quoi tous les membres du corps prêtèrent ferment de fidélité entre les mains du chancelier.

Les officiers du parlement de Châlons & de Tours revinrent bientôt après. Ils reconnurent ceux de Paris pour leurs confrères, & leur feule diftinction fut d'avoir le pas fur eux.

Le même jour, le parlement rétabli par le roi, annulla tout ce qui avait été fait contre *Henri III* & *Henri IV*. Il caffa les états de la ligue; il ordonna au duc de *Mayenne*, fous peine de lèze-majefté, d'obéir au roi; il inftitua à perpétuité cette proceffion à laquelle il affifte tous les ans le 22 Mars en robes rouges, pour remercier Dieu d'avoir rendu Paris à *Henri IV*, & *Henri IV* à Paris. Dès ce jour il paffa de la rebellion à la fidélité, & reprit furtout fes anciens fentimens de patriotifme qui ont été le plus ferme rempart de la France contre les entreprifes de la cour de Rome.

CHAPITRE XXXVI.

Henri IV *affaffiné par* Jean Châtel. *Jéfuites chaffés. Le Roi maudit à Rome , & puis abfous.*

LE roi était maître de fa capitale, & il était prêt de l'être de Rouen ; mais la moitié de la France était encore à la ligue & à l'Efpagne ; il était reconnu par le parlement de Paris , mais non par les moines ; la plupart des curés de Paris refufaient de prier pour lui. Dès qu'il entra dans la ville , il eut la bonté de faire garder la maifon du car- dinal légat , de peur qu'elle ne fût pillée ; il pria ce mi- niftre de venir le voir ; le légat refufa de lui rendre ce devoir ; il ne regardait *Henri* ni comme roi , ni comme catholique, & fa raifon était que ce prince n'avait point été abfous par le pape. Ce préjugé était enraciné chez tous les prêtres, excepté dans le petit nombre de ceux qui fe fouvenaient qu'ils étaient Français avant d'être eccléfiaftiques.

S'il ne fuffit pas de fe repentir pour obtenir de Dieu miféricorde, s'il eft néceffaire qu'un homme foit abfous par un autre homme ; *Henri IV* l'avait été par l'arche- vêque de Bourges. On ne voit pas ce que l'abfolution d'un Italien pouvait ajouter à celle d'un Français , à moins que cet Italien ne fût le maître de toutes les confciences de l'univers. Ou l'archevêque de Bourges avait le droit d'ou- vrir le ciel à *Henri IV*, ou le pape ne l'avait pas ; & quand ni l'un ni l'autre n'aurait eu cette puiffance, *Henri IV* n'était pas moins roi par fa naiffance & par fa valeur. C'était bien là le cas d'en appeller comme d'abus.

Henri IV affermi fur le trône, n'aurait pas eu befoin de la cour de Rome, & tous les parlemens l'auraient déclaré roi légitime & bon catholique, fans confulter le pape ; mais on a déjà vu ce que peuvent les préjugés.

Henri IV fut réduit à demander pardon à l'évêque de Rome *Aldobrandin*, nommé *Clément VIII*, de s'être fait abfoudre par l'évêque de Bourges, alléguant qu'il n'avait commis cette faute que preffé par la néceffité & par le tems, le fuppliant de le recevoir au nombre de fes enfans. Ce fut par le duc de *Nevers* fon ambaffadeur qu'il fit porter ces paroles ; mais le pape ne voulut point recevoir le duc de *Nevers* comme ambaffadeur de *Henri IV*. Il l'admit à lui baifer les pieds comme un particulier. *Aldobrandin* par cette dureté faifait valoir fon autorité pontificale, & montrait en même-tems fa faibleffe. On voyait dans toutes fes démarches fa crainte de déplaire à *Philippe II* autant que la fierté d'un pape. Le duc de *Nevers* ne recevait de réponfe à fes mémoires que par le jéfuite *Tolet*, depuis peu promu au cardinalat.

Il n'eft pas inutile d'obferver les raifons que ce jéfuite cardinal alléguait au duc de *Nevers* ; *Jefus-Chrift*, lui difait-il, *n'eft pas obligé de remettre les errans dans le bon chemin ; il leur a commandé de s'adreffer à fes difciples ; c'eft ainfi que* St. André *en ufa avec les Gentils.* (a)

Le bon homme *Tolet*, ne favait ce qu'il difait, il prenait *André* pour *Philippe*, lequel *Philippe* ayant rencontré l'eunuque de *Candace*, reine d'Ethiopie, lifant dans fon chariot un chapitre d'*Ifaïe* apparemment traduit en éthiopien, & n'y entendant rien du tout, *Philippe* qui fans doute était favant, lui expliqua le paffage, le convertit, le baptifa, après quoi il fut enlevé par l'efprit.

(a) *De Thou*, liv. 108.

L 4

Mais quel rapport de cet eunuque à *Henri IV* , & de *Philippe* au pape *Clément VIII* ; & pourquoi *Renaud de Baume* , archevêque de Touloufe , ne pouvait-il pas reffembler au Juif *Philippe* , auffi bien que *Clément* ? C'était fe jouer étrangement de la religion que de vouloir foutenir par de telles allégories la conduite de l'évêque fouverain de Rome , qui expofait la France à retomber dans les horreurs des guerres civiles. Le duc de *Nevers* fortit de Rome en colère , & tandis que *Du Perron* & *d'Offat* allaient renouveller cette fingulière négociation , le même efprit qui avait dicté les refus de *Clément VIII* , aiguifait les poignards levés fur *Henri IV*.

Un jeune infenfé nommé *Jean Châtel* , fils d'un gros marchand de draps de Paris , & affez bien apparenté dans la ville , où la famille de fa femme eft encore affez nombreufe , ayant étudié aux jéfuites , avait été admis dans une de leurs congrégations , & à certains exercices fpirituels qu'on faifait dans une chambre appellée la chambre des méditations. Les murailles étaient couvertes de repréfentations affreufes de l'enfer , & de diables tourmentant des damnés. Ces images , dont l'horreur était encore augmentée par la lueur d'une torche allumée , avaient troublé fon imagination. Il était tombé dans des excès monftrueux , il fe croyait déjà une victime de l'enfer. On prétend qu'un jéfuite lui dit dans la confeffion qu'il ne pouvait échapper aux châtimens éternels qu'en délivrant la France d'un roi toujours hérétique. Ce malheureux , âgé de dix-neuf ans , fe perfuada que du moins s'il affaffinait *Henri IV* , il racheterait une partie des peines que l'enfer lui préparait. *Je fais bien que je ferai damné* , difait-il , *mais j'ai mieux aimé l'être comme quatre que comme huit.* Il y a toujours de la démence dans les grands crimes ; il voulait mourir ; l'excès de fa fureur alla au point que , de fon aveu même , il avait réfolu de commettre en public le crime de beftialité , s'imaginant

que fur le champ on le ferait mourir dans les fupplices.
Enfuite ayant changé d'idée & détestant toujours la vie,
il reprit le deffein d'affaffiner le roi.

Il fe mêla dans la foule des courtifans dans le moment
que le roi embraffait le fieur de *Montigni* ; (*a*) il portait le
coup au cœur, mais le roi s'étant beaucoup baiffé le
reçut dans les lèvres. La violence du coup était fi forte
qu'elle lui caffa une dent, & le roi fut fauvé pour
cette fois.

On trouva dans la poche de ce malheureux un écrit
contenant fa confeffion. Il était bien horrible qu'une inftitution auffi ancienne, inftituée pour expier ou prévenir
les crimes, fervît fi fouvent à les faire commettre. C'eft
un malheur attaché à la confeffion auriculaire.

Le grand prévôt fe faifit d'abord de ce miférable ;
mais *Augufte De Thou* l'hiftorien obtint que le parlement fût fon juge. Le coupable ayant avoué dans fon
interrogatoire qu'il avait étudié chez les jéfuites, qu'il fe
confeffait à eux, qu'il était de leurs congrégations,
le parlement fit faifir & examiner leurs papiers. On
trouva dans ceux du jéfuite *Jean Guignard* ces paroles :
*on a fait une grande faute à la St. Barthelemi de ne
point faigner la veine bafilique* : bafilique veut dire
royale, & cela fignifiait qu'on aurait dû exterminer *Henri*
& le prince de *Condé*. Enfuite on trouvait ces mots : *faut-
il donner le nom de roi de France à un* Sardanapale,
à un Néron, *à un renard de Béarn ? L'acte de* Jacques
Clément *eft -héroïque. Si on peut faire la guerre au
Béarnois, il faut le guerroyer, finon, qu'on l'af-
faffine.*
Châtel fut écartelé ; le jéfuite *Guignard* fut pendu,
&, ce qui eft bien étrange, *Jouvenci* dans fon hiftoire

(*a*) 1594 27 Décembre à fix heures du foir.

des jésuites le regarde comme un martyr, & le compare à *Jesus-Christ*. Le régent de *Châtel* nommé *Guéret*, & un autre jésuite nommé *Hay*, ne furent condamnés qu'à un bannissement perpétuel.

Les jésuites avaient dans ce tems-là même un grand procès au parlement contre la sorbonne, qui avait conclu à les chasser du royaume. (*a*) Le parlement les chassa en effet par un arrêt solemnel qui fut exécuté dans tout le ressort de Paris, & dans celui de Rouen & de Dijon. Cette exécution ne devait pas plaire au pape que *Du Perron* & *d'Ossat* sollicitaient alors de donner au roi cette absolution si long-tems refusée; mais ce prince remportait tous les jours de si grands avantages, & commençait à réunir avec tant de prudence les membres de la France déchirés, que le pape ne pouvait plus être infléxible. *D'Ossat* lui mandait, *faites bien vos affaires de par-delà, & je vous réponds de celles de par-deçà.* *Henri IV* suivait parfaitement ce conseil. *Clément VIII* pourtant mettait d'abord à la prétendue grace qu'il faisait, des conditions qu'il était impossible d'accepter. Il voulait que le roi fît serment de renoncer à tous ses droits à la couronne, si jamais il retombait dans l'erreur, & de faire la guerre aux Turcs au-lieu de la faire à *Philippe II*. Ces deux propositions extravagantes furent rejettées; & enfin le pape se borna à exiger qu'il réciterait son chapelet tous les jours, les litanies le mercredi, & le rosaire de la vierge *Marie* le samedi.

Clément prétendit encore inférer dans sa bulle que

(*a*) Il faut lire avec beaucoup de défiance tout ce qui regarde les jésuites dans les remarques de l'abbé de *l'Ecluse* sur les mémoires du duc de *Sulli*. Non-seulement *l'Ecluse* a falsifié les mémoires de *Sulli* en plusieurs endroits; mais comme il imprimait en 1740, & que les jésuites étaient alors fort puissans, il les flattait lâchement. Il cite toujours mal à propos, en fait de finances, le testament attribué au cardinal de *Richelieu*, ouvrage d'un faussaire ignorant qui ne savait pas même l'arithmétique.

le roi, en vertu de l'absolution papale, était réabilité dans ses droits au royaume. Cette clause qu'on gliſſait adroitement dans l'acte était plus ſérieuſe que l'injonction de réciter le roſaire.

D'Oſſat qui ne manqua pas de s'en appercevoir, fit réformer la bulle ; mais ni lui, ni *Du Perron* ne purent ſe ſouſtraire à la cérémonie de s'étendre le ventre à terre, & de recevoir des coups de baguettes ſur le dos au nom du roi, pendant qu'on chantait le *miſerere*

La fatalité des événemens avait mis ainſi aux pieds d'un autre pape un autre *Henri IV*, il y avait ſix cents ans.

L'empereur *Henri IV* reſſemblant en beaucoup de choſes au roi de France, valeureux, galant, entreprenant, & ſachant plier comme lui, s'était vu dans une poſture encore plus humiliante ; il s'était proſterné, pieds nuds & couvert d'un cilice, aux genoux de *Grégoire VII*. L'un & l'autre prince furent la victime de la ſuperſtition, & mouſurent de la manière la plus déplorable.

CHAPITRE XXXVII.

Assemblée de Rouen. Administration des finances.

ON ne regarde communément *Henri IV* que comme un brave & loyal chevalier, valeureux comme les *Du Guesclin*, les *Bayards*, les *Crillon*, aussi doux, aussi facile dans la société, qu'ardent & intrépide dans les combats, indulgent à ses amis, à ses serviteurs, à ses maîtresses, le premier soldat de son royaume, & le plus aimable gentilhomme; mais quand on approfondit sa conduite, on lui trouve la politique des *d'Ossat* & des *Villeroi*.

La dextérité avec laquelle il négocia la reddition de Paris, de Rouen, de Rheims, de plusieurs autres villes, marquait l'esprit le plus souple & le plus exercé dans les affaires, démêlant tous les intérêts divers des chefs de la ligue opposés les uns aux autres, traitant à la fois avec plus de vingt ennemis, employant chacun de ses agens suivant leur caractère, domptant à tout moment sa vivacité par sa prudence, allant toujours droit au bien de l'état dans cet horrible labyrinthe. Quiconque examinera de près sa conduite avouera qu'il dut son royaume autant à son esprit qu'à son courage. La grandeur de son ame plia sous la nécessité des tems. Il aima mieux acheter l'obéissance de la plupart des chefs de la ligue que de faire couler continuellement le sang de son peuple. Il se servit de leur avarice pour subjuguer leur ambition. Le vertueux duc de *Sulli*, digne ministre d'un tel maître, nous apprend qu'il en coûta trente-deux millions en divers tems pour réduire les restes de la ligue.

Henri ne crut pas devoir se dispenser de payer exactement cette somme immense dans le cours de son règne, quoiqu'au fond ces promesses eussent été extorquées par des rebelles ; il joignit à beaucoup d'adresse la bonne foi la plus incorruptible.

Il n'était point encore réconcilié avec Rome ; il regagnait pied à pied son royaume par sa valeur & par son habileté, lorsqu'il convoqua dans Rouen une espèce d'états-généraux, sous le nom d'assemblée de notables. On voit assez par toutes ces convocations différentes qu'il n'y avait rien de fixe en France. Ce n'était pas là les anciens parlemens du royaume où tous les guerriers nobles assistaient de droit. Ce n'était ni les diètes de l'empire, ni les états de Suède, ni les cortès d'Espagne, ni les parlemens d'Angleterre, dont tous les membres sont fixés par les loix. Tous les hommes un peu considérables qui furent à portée de faire le voyage de Rouen furent admis dans ces états. *Alexandre de Médicis* légat du pape y fut introduit, & y eut voix délibérative. L'exemple du cardinal de *Plaisance* qui avait tenu les états de la ligue lui servait de prétexte, & le roi qui avait besoin du pape dérogea aux loix du royaume sans craindre les conséquences d'une vaine cérémonie.

L'ouverture des états se fit le 4 Novembre 1596 dans la grande salle de l'abbaye de St. Ouen : car il est à remarquer que ce n'est guère que chez les moines que se trouvent ces basiliques immenses, où l'on puisse tenir de grandes assemblées. Le clergé ne tient ses séances à Paris que chez les moines augustins. Le parlement même d'Angleterre ne siège que dans l'abbaye de Westminster.

Le roi était sur son trône. Au-dessous de lui étaient à droite & à gauche les princes du sang, le connétable *Henri de Montmorenci* duc & pair ; il n'y avait que deux autres ducs, *d'Epernon* & *Albert de Gondi*, avec *Jacques de Matignon* maréchal de France. Les quatre fecretaires d'état étaient derrière eux. Le légat avait un fiége vis-à-vis le trône du roi ; il était entouré d'un grand nombre d'évêques; on eût cru voir un autre roi qui tenait fa cour vis-à-vis de *Henri IV*. Au-deſſous de ces évêques était *Achille de Harlai* premier préſident du parlement de Paris, & *Pierre Seguier* préſident à mortier. Ils n'auraient point cédé aux évêques ; mais le cardinal légat leur en impoſait. Un préſident de Toulouſe, un de Bordeaux, des maîtres des comptes ; des conſeillers de cours des aides, des tréſoriers de France, des juges, des maires de provinces étaient rangés en très-grand nombre ſur ces mêmes bancs dont *Achille de Harlai* occupait le milieu.

Ce fut-là que *Henri IV* prononça ce diſcours célèbre, dont la mémoire ſubſiſtera autant que la France ; on vit que la véritable éloquence eſt dans la grandeur de l'ame.

« Je viens, dit-il, demander vos conſeils, les croire
» & les ſuivre, me mettre en tutelle entre vos mains ;
» c'eſt une envie qui ne prend guère aux rois, aux
» barbes griſes & aux victorieux ; mais mon amour pour
» mes ſujets me fait trouver tout poſſible & tout ho-
» norable. »

La grande affaire était l'arrangement des finances ; les états très-peu inſtruits de cette partie du gouvernement imaginèrent des réglemens nouveaux & ſe trompèrent en tout. Ils ſuppoſèrent d'abord que le revenu du roi allait à trente-millions de ce tems-là par année. Ils propoſèrent de partager cette ſomme en deux, l'une ſerait abſolument à la diſpoſition du roi, & l'autre ſerait perçue & adminiſtrée par un conſeil que les états établiraient. C'était en effet mettre *Henri IV* en tutelle. Il accepta par le confeil de *Sulli* cette propofition peu convenable, & crut ne devoir en confondre les auteurs qu'en les chargeant d'un fardeau qu'ils étaient incapables de porter. Le cardinal de *Gondi* archevêque de Paris, qui avait le premier ouvert cet avis, fut mis à la tête du nouveau confeil des finances, qui devait recouvrer les prétendus quinze millions, la moitié des revenus de l'état.

Gondi était originaire d'Italie. Il gouvernait fa maifon avec une économie qui approchait de l'avarice; ces deux raifons le firent croire capable de gérer la partie la plus difficile des finances d'un grand royaume; les états & lui oublièrent combien il était indécent à un archevêque d'être financier.

Sulli, (*a*) le plus jeune du confeil des finances du roi, mais le plus capable, comme il était le plus honnête homme, recouvra en peu de tems, & par fon infatigable induftrie, la partie des finances qui lui était confiée. Le confeil de l'archevêque, qui s'était donné le titre de confeil de raifon, ne put, dit *Sulli*, rien faire de raifonnable. Les femaines, les mois s'écoulèrent fans qu'ils puffent recouvrer un denier. Ils furent enfin obligés de renoncer à leur adminiftration, de demander pardon au roi, & d'avouer leur ignorance. Ce fut cette aventure qui détermina *Henri IV* à donner à *Sulli* la furintendance des finances.

(*a*) Il n'était alors que marquis de Rofni.

CHAPITRE XXXVIII.

*Henri IV ne peut obtenir de l'argent pour re-
prendre Amiens, & s'en paffe, & le reprend.*

L'ARTICLE des finances jeta quelquefois de l'ombrage
entre le roi & le parlement. Ce prince, comme on l'a
dit, n'avait pas regagné tout fon royaume par l'épée,
il s'en fallait beaucoup. Les chefs de ligue lui en avaient
vendu la moitié. *Sulli* commençait à peine à débrouiller
le chaos des revenus de l'état, le roi faifait la guerre à
Philippe II lorfqu'un accident imprévu mit la France
dans le plus grand danger.

L'archiduc *Erneft*, gouverneur des Pays-Bas pour le
roi *Philippe II*, s'empara de la ville d'Amiens avec des
facs de noix par une furprife peu honorable pour les habitans. Les troupes efpagnoles pouvaient faire des courfes
depuis Amiens jufqu'aux portes de Paris. Il était d'une
néceffité abfolue de reprendre par un long fiége ce que
l'archiduc avait pris en un moment.

L'argent, qui eft toujours ce qui manque dans de
telles occafions, était le premier reffort qu'il fallait employer. *Sulli*, en qui le roi commençait à prendre une
grande confiance, fit en hâte un plan qui produifit les
deniers néceffaires. Lui feul mit le roi en état d'avoir
promptement une armée & une artillerie formidable ; lui
feul établit un hôpital beaucoup mieux fervi que ne l'a
jamais été celui de Paris : & ce fut peut-être pour la
première fois qu'une armée françaife fe trouva dans l'a-
bondance. Mais pour fournir tout l'argent deftiné à cette
entreprife,

entreprife , *Sulli* fut obligé d'ajouter aux reffources de
fon génie quelques impôts & quelques créations de charges
qui exigeaient des édits , & ces édits demandaient un
enrégiftrément au parlement.

Le roi avant de partir pour Amiens écrivit au premier
préfident de Harlai , *qu'on devait nourrir ceux qui
défendent l'état. Qu'on me donne une armée & je donnerai
gaiement ma vie pour vous fanver & pour relever la France.*
Les édits furent rejettés , il n'eut d'abord au-lieu d'argent que des remontrances. Le premier préfident avec
plufieurs députés vint lui repréfenter les befoins de l'état
Le plus grand befoin , lui répondit le roi , *eft de chaffer
les ennemis de l'état ; vous êtes comme ces fous d'Amiens
qui m'ayant refufé deux mille écus en ont perdu un
million. Je vais à l'armée me faire donner quelques coups
de piftolet à la téte , & vous verrez ce que c'eft que d'avoir
perdu votre roi.* Harlai lui repliqua : *nous fommes obligés d'écouter la juftice, Dieu nous l'a baillée en main* ;
c'eft à moi , dit le roi , *que Dieu l'a baillée & non à vous.*
Il fut obligé d'envoyer plufieurs lettres de juffion , &
d'aller lui-même au parlement faire enrégiftrer fes
édits.

Avant d'aller au parlement , il avait cru devoir faire
fortir de la ville le préfident *Seguier* & le confeiller *La
Rivtere* , les plus oppofés à la vérification ; mais ce bon
prince révoqua l'ordre immédiatement après l'avoir donné.
Il tint fon lit de juftice avec la hauteur d'un roi , & avec
a bonté d'un père. On vit le vainqueur de Coutras ,
d'Arques , d'Ivri, d'Aumale, de Fontaine-Françaife, au
milieu de fon parlement comme s'il eût été dans fa famille,
parlant familièrement à ces mêmes magiftrats qui trop
occupés de la forme s'étaient trop oppofés à un fonds
dont le falut public dépendait ; louant ceux qui avaient
les intentions droites, réprimandant doucement les jeunes

conseillers des enquêtes , & leur disant : *jeunes gens,*
apprenez de ces bons vieillards à modérer votre fougue.

On peut connaître l'extrême besoin où il était par un
seul trait. Il fut obligé en partant pour le camp d'Amiens
d'emprunter quatre mille écus de sa maîtresse *Gabrielle*
d'Etrées , qu'il fit duchesse de Beaufort , & que le sot
peuple appella la duchesse d'ordure. Tout l'argent qu'on
lui donnait était pour ses officiers & pour ses soldats, il
ne lui resta rien pour sa personne. Les commissaires de
ses finances, qui étaient au camp , le laissaient manquer
du nécessaire. On sait qu'il mandait au duc de Sulli , *que*
sa marmite était renversée , ses pourpoints percés par le
coude, ses chemises trouées ; & c'était le plus grand roi
de l'Europe qui écrivait ainsi.

CHAPITRE XXXIX.

D'une fameuse démoniaque.

LE parlement de Paris renfermé dans les bornes de son devoir n'en fut que plus respecté ; & il eut beaucoup plus de réputation sous *Henri IV* que sous la ligue. Il rendit un très-grand service à la France en s'opposant toujours à l'acceptation du concile de Trente. Il y avait en effet vingt-quatre décrets de ce concile si opposés aux droits de la couronne & de la nation , que si on les eût souscrits , la France aurait eu la honte d'être un pays d'obédience.

L'affaire ecclésiastique dans laquelle il signala le plus sa prudence fut celle qui fit le moins d'honneur à quelques ecclésiastiques encore ennemis secrets du roi qui avait embrassé leur religion. Ils s'imaginèrent de produire sur la scène une démoniaque pour confondre les protestans dont le roi récompensait les services fidèles , & dont plu-sieurs avaient un grand crédit à la cour. On prétendait exciter les peuples catholiques , en leur faisant voir combien Dieu les distinguait des huguenots. Dieu ne faisait qu'à eux la faveur de leur envoyer des possédés ; on con-traignait les diables par les exorcismes à déclarer que le catholicisme était la vraie religion ; & renoncer au pro-testantisme c'était renoncer au diable.

Ce sont presque toujours des filles qu'on choisit pour jouer ces comédies ; la faiblesse de leur sexe les soumet plus aisément que les hommes aux séductions de leurs directeurs ; & accoutumées par leur faiblesse même à cacher leurs secrets, elles soutiennent ces rôles singuliers avec plus de constance que les hommes.

M 2

Une fille de Romorantin , dont le corps était d'une soupleſſe extraordinaire , joua le rôle de poſſédée dáns une grande partie de la France. Des capucins la promenaient de diocèſe en diocèſe. Un nommé *Duval* docteur de ſorbonne accréditait cette farce à Paris ; un évêque de Clermont , un abbé de ſaint Martin , voulurent mener cette fille en triomphe à Rome.

Le parlement procéda contre eux tous. On aſſigna *Duval* & les capucins ; ils répondirent par écrit que la bulle in *cœna Domini* leur défendait d'obéir aux juges royaux. Le parlement fit brûler leur réponſe , condamna la bulle *in cœna domini* , & interdit la chaire aux capucins. Cette ſeule interdiction eut en d'autres tems attiré ce qu'on appelle les foudres de Rome ſur le roi & ſur le parlement ; mais la ſcène ſe paſſait en 1599 , tems où le roi était maître abſolu de ſon royaume. *Philippe II* qui avait tant gouverné la cour de Rome n'était plus , & le pape commençait à reſpecter *Henri IV*.

Il ne faut pas omettre la réponſe ſage & plaiſante du premier préſident de *Harlai* à des bourgeoiſes de Paris. Madame *Catherine* ſœur du roi , qui n'avait pas été obligée comme lui de ſe faire catholique , tenait un prêche public dans ſon palais. Il n'était pas permis d'en avoir dans la ville ; mais la rigueur des loix comme la volonté du prince pliait ſous de juſtes égards. Trente ou quarante dévotes , excitées par leurs confeſſeurs , marchèrent en tumulte dans les rues , demandant juſtice de cet attentat ; armées de crucifix & de chapelets , elles faiſaient des ſtations aux portes des égliſes , ameutaient le peuple , couraient chez les magiſtrats. Elles allèrent chez le premier préſident , & le conjurèrent de remplir les devoirs de ſa charge : *Je les remplirai* , dit-il , *meſdames* , *envoyez-moi vos maris* , *je leur ordonnèrai de vous faire enfermer*.

CHAPITRE XL.

De l'édit de Nantes. Discours de Henri IV au Parlement. Paix de Vervins.

LEs protestans du royaume étaient affligés d'avoir vu leur religion abandonnée par *Henri*. Les plus sages lui pardonnaient une politique nécessaire & lui furent toujours fidèles ; les autres murmurèrent long-tems ; ils tremblèrent de se voir la victime des catholiques , & demandèrent souvent au roi des sûretés contre leurs ennemis. Les ducs de *Bouillon* & de *la Trimouille* étaient à la tête de cette faction ; le roi contint les plus mutins , encouragea les plus fidèles , & rendit justice à tous.

Il traita avec eux comme il avait traité avec les ligueurs, mais il ne lui en coûta ni argent ni gouvernemens comme les ligueurs lui en avaient extorqué. Il se souvenait d'ailleurs qu'il avait été long-tems leur chef , qu'il avait gagné avec eux des batailles, & que s'il avait prodigué son sang pour eux ; leurs pères & leurs frères étaient morts pour lui.

Il délégua donc trois commissaires plénipotentiaires pour rédiger avec eux-mêmes un édit solemnel & irrévocable qui leur assurât le repos & la liberté d'une religion si long-tems persécutée, afin qu'elle ne fût déformais ni opprimée, ni opprimante.

L'édit fut signé le dernier Avril 1598. Non-seulement on leur accordait cette liberté de conscience qui semble être de droit naturel ; mais on leur laissait pour huit années les places de sûreté que *Henri III* leur avait données au-delà de la Loire, & surtout dans le Languedoc.

Ils pouvaient poſſéder toutes les charges comme les catholiques. On établiſſait dans les parlemens des chambres
compoſées de catholiques & de proteſtans.

Le parlement rendit alors un grand ſervice au roi &
au royaume en ſe joignant aux évêques, pour remontrer
au roi le danger d'un article de l'édit que le roi avait
ſigné avec une facilité trop précipitée. Cet article portait
qu'ils pourraient s'aſſembler en tel lieu & en tel tems
qu'ils voudraient, ſans demander permiſſion ; qu'ils pourraient admettre les étrangers dans leurs ſinodes, & aller
hors du royaume aux ſinodes étrangers.

Henri IV vit qu'il avait été ſurpris, & ſupprima cette
conceſſion qui ouvrait la porte aux conſpirations & aux
troubles. Enfin il concilia ſi bien ce qu'il devait de recon-
naiſſance aux proteſtans, & de ménagemens aux catholiques, que tout le monde dut être ſatisfait ; & il prit ſi
bien ſes meſures que de ſon tems la religion proteſtante
ne fut plus une faction.

Cependant le parlement, craignant les ſuites de la
bonté du roi, refuſa long-tems d'enrégiſtrer l'édit. Il
fit venir deux députés de chaque chambre au louvre. Il
eſt triſte que le préſident *de Thou* dans ſon hiſtoire écrite
avec tant de candeur, n'ait jamais rapporté les véritables
diſcours de *Henri IV*. Cet hiſtorien écrivant en latin,
non-ſeulement ôtait aux paroles du roi cette naïveté fa-
milière qui en fait le charme & qu'on ne peut traduire ;
mais il imitait encore les anciens auteurs latins qui mettaient leurs propres idées dans la bouche de leur per-
ſonnage, ſe piquant plutôt d'être orateurs élégans que
narrateurs fidèles. Voici la partie la plus eſſentielle du
diſcours que tint *Henri IV* au parlement.

« Je prends bien les avis de tous mes ſerviteurs ; lorſ-
» qu'on m'en donne de bons, je les embraſſe, & ſi je

» trouve leur opinion meilleure que la mienne je la
» change fort volontiers. Il n'y a pas un de vous que,
» quand il me voudra venir trouver & me dire, fire,
» vous faites telle chofe qui eft injufte à toute raifon,
» que je ne l'écoute fort volontiers. Il s'agit maintenant
» de faire ceffer tous faux bruits ; il ne faut plus faire de
» diftinction de catholique & de huguenots ; il faut que
» tous foient bons Français, & que les catholiques con-
» vertiffent les huguenots par l'exemple de leur bonne
» vie ; mais il ne faut pas donner occafion aux mauvais
» bruits qui courent par tout le royaume ; vous en êtes
» la caufe pour n'avoir pas promptement vérifié l'édit.

» J'ai reçu plus de biens & plus de graces de Dieu
» que pas un de vous ; je ne defire en demeurer ingrat ;
» mon naturel n'eft pas difpofé à l'ingratitude, combien
» qu'envers Dieu je ne puiffe être autre ; mais pour le
» moins j'efpère qu'il me fera la grace d'avoir toujours de
» bons deffeins. Je fuis catholique, & ne veux que
» perfonne en mon royaume affecte d'être plus catholique
» que moi. Etre catholique par intérêt c'eft ne valoir rien.

» On dit que je veux favorifer ceux de la religion, &
» on veut entrer en quelque méfiance de moi. Si j'avais
» envie de ruiner la religion catholique je ne m'y con-
» duirais de la façon ; je ferais venir vingt mille hommes,
» je chafferais d'ici ceux qu'il me plairait ; & quand
» j'aurais commandé que quelqu'un fortît, il faudrait
» obéir. Je dirais, meffieurs les juges, il faut vérifier
» l'édit, ou je vous ferais mourir ; mais alors je ferais
» le tyran. Je n'ai point conquis ce royaume par tyran-
» nie, je l'ai par nature & par mon travail.

» J'aime mon parlement de Paris par-deffus tous les
» autres, il faut que je reconnaiffe la vérité, que c'eft le
» feul lieu où la juftice fe rend aujourd'hui dans mon
» royaume, il n'eft point corrompu par argent. En la

M 4

» plupart des autres la justice s'y vend, & qui donne
» deux mille écus l'emporte sur celui qui donne moins
» je le sais, parce que j'ai aidé autrefois à boursiller ; mais
» cela me servait à des desseins particuliers.

» Vos longueurs & vos difficultés donnent sujet de
» remuemens étranges dans les villes. L'on a fait des
» processions contre l'édit, même à Tours, où elles se
» devaient moins faire qu'en tout autre lieu, d'autant
» que j'ai fait celui qui en est archevêque. L'on en fait
» aussi au Mans pour inspirer aux juges à rejetter l'édit,
» cela ne s'est fait que par mauvaise inspiration. Empê-
» chez que de telles choses n'arrivent plus. Je vous prie
» que je n'aie plus à parler de cette affaire, & que ce
» soit pour la dernière fois ; faites-le, je vous le com-
» mande & vous en prie. »

Malgré ce discours du roi, les préjugés étaient encore
si forts qu'il y eut de grands débats dans le parlement
pour la vérification. La compagnie était partagée entre
ceux qui, ayant été long-tems du parti de la ligue, conser-
vaient encore leurs anciens sentimens sur ce qui concer-
nait les affaires de la religion, & ceux qui ayant été
auprès du roi à Tours & à Châlons, connaissaient mieux
sa personne & les besoins de l'état. L'éloquence & la sagesse de deux magistrats ramenèrent tous les esprits. Un
conseiller nommé *Coqueley*, autrefois ligueur violent,
& depuis détrompé, fit un tableau si touchant des malheurs où la guerre civile avait réduit la France, & du
bonheur attaché à l'esprit de tolérance, que tous les cœurs
en furent émus. Mais il y avait dans le parlement des
hommes très-savans dans les loix qui, trop frappés de ces
anciennes loix sévères des deux *Théodoses* contre les hérétiques, pensaient que la France devait se conduire par
les institutions de ces empereurs.

Le président *Auguste de Thou*, encore plus savant

qu'eux, les battit par leurs propres armes. L'empereur *Juftin*, leur dit-il, voulut extirper l'arianifme dans l'Orient; il crut y parvenir en dépouillant les ariens de leurs églifes. Que fit alors le grand *Théodoric* maître de Rome & de l'Italie ? Il envoya l'évêque de Rome *Jean I* avec un conful & deux patrices en ambaffade à Conftantinople déclarer à *Juftin* que s'il perfécutait ceux qu'on appellait ariens, *Théodoric* ferait mourir ceux qui fe nommaient feuls catholiques. Cette déclaration arrêta l'empereur, & il n'y eut alors de perfécution ni dans l'Orient ni dans l'Occident.

Un fi grand exemple rapporté par un homme tel que *De Thou*, l'image frappante d'un pape allant lui-même de Rome à Conftantinople parler en faveur des hérétiques, firent une fi puiffante impreffion fur les efprits, que l'édit de Nantes paffa tout d'une voix, & fut enfuite enrégiftré dans tous les parlemens du royaume.

Henri IV donnait en même-tems la paix à la religion & à l'état (*a*). Il faifait alors le traité de Vervins avec le roi d'Efpagne. Ce fut le premier traité qui fût avantageux à la France. La paix de Cateau-Chambrefis fous *Henri II* lui avait coûté beaucoup de villes. Celles que firent *François I* & fes prédéceffeurs furent ruineufes. *Henri IV* fe fit rendre tout ce que *Philippe II* avait ufurpé dans le tems malheureux de la ligue; il fit la paix en victorieux, la fierté de *Philippe II* fut abaiffée; il fouffrit qu'au congrès de Vervins fes ambaffadeurs cédaffent en tout la préféance aux ambaffadeurs de France, en couvrant fon humiliation du vain prétexte que fes plénipotentiaires n'étaient que ceux de l'archiduc *Erneft*, gouverneur des Pays-Bas, & non pas ceux du roi d'Efpagne.

Ce même monarque qui du tems de la ligue difait,

(*a*) 7 Juin 1598.

ma ville de Paris, ma ville de Rheims, ma ville de Lyon, & qui n'appellait *Henri IV* que *le prince de Béarn*, fut forcé de recevoir la loi de celui qu'il avait méprifé, & qu'il refpectait dans fon cœur s'il connaiffait la gloire.

Henri vint jurer cette paix fur les évangiles dans l'églife cathédrale de Paris (*a*). Cette cérémonie fe fit avec autant de magnificence que *Henri* mettait de fimplicité dans fa vie privée. Les ambaffadeurs d'Efpagne étaient accompagnés de quatre cents gentilshommes. Le roi à cheval à la tête de tous les princes, des ducs & pairs & des grands officiers, fuivi de fix cents gentilshommes des plus diftingués du royaume, figna le traité & prononça le ferment, ayant le légat du pape à fa droite, & les ambaffadeurs d'Efpagne à fa gauche.

Il n'eft point dit que le parlement affifta à cette cérémonie, ni qu'il ait enrégiftré le traité, foit qu'on regardât cette grande folemnité du ferment comme fuffifante, foit qu'on crût que les enrégiftremens n'étaient néceffaires que pour les édits dont les juges devaient maintenir l'obfervation. Ce jour fut une des plus célèbres époques du régne trop court de *Henri IV.*

(*a*) 21 Juin 1598.

CHAPITRE XLI.

Divorce de Henri IV.

LE parlement n'eut aucune part au divorce de *Henri IV* avec *Marguerite de Valois* fa première femme (*a*). Elle paffait pour ftérile, quoique peut-être elle ne l'eût pas été en fecret. Elle était âgée de quarante-fix ans, & il y en avait quinze qu'une extrême incompatibilité réciproque la féparait de fon mari. Il était néceffaire que *Henri IV* eût des enfans, & on préfumait qu'ils feraient dignes de lui. Une affaire fi importante, qui dans le fond eft entiérement civile, & qui n'eft un facrement qu'en vertu d'une grace de Dieu accordée aux époux mariés dans l'églife, femblait devoir être naturellement du reffort des loix. Les facremens font d'un ordre furnaturel qui n'a rien de commun avec les intérêts des particuliers & des fouverains.

Cependant l'ancien ufage prévalut fans difficulté ; on s'adreffa au pape comme au juge fouverain, fans l'ordre duquel il n'était pas permis en ce cas à un roi d'avoir des fucceffeurs. L'exemple du roi d'Angleterre *Henri VIII* n'effraya point, parce qu'on fe crut fûr du pape. La reine *Marguerite* donna fon confentement. Le pape fit examiner cette caufe par des commiffaires qui furent le cardinal de *Joyeufe*, un Italien évêque de Modène, & un autre Italien évêque d'Arles. Ils vinrent à Paris interroger juridiquement le roi & la reine. On fit des perquifitions fimulées pour parvenir

(*a*) 19 Décembre 1599.

à un jugement déjà tout préparé ; & on fe fonda fur des raifons, dont aucune affurément n'était comparable à la raifon d'état, & au confentement des deux par-ties. On fit revivre l'ancienne défenfe eccléfiaftique d'époufer la fille de fon parain. *Henri II*, pere de *Mar-guerite*, avait été parain de *Henri* IV. La loi était vifi-blement abufive, mais on fe fervait de tout.

On allégua encore que le roi & *Marguerite* étaient parens au troifième degré, & qu'on n'avait point demandé de difpenfes, parce que le roi au tems de fon mariage était d'un religion qui regarde le mariage comme un contrat civil, & non comme un facrement, & qui ne croit point qu'en aucun cas on ait befoin de la permiffion du pape pour avoir des enfans.

Enfin l'on fuppofa que *Marguerite* avait été forcée par fa mère à époufer *Henri*. C'était à la fois recourir à un menfonge & à des puérilités. Ce n'était pas ainfi qu'en ufaient les anciens Romains nos maîtres & nos légiflateurs dans des occafions pareilles. Le dangereux mélange des loix eccléfiaftiques avec les loix civiles a corrompu la vraie jurifprudence de prefque toutes les nations modernes : il a été long-tems bien difficile de les concilier. *Henri IV* fut heureux que *Marguerite de Valois* fût raifonnable, & le pape politique.

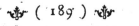

CHAPITRE XLII.

Jéſuites rappellés.

LE pape qui avait donné au roi la permiſſion d'é-
pouſer une autre femme , & auquel on demandait
encóre une autre diſpenſe pour le màriage de madame
Catherine toujours proteſtante avec le fils du duc de
Lorraine, exigeait toujours que pour prix de ces deux
cérémonies on reçût en France le concile de Trente, &
qu'on rappellât les jéſuites. Pour le concile de Trente
cela était impoſſible , on ſe ſoumettait ſans difficulté
à tout ce qui regardait le dogme ; mais il y a vingt-
quatre articles qui choquent les droits de tous les ſouverains , & particulièrement les loix de la France. On
n'oſa pas ſeulement propoſer au parlement une acceptation ſi révoltante ; mais pour le rétabliſſement des
jéſuites le roi crut devoir au pape cette condeſcendance.

Ils s'adreſsèrent pour mieux réuſſir à *La Varenne*,
homme dont le métier n'avait pas été juſques - là de ſe
mêler des affaires des moines. Il avait été en premier
lieu cùiſinier de la ſœur du roi , & avait ſervi enſuite
de courier à ſon frère auprès de toutes ſes maîtreſſes.
Ce nouvel emploi lui procura des richeſſes & du crédit ; les jéſuites le gagnèrent. Il était gouverneur du
château de la flèche appartenant au roi, & avait trouvé
le moyen d'en faire une ville. Il voulait la rendre conſidérable par un collège de jéſuites, & avait déjà pro-
poſé de leur donner un revenu qui ſe monta depuis à
quatre-vîngt mille francs , pour entretenir douze pauvres
écoliers , & marier tous les ans douze filles. C'était

beaucoup, mais le plus grand point était de faire revenir les jéſuites à Paris. Leur retour était difficile après le ſupplice du jéſuite *Guignard*, & l'arrêt du parlement qui les avait chaſſés.

Le duc de *Sulli* repréſenta au roi combien l'admiſſion des jéſuites était dangereuſe, mais *Henri* lui ferma la bouche en lui diſant : *Ils ſeront bien plus dangereux encore ſi je les réduis au déſeſpoir ; me répondez-vous, dit-il, de ma perſonne, & ne vaut-il pas mieux s'abandonner une fois à eux que d'avoir toujours à les craindre ?*

Rien n'eſt plus étonnant que ce diſcours ; on ne conçoit pas 'qu'un homme tel que *Henri IV* rappela uniquement les jéſuites dans la crainte d'en être aſſaſſiné. Il eſt vrai que depuis le parricide de *Jean Châtel*, pluſieurs moines avaient conſpiré pour arracher la vie à ce bon prince. Un jacobin de la ville d'Aveſnes s'était offert à le tuer, il n'y avait pas quatre ans. Il reçut de l'argent du nommé *Malvezzi* nonce du pape à Bruxelles, il fut préſenté à un jéſuite nommé *Hodum*, confeſſeur de ſa mère qui était fort dévote, & qui ne croyant pas qu'en effet *Henri IV* fût bon catholique, encourageait ſon fils à ſuivre l'exemple du jacobin *Jacques Clément*. Le jéſuite *Hodum* (a) répondit qu'il fallait un homme plus fort & plus robuſte. Cependant l'aſſaſſin eſpérant que Dieu lui donnerait la force néceſſaire, s'en alla à Paris dans l'intention d'exécuter ſon crime. Il fut reconnu & rompu vif en 1599.

Dans le même tems un capucin nommé *Langlois* du dioceſe de Toul, ayant été ſuborné pour le même deſſein, expira par le même ſupplice. Enfin il n'y eut pas juſqu'à un chartreux nommé *Ouin* qui ne fût atteint de la même fureur. Le roi fatigué de ces attentats & de

(a) 1599.

ces supplices, s'était contenté de le faire enfermer comme un insensé, & n'avait pas voulu qu'un chartreux fût exécuté comme un parricide.

Comment, après tant de preuves funestes des sentimens horribles qui régnaient alors dans les ordres religieux, pouvait-il en admettre un qui était généralement plus soupçonné que les autres ? Il espérait se l'attacher par des bienfaits. Si le roi avait quelquefois parlé en père au parlement, le parlement dans cette occurrence lui parla en fils qui craignait pour les jours d'un père. Il joignait à ce sentiment une grande aversion pour les jésuites. Le premier président *de Harlai*, animé par ces deux motifs, prononça (*a*) au louvre des remontrances si pathétiques & si fortes que le roi en parut ébranlé ; il remercia le parlement, mais il ne changea point d'avis. « Il ne faut plus reprocher, » dit-il, la ligue aux jésuites, c'était l'injure du » tems. Ils croyaient bien faire, & ont été trompés » comme plusieurs autres : je veux croire que ç'a été » avec moindre malice que les autres, & m'assure que » la même conscience, jointe à la grace que je leur » fais, les rendra autant, voire même plus affection» nés à mon service qu'à la ligue. L'on dit que le roi » d'Espagne s'en sert : je dis que je m'en veux servir, » & que la France ne doit pas être de pire condition » que l'Espagne. Puisque tout le monde les juge utiles, » je les tiens nécessaires à mon état, & s'ils y ont » été par tolérance, je veux qu'ils y soient par arrêt. » Dieu m'a réservé la gloire de les y rétablir ; ils sont » nés en mon royaume & sous mon obéissance, je ne » veux pas entrer en ombrage de mes naturels sujets, » & si l'on craint qu'ils communiquent mes secrets à » mes ennemis je ne leur communiquerai que ce que

(*a*) 24 Décembre 1603.

» je voudrai. Laiffez-moi conduire cette affaire , j'en
» ai manié d'autres bien plus difficiles , & ne penfez
» plus qu'à faire ce que je diſ & ordonne ».

Le parlement vérifia enfin avec regret les lettres-
patentes (*a*) ; il y mit des reftrictions néceffaires que le
crédit des jéfuites fit enfuite fupprimer.

(*a*) 2 Janvier 1604.

CHAPITRE

CHAPITRE XLIII.

Singulier arrêt du parlement contre le prince de Condé , qui avait emmené sa femme à Bruxelles.

HENRY IV était le plus grand-homme de son tems, & cependant il eut des faiblesses impardonnables. On ne peut l'excuser d'avoir à l'âge de cinquante-sept ans fait l'amour à la princesse de *Condé* qu'il venait de marier lui-même. Voici ce que le conseiller d'état *Lénet* nous dit avoir appris de la bouche de cette princesse. Le prince de *Condé* son mari s'était retiré avec elle à l'entrée de la Picardie. Un des confidens de *Henri IV*, nommé de *Trigni*, fut engager la mère & la femme du prince à venir voir chasser la meute du roi & à vouloir bien accepter une collation dans sa maison.

Elles y allèrent, un piqueur de la livrée du roi s'approcha de la portière avec un emplâtre sur l'œil sous prétexte de les conduire. C'était *Henri IV* lui-même. Celle qui était l'objet de cet étrange déguisement avoua depuis à *Lénet* qu'elle n'en avait pas été fâchée, non qu'elle pût aimer le roi , mais elle était flattée de plaire au souverain & même de l'avilir. Dès qu'elle fut arrivée au château du sieur de *Trigni* , elle vit le roi qui l'attendait & qui se jeta à ses pieds. Elle fut effrayée, sa belle-mère eut l'imprudence d'en avertir le prince de *Condé*, qui bientôt après s'étant plaint inutilement au roi & l'ayant appelé tyran, comme les mémoires de *Sulli* l'avouent, obligea sa femme de s'enfuir avec lui, & de le suivre en croupe à Bruxelles.

Hist. du Parl. de Paris. N

Si l'on s'en rapporte à toutes les loix de l'honneur, de la bienféance, aux droits de tous les maris, à ceux de la liberté naturelle, le prince de *Condé* n'avait nul reproche à fe faire & le roi feul avait tort. Il n'y avait point encore de guerre entre la France & l'Efpagne, ainfi on ne pouvait reprocher au prince de s'être retiré chez les ennemis. Mais apparemment il y a pour ceux du fang royal des loix qui ne font pas pour les autres hommes. *Henri IV* alla lui - même au parlement fans pompe, fans cérémonie, s'affit aux bas fiéges, le parquet étant gardé par les huiffiers ordinaires ; là il fit rendre un arrêt par lequel *le prince était condamné à fubir tel châtiment qu'il plairait à fa majefté d'ordonner.* Le parlement était fûr fans doute que le roi n'en ordonnerait aucun ; mais par l'énoncé il femblait que le roi fût en droit d'ordonner la peine de mort. Cependant l'équité naturelle & le refpect pour le genre humain ne doivent laiffer un tel pouvoir à perfonne, fût-ce à un *Henri IV.*

Heureufement il eft très-faux que ce grand roi ait ajouté à fa faibleffe celle de vouloir à fon âge faire la guerre pour arracher une jeune femme à fon mari ; il n'était capable ni d'une fi grande injuftice ni d'un tel ridicule. *Vittorio Siri* l'en accufe ; mais cet Italien attaché à *Marie de Médicis* ne l'était pas à *Henri IV.* Ce qui n'eft que trop vrai, c'eft que cette aventure nuifit beaucoup à fa réputation. Les reftes de la ligue, les factions italiennes & efpagnoles qui dominaient dans le royaume le décrièrent ; fon économie néceffaire fut taxée d'avarice, fa prudence d'ingratitude, fes amours ne le firent pas eftimer ; il ne fut point connu tant qu'il vécut, il le difait lui-même, & on ne l'aima qu'après fa mort déplorable.

CHAPITRE XLIV.

Meurtre de Henri IV. *Le parlement déclare sa veuve régente.*

LA France goûtait depuis la paix de Vervins une félicité qu'elle n'avait presque jamais connue. Les factions catholiques & protestantes étaient contenues par la sagesse de ce roi, qui serait regardé comme un grand politique si sa valeur & sa bonté n'avaient pas éclipsé ses autres mérites. Le peuple respirait, les grands étaient moins tyrans, l'agriculture était partout encouragée, le commerce commençait à fleurir, les loix reprenaient leur autorité. Les dix dernières années de la vie de ce prince ont été peut-être les plus heureuses de la monarchie. Il allait changer la face de l'Europe comme il avait changé celle de la France. Prêt à partir pour secourir ses alliés &. pour faire le destin de l'Allemagne à la tête de la plus florissante armée qu'on eût encore vue, il fut assassiné, comme on ne le sait que trop, par un de ces misérables de la lie du peuple, à qui le fanatisme seul inspira sa frénésie.

Tout ce que l'insatiable curiosité des hommes a pu rechercher sur le crime de *Ravaillac*, tout ce que la malignité a inventé, doit être mis au rang des fables. Il est constant que *Ravaillac* n'eut d'autre complice que la rage de la superstition.

Il avait entendu dire que le roi allait faire la guerre aux catholiques en faveur des huguenots. Il croyait

N 2

même d'après des bruits populaires qu'il allait attaquer
le pape ; ce fut affez pour déterminer ce malheureux ;
il en fit l'aveu dans fes interrogatoires , il perfifta. jufqu'au milieu de fon fupplice.

Son fecond interrogatoire porte expreffément QU'IL A
CRU QUE FAISANT LA GUERRE CONTRE LE PAPE
C'ÉTAIT LA FAIRE A DIEU , D'AUTANT QUE LE
PAPE EST DIEU , ET DIEU EST LE PAPE. Ces paroles
doivent être éternellement préfentes à tous les efprits ;
elles doivent apprendre de queile importance il eft d'empêcher que la religion qui doit rendre les hommes fages
& juftes, n'en faffe des monftres infenfés & furieux.

Les hiftoriens peuvent-ils avoir une autre opinion que
les juges fur un point fi important & fi difcuté ? Il y
a de la démence à foupçonner la reine fa femme , &
la marquife de *Verneuil* fa maîtreffe , d'avoir eu part à
ce crime. Comment deux rivales fe feraient-elles réunies
pour conduire la main de *Ravaillac* ?

Il n'eft pas moins ridicule d'en accufer le duc d'*Epernon*. Les rumeurs populaires ne doivent pas être les
monumens de l'hiftoire: *Ravaillac* feul , il faut en convenir, changea la deftinée de l'Europe entière.

Cette horrible aventure arriva le Vendredi 14 Mai
1610 fur les quatre heures du foir. Le parlement s'affembla incontinent dans la falle des auguftins , parce
qu'alors on faifait des préparatifs au palais pour les fêtes
qui devaient fuivre le facre & le couronnement de la
reine.

Le duc d'*Epernon* arrive , fans porter le manteau qui
était un habillement de cérémonie & de paix ; & ayant
conféré quelques momens avec le préfident *Seguier* ,
mettant la main fur la garde fon épée , *elle eft encore*

dans le fourreau, dit-il d'un air menaçant ; *si la reine n'eſt pas déclarée régente avant que la cour ſe ſépare, il faudra bien l'en tirer. Quelques-uns de vous deman-dent du tems pour délibérer, leur prudence n'eſt pas de ſaiſon ; ce qui peut ſe faire aujourd'hui ſans péril ne ſe fera peut-être pas demain ſans carnage.*

Le çouvent des **auguſtins** était entouré du régi-ment des gardes, on ne pouvait réſiſter, & le par-lement n'avait nulle envie de renoncer à l'honneur de nommer à la régence du royaume. Jamais on ne fit plus volontairement ce que la force exigeait. Il n'y avait point d'exemple que le parlement eût rendu un pareil arrêt. Cette nouveauté allait conférer au parlement le plus beau de tous les droits. On délibéra pour la forme, on déclara la reine régente. Il n'y eut que trois heures entre le meurtre du roi & cet arrêt.

Dès le lendemain le jeune roi *Louis XIII*, âgé de huit ans & neuf mois, vint tenir aux mêmes auguſtins avec ſa mère ce qu'on appelle un lit de juſtice. Deux princes du ſang, quatre pairs laïques & trois maréchaux de France étaient à droite du roi ſur les hauts ſiéges ; à gauche, quatre cardinaux & quatre évêques. Le par-lement était ſur les bas ſiéges ſelon l'uſage des lits de juſtice. Ce ne fut qu'une cérémonie.

Les grands deſſeins de *Henri IV*, la gloire & le bon-heur des Français périrent avec lui. Ses tréſors furent bientôt diſſipés, & la paix dont il avait fait jouir ſes ſujets fut changée en guerres civiles.

La France fut livrée au Florentin *Conchini* & à *Gali-gaï* ſa femme qui gouvernait la reine. Le parlement après avoir donné la régence ne fut conſulté ſur rien. C'était un meuble dont on s'était ſervi pour un appa-

reıl éclatant, & qu'on renfermait enfuite. Il remplit fon
devoir en condamnant tous les livres ultramontains qui
contenaient ces folles opinions de l'autorité du pape fur
les rois , & ces maximes affreufes qui avaient mis le couteau à la main. de tant de parricides ; livrés aujourd'hui
en horreur à toute la nation.

CHAPITRE XLV.

Obsèques du grand Henri IV.

C'Eſt un uſage de ne célébrer les funérailles des rois de France que quarante jours après leur mort. Le corps embaumé eſt enfermé dans un cercueil de plomb, ſur lequel on élève une figure de cire qui le repréſente au naturel autant qu'on le peut. Vis-à-vis de cette figure on ſert la table royale à l'heure ordinaire des repas, & les viandes ſont abandonnées aux pauvres. Des prêtres jour & nuit chantent des prières autour de l'image. Cette coutume eſt venue d'Aſie dans nos climats. Il faut remonter juſqu'aux anciens rois de Perſe pour en appercevoir l'origine. Elle eſt rarement obſervée. Les dépenſes qu'elles exige ſont trop fortes dans un pays où ſouvent l'argent manque pour les choſes les plus néceſſaires. *Henri IV* avait laiſſé de grands tréſors. Plus ſa mort était déplorable, plus ſa pompe funèbre fut magnifique.

Le 29 Juin 1610 le corps fut porté de la grande ſalle du louvre à Notre-Dame, où on le laiſſa en dépôt, & le lendemain à ſaint Denis. L'effigie en cire était portée ſur un brancard après le cercueil. Tous les corps de l'état aſſiſtaient en deuil à cette cérémonie ; mais le parlement était en robes rouges pour marquer que la mort d'un roi n'interrompt pas la juſtice.

Il voulut ſuivre immédiatement la figure en cire ; mais l'évêque de Paris prétendit que c'était ſon droit. Cette conteſtation troubla long-tems la cérémonie. Les hüiſſiers du parlement voulurent faire retirer l'évêque

de Paris, *Henri de Gondi*, & l'évêque d'Angers *Miron*,
qui faisait les fonctions de grand aumônier.

Le convoi s'arrêta, le peuple fut étonné & scandalisé,
l'ordre de la marche devait avoir été réglé pour prévenir toute dispute ; mais de pareilles querelles n'ont été
que trop fréquentes dans ces cérémonies. Il fallut recourir à la décision de la reine, & que le comte de
Soissons à la tête d'une compagnie de gardes maintînt
les deux évêques dans le poste qui leur semblait dû,
puisqu'il s'agissait de la sépulture qui est une fonction
ecclésiastique. Les gardes même saisirent un conseiller qui
faisait résistance ; c'était *Paul Scarron*, le père du fameux poëte burlesque *Paul Scarron*, plus célèbre encore par sa femme.

Lorsqu'on fut arrivé à saint Denis les gentilshommes
ordinaires du roi portèrent le cercueil dans le caveau.
De somptueux repas sont toujours la fin de ces grands
appareils. Le cardinal de *Joyeuse* qui officia dans saint
Denis, l'évêque d'Angers qui prononça l'oraison funèbre, dînèrent au réfectoire des religieux avec tout le
clergé. On dressa trois tables dans la salle du chapitre ;
la première pour les princes & les grands-officiers de
la couronne, la seconde pour le parlement, & la troisième pour tous les officiers de la maison du roi.

Il semble que si le parlement avait été regardé dans
ces cérémonies comme cour des pairs, il aurait dû
manger avec les princes du sang qui sont pairs, & que
siégeant avec eux dans la même cour de justice, il pouvait se mettre avec eux à la même table ; mais il y a
toujours quelque chose de contradictoire dans tous les
usages. On prétendait que le parlement n'était la cour
des pairs que quand les princes & pairs venaient tenir
cette cour ; & l'étiquette ne souffrait pas alors que les

princes, & furtout les princes du fang admiffent à leur table les confeillers au parlement.

Ces détails concernant les rangs font le plus mince objet de l'hiftoire & tous les détails des querelles excitées par la préféance font les archives de la petiteffe plutôt que celles de la grandeur.

CHAPITRE XLVI.

Etats-généraux. Etranges affertions du cardinal Du Perron. Fidélité & fermeté du parlement.

LA régence de *Marie de Médicis* fut un tems de confufion, de faibleffe & de rigueur mal placée, de troubles civils & de continuels orages. L'argent que *Henri IV* avait amaffé de peine fut abandonné à la rapacité de plufieurs feigneurs qui fallut gagner, ou des favoris qui l'extorquèrent.

Le Florentin *Conchini* bientôt maréchal de France fans avoir jamais commandé un feul bataillon, fa femme *Galigaï* qui gouvernait la reine, amaffèrent en peu d'années plus de tréfors que plufieurs rois enfemble n'en poffédaient alors. Dans cette déprédation univerfelle, & dans ce choc de tant de factions, on affembla fur la fin de 1614 les états-généraux dans cette même falle des auguftins de Paris où le parlement avait donné la régence. Jamais il n'y eut d'état plus nombreux, ni plus inutiles. La chambre de la nobleffe était compofée de cent trente-deux députés, celle du clergé de cent quarante, celle du tiers-état de cent quatre-vingt-deux. Le parlement n'eut point encore de féance dans cette grande affemblée. L'univerfité préfenta requête pour y être admife, & fit fignifier même une affignation ; mais fa requête fut rejettée avec un rire univerfel, & fon affignation regardée comme infolente. Elle fe fondait fur des privilèges qu'elle avait eus dans des tems d'ignorance. On lui fit fentir que les tems étaient changés, & que les ufages changeaint avec eux.

L'univerfité n'ayant fait qu'une démarche imprudente, le parlement en fit une qui mérite dans tous les âges les applaudiffemens de la nation entière, & qui cependant fut très-mal reçue à la cour.

Le tiers-état eft fans doute la nation même, & alors il l'était plus que jamais. On n'avait point augmenté le nombre des nobles comme aujourd'hui, le peuple était en nombre par rapport à la noblefle & au clergé, comme mille eft à deux. La chambre du tiers-état propofa de recevoir comme loi fondamentale, que nulle puiffance fpirituelle n'eft en droit de dépofer les rois, & de délier les fujets de leur ferment de fidélité. Il était déjà honteux qu'on fût obligé de propofer une telle loi, que le feul bon fens & l'intérêt de tous les hommes ont dû rendre de tout tems facrée & inviolable ; mais ce qui fut bien plus honteux, ce qui étonnera la dernière poftérité, c'eft que les chefs de la chambre du clergé la regardèrent comme hérétique.

Il fuffifait d'avoir paffé dans la rue de la Feronnerie, & d'avoir jeté un regard fur l'endroit fatal où *Henri IV* fut affaffiné, pour ne pas frémir de voir la propofition du tiers-état combattue.

Le cardinal *Du Perron*, qui devait tout ce qu'il était à ce même *Henri IV*, intrigua, harangua dans les trois chambres, pour empêcher que l'indépendance & la fûreté des fouverains établie par tous les droits de la nature ne lè fût par une loi du royaume. Il convenait qu'il n'eft pas permis d'affaffiner fon prince ; mais il difait qu'il eft de foi que l'églife peut le dépofer.

Cet homme, fi indigne alors de la réputation qu'il avait ufurpée, devait bien voir qu'en donnant à des prêtres ce droit abfurde & affreux de dépouiller les rois, c'était en effet les livrer aux affaffins, car il eft bien rare d'ôter à un roi sa couronne sans lui ôter la vie. Etant dépofé il n'eft plus roi : s'il combat pour fon trône il eft un rebelle digne de mort. *Du Perron* devait voir encore que c'était la caufe du genre humain, & que fi l'églife pouvait dépouiller un fouverain, elle pouvait à plus forte raifon dépouiller le refte des hommes.

Mais, difait *Du Perron* dans fes harangues, *fi un roi qui a juré à fon facre d'être catholique, fe faifait arien ou mufulman, ne faudrait-il pas le dépofer?* Ces paroles étonnèrent & confondirent le corps de la no-bleffe. Elle pouvait aifément répondre que le facre ne donne pas la royauté, que *Henri IV* calvinifte avait été reconnu roi par la plus faine partie de cette même nobleffe, par quelques évêques même, par la république de Ve-nife, par le duc de Florence, par l'Angleterre, par les rois du Nord, par tous les princes qui n'étaient pas dans les fers du pape & de la maifon d'Autriche. Tous les chrétiens avaient obéi autrefois à des empe-reurs ariens. Ils ne fe révoltèrent point contre *Julien* le philofophe devenu payen, qu'ils appelaient apoftat. La religion n'a rien de commun avec les droits civils. Un homme pour être mahométan n'en doit pas môins être l'héritier de fon père. Deux cent mille chrétiens de la religion grecque établie dans Conftantinople re-connaiffent le fultan turc. En un mot, la terre entière devait élever fa voix contre le cardinal *Du Perron*.

Cependant lui & fes collègues perfuadèrent à la cham-bre de la nobleffe qu'on avait befoin de la cour de Rome, qu'il ne fallait pas la choquer par des queftions épineu-fes qui au moins étaient inutiles, & que dans tout état il y a des myftères qu'on doit laiffer derrière un voile. Ces funeftes harangues éblouirent la nobleffe, d'ailleurs mécontente du tiers-état.

La nation, rebutée dans ceux qui portaient fes plain-

tes, s'adreſſa au parlement par l'organe de l'avocat-général *Servin*, citoyen ſage ; éloquent & intrépide. Le
parlement, aſſemblé ſans qu'il y eût aucun pair, donna
un arrêt (*a*) qui renouvellait toutes les anciennes loix
ſur ce ſujet important, & qui aſſurait les droits de la
couronne. Tout Paris le reçut avec des acclamations. Si
on en croit les mémoires, le cardinal *Du Perron*, en
ſe plaignant de cet arrêt à la reine, proteſta que ſi
on ne le caſſait, il ſerait obligé de ſe ſervir de la voie
de l'excommunication.

Il paraît inconcevable qu'un ſujet ait dit à ſon ſouverain, ſi vous ne puniſſez ceux qui ſoutiennent vos
droits, je les excommunierai. La reine aveuglée par la
crainte du pape & de l'égliſe, entourée de factions, eut
la faibleſſe de faire caſſer l'arrêt par ſon conſeil, & même
de mettre en priſon l'imprimeur du parlement. Le prétexte était qu'il n'appartenait pas à ce corps de ſtatuer
ſur un point que les états examinaient. Le parlement
avait pris la ſage précaution de ſe borner à renouveller
les anciens arrêts. Elle fut inutile ; une politique lâche
l'emporta ſur l'intérêt du roi & du royaume. On avait vu
juſqu'alors en France de plus grandes calamités, mais
jamais plus d'opprobre.

Cette honte ne fut effacée qu'en 1682, lorſque l'aſſemblée du clergé inſpirée par le grand *Boſſuet* arracha
de ſes regiſtres la harangue de *Du Perron*, & détruiſit,
autant qu'il était en elle, ce monument de baſſeſſe &
de perfidie.

(*a*) Le 2 Janvier 1615.

CHAPITRE XLVII.

Querelle du duc d'Epernon avec le parlement.
Remontrances mal reçues.

PENDANT que ces derniers états-généraux étaient affemblés en vain, que cent intrigues oppofées agitaient la cour, & que les factions ébranlaient les provinces, il furvint entre le duc d'*Epernon* & le parlement une querelle également défagréable à l'un & à l'autre.

Le duc d'*Epernon* autrefois favori de *Henri III*, ayant forcé le grand *Henri IV* à le ménager, ayant fait donner la régence à fa veuve, bravait *Conchini* & fa femme qui gouvernaient la reine. Il la fatiguait par fes hauteurs; mais il confervait encore cet afcendant que lui donnaient fes fervices, fes richeffes, fes dignités & furtout fa place de colonel-général de l'infanterie. Toujours intriguant, mais encore plus fier, il mettait dans toutes les affaires un orgueil infupportable, au-lieu de cette hauteur noble & décente qui fubjugue quand elle eft placée.

Il arriva qu'un foldat du régiment des gardes tua un de fes camarades près de l'abbaye de faint Germain-des-près. Le droit du colonel-général était de faire juger le coupable dans fon confeil de guerre. Le bailli de l'abbaye s'était faifi du mort & du meurtrier. C'eft fans doute un grand abus que des moines foient feigneurs, & qu'ils aient une juftice. Mais enfin il était établi que le premier juge qui avait commencé les informations demeurait maître de l'affaire. On eft très-jaloux de ce malheureux droit. Le duc d'*Epernon* encore plus jaloux du fien redemanda fon foldat pour le juger militairement. Le bailli

refufa de le rendre. D'*Epernon* fait brifer les portes de
là prifon , & enlever le meurtrier avec le mort. Le bailli
porte fa plainte au parlement. Ce tribunal affigna d'*E-
pernon* pour être oui.

Ce feigneur croyait que ce n'était pas au parlement ,
mais au confeil du roi à décider de la compétence ; il
regardait l'affignation comme un affront plutôt que comme
une procédure légale. Il ne comparut que pour infulter
au parlement , menant cinq cents gentilshommes à fa
fuite, bottés , éperonnés & armés. Le parlement le voyant
arriver en cet équipage leva la féance. Les juges en for-
tant furent obligés de défiler entre deux hayes de jeunes
officiers qui les regardaient d'un air outrageant , & déchiraient leurs robes à coups d'éperons.

Cette affaire fut très-difficile à terminer. D'un côté le
bon ordre exigeait qu'on fît au parlement une réparation
authentique : d'un autre la cour avait befoin de ménager
le duc d'*Epernon* pour l'oppofer au prince de *Condé* qui
menaçait déjà de la guerre civile.

On prit un tempérament ; on ordonna par une lettre
de cachet que le parlement fufpendrait fes procédures
contre le duc d'*Epernon* , & qu'il recevrait fes excufes.

Il vint donc fe préfenter au parlement une feconde
fois , toujours accompagné d'un grand nombre de
nobleffe.

Meffieurs , dit-il , *je vous prie d'excufer un pauvre
capitaine d'infanterie , qui s'eft plus appliqué à bien
faire qu'à bien dire.* (*a*)

Cet exemple fut une des preuves que les loix ne font
pas faites pour les hommes puiffans. Le duc d'*Epernon* les

(*a*) 14 Novembre 1614.

brava toujours. Ce fut lui qui à-peu-près dans le même tems, ne pouvant fouffrir que le garde des fceaux *Du Vair* précédât les ducs & pairs dans une cérémonie à la paroiffe du Louvre, le prit rudement par le bras, & le fit fortir de la place de l'églife, en lui difant qu'un bourgeois ne devait pas fe méconnaître.

Ce fut lui qui, quelques années après, alla avec cent cinquante cavaliers enlever la reine-mère au château de Blois, la conduifit à Angoulême, & traita enfuite avec le roi de couronne à couronne. Les exemples de pareilles témérités n'étaient pas rares alors. La France retombait infenfiblement dans l'anarchie dont *Henri IV* l'avait tirée par tant de travaux & avec tant de fageffe.

Les états généraux n'avaient rien produit ; les factions redoublaient. Le maréchal de *Bouillon*, qui voulait fe faire un parti puiffant, engagea le parlement à convoquer les princes & les pairs pour délibérer fur les affaires publiques (*a*). La reine alarmée défendit aux feigneurs d'accepter cette invitation dangereufe. Les préfidens & les plus anciens confeillers furent mandés au Louvre (*b*). Le chancelier de *Silleri* leur dit ces paroles : *vous n'avez pas plus de droit de vous mêler de ce qui regarde le gouvernement que de connaître des comptes & des gabelles.* Le parlement prépara des remontrances (*c*). La reine manda encore quarante magiftrats au Louvre : *le roi eft votre maître,* dit-elle, *& il ufera de fon autorité fi vous contrevenez à fes défenfes.* Elle ajouta qu'il y avait dans le parlement une troupe de factieux ; elle défendit les remontrances, & auffi-tôt le parlement alla en dreffer de très-fortes.

Le 22 Mai 1615 le premier préfident *de Verdun* vint
les

(*a*) 28 Mars 1615. | (*c*) 11 Avril 1615.
(*b*) 9 Avril 1615.

les prononcer à la tête du parlement. Elles regardaient précifément le gouvernement de l'état, elles furent écoutées & négligées. Tout finit par enrégiftrer des lettres-patentes du roi qui ordonnaient aux Juifs étrangers de fortir de France. C'étaient pour la plupart des juifs portugais qui étaient venus envahir tout le commerce que les Français n'entendaient pas encore. Ils reftèrent pour la plupart à Bordeaux, & continuèrent ce commerce qui leur était défendu.

Une autre affaire qui regardait plus particuliérement le parlement fut celle de la *Paulette*. C'était un droit annuel, imaginé par un nommé *Paulet* fous l'adminiftration du duc de *Sulli*. Tous ceux qui avaient obtenu des charges de judicature payaient par an la foixantième partie du revenu de leurs charges, moyennant quoi elles étaient affurées à leurs héritiers qui pouvaient les garder ou les vendre à d'autres, comme on vend une métairie. Cet abus ne faifait pas honneur au duc de *Sulli*. C'était peut-être l'unique tache de fon miniftère.

Les états de 1614 & 1615 demandèrent fortement l'abolition de ce droit & de cette vénalité ; le miniftère le promit en vain. L'avantage de laiffer fa charge à fa famille l'emporta fur le fardeau du droit annuel. Il y a eu beaucoup de changemens dans la perception de ce droit. On l'a modifié de vingt manières, comme prefque toutes les loix & tous les ufages. Mais la honte d'acheter le droit de vendre la juftice & celui de le tranfmettre à fes héritiers a fubfifté toujours. On a prétendu depuis que le cardinal de *Richelieu* approuva cet opprobre dans fon prétendu teftament politique. On ne s'appercevait pas encore que ce teftament eft l'ouvrage d'un fauffaire auffi ignorant qu'abfurde.

CHAPITRE XLVIII.

Du meurtre du maréchal d'Ancre & de sa femme.

DE plus grands événemens se préparaient, les factions s'aigrissaient, *Conchini*, maréchal d'*Ancre*, n'entrait pas au conseil, mais il le dirigeait ; il était le maître des affaires, & le prince de *Condé* premier prince du sang en était exclus. Il eut le malheur de se croire obligé à prendre les armes comme son père & son grand-père. Cette guerre civile dura peu ; elle fut suivie du traité de Loudun qui donnait au prince de *Condé* un pouvoir presque égal à celui de la régence (*a*). A peine le prince *Condé* crut-il jouir de ce pouvoir, que *Conchini* le fit mettre à la bastille. La prison de ce prince, au-lieu d'étouffer les restes des guerres civiles, les ralluma ; chaque seigneur, chaque prince, chaque gouverneur de province prenait le parti qu'il croyait le plus convenable à ses intérêts, & en changeait le lendemain. Chacun ravissait ce qui était à sa bienséance. Le duc d'*Epernon* qui était retiré dans l'Angoumois tenta de se rendre maître de la Rochelle. Le maréchal de *Lesdiguières* était véritablement souverain dans le Dauphiné. Le duc de *Nevers*, de la maison de *Gonzague*, se cantonnait dans ses terres. Le duc de *Vendôme*, fils de *Henri IV* & de *Gabrielle d'E-trées*, le duc de *Mayenne* fils du chef de la ligue, le maréchal duc de *Bouillon* prince de Sédan, unissaient leurs troupes, & tous disaient que c'était contre le Florentin *Conchini*, & non pas contre le roi.

Au milieu de tant d'alarmes, un jeune gentilhomme

(*a*) Mai 1616.

du comtat d'Avignon, introduit auprès de *Louis XIII*, & s'étant rendu nécessaire aux amusemens de son enfance, préparait une révolution à laquelle personne ne s'attendait. Le roi avait alors seize ans. & demi ; il lui persuada qu'il était seul capable de bien gouverner son royaume, que sa mère n'aimait ni sa personne ni son état, que *Conchini* était un traître. Ce *Conchini* dans ce tems-là même faisait une action qui méritait une statue. Enrichi par les profusions de *Marie de Médicis*, il levait à ses dépens une armée de cinq à six mille hommes contre les révoltés ; il soutenait la France comme si elle avait été sa patrie. Le jeune gentilhomme nommé *Cadenet*, connu sous le nom de *Luines*, rendit si suspect le service même que *Conchini* maréchal de France venait de rendre, qu'il fit consentir le roi à l'assassiner & à mettre en prison la reine sa mère.

Louis XIII, à qui on donnait déjà le nom de *juste*, approuva l'idée de faire tuer le maréchal dans son propre appartement, ou dans celui de sa mère. *Conchini* ne s'étant pas présenté ce jour-là au Louvre ne prolongea sa vie que d'un jour. Il fut tué à coups de pistolet le lendemain en entrant dans la cour du château (*a*). *Vitri* & quelques gardes du corps furent les meurtriers. *Vitri* eut le bâton de maréchal de France pour récompense. *Marie de Médicis* fut emprisonnée dans son appartement dont on mura les portes qui donnaient sur le jardin, & bientôt après on l'envoya prisonnière à Blois, dont le duc d'*Epernon* la tira trois ans après, comme on l'a déjà dit.

Eléonore Galigaï, maréchale d'*Ancre*, dame d'atours de la reine, fut incontinent saisie, dépouillée de tout, conduite à la bastille, & delà transférée à la conciergerie.

Le favori de *Luines*, qui dévorait déjà en espérance

(*a*) 24 Avril 1617.

les grands biens du mari & de la femme, fit donner[r]
ordre au parlement d'inftruire le procès du maréchal[l]
affaffiné & de fa malheureufe veûve. Pour le maréchal,
fon corps ne pouvait pas fe retrouver, le peuple en
fureur l'avait déterré, on l'avait mis en piéces, on avait
même mangé fon cœur; excès de barbarie digne du
peuple qui avait exécuté les maffacres de la faint Barthelemi, & inconcevable dans une nation qui paffe aujourd'hui pour fi frivole & fi douce. Il était difficile de
trouver de quoi juger à mort la maréchale. C'était une
italienne de qualité venue en France avec la reine,
comblée à la vérité de fes bienfaits, infolente dans fa
fortune & bizarre dans fon humeur, défauts pour lefquels
on n'a jamais fait couper le cou à perfonne.

On fut obligé de lui faire un crime d'avoir écrit quelques lettres de complimens à Madrid & à Bruxelles, mais
ce forfait ne fuffifant pas, on imagina de la faire déclarer
forcière. On croyait alors aux fortilèges & à la magie
comme à un point de religion. Cette fuperftition eft la
plus ancienne de toutes & la plus univerfelle. Elle paffa
des payens & des Juifs chez les premiers chrétiens, &
s'eft confervée jufqu'au tems où un peu de philofophie a
commencé à ouvrir les yeux des hommes aveuglés par
tant de fiècles.

La maréchale d'*Ancre* avait fait venir d'Italie un médecin juif nommé *Montalto*; elle avait même eu la
fcrupuleufe attention d'en demander la permiffion au
pape. Les médecins de Paris n'étaient pas alors en grande
réputation dans l'Europe. Les Italiens étaient en poffeffion
de tous les arts. On prétendit que le Juif *Montalto* était
magicien, & qu'il avait facrifié un coq blanc chez la
maréchale; cependant il ne put la guérir de fes vapeurs.
Elles furent fi fortes qu'au-lieu de fe croire forcière elle
fe crut enforcelée. *Marie de Médicis* lui dit que le

dernier cardinal de Lorraine *Henri*, ayant eu la même maladie, s'était fait exorciser par des moines de Milan. Elle eut la faiblesse de faire venir deux de ces exorcistes milanais qui dirent des messes aux augustins pour la vaporeuse maréchale, & qui l'assurèrent qu'elle était guérie.

On l'interrogea sur le meurtre d'*Henri IV*. On lui demanda si elle n'en avait point eu connaissance. Après avoir ri sur les accusations de magie, elle pleura à cet interrogatoire sur la mort du feu roi, & fit sentir aux juges tout ce que cette imputation contre la confidente de la reine pouvait avoir d'atroce.

Des deux rapporteurs qui instruisaient le procès, l'un était *Courtin* vendu au nouveau favori & qui sollicitait des graces, l'autre était *Deslandes Payen*, homme intègre, qui ne voulut jamais conclure à la mort. Cinq juges s'absentèrent, quelques-uns oppinèrent pour le seul bannissement. Mais *Luines* sollicita avec tant d'ardeur, que la pluralité fut pour brûler une maréchale de France comme sorcière. (*a*) Elle fut traînée dans un tombereau à la Grève comme une femme de la lie du peuple. Toute la grace qu'on lui fit fut de lui couper la tête avant de jeter son corps dans les flammes.

On croirait qu'un tel arrêt est du dixième siècle. Le parlement en condamnant la mémoire du maréchal eut soin d'insérer dans l'arrêt, que désormais aucun étranger ne serait admis au conseil d'état ; cette clause était plus qu'on ne demandait. *Luines* qui eut beaucoup plus de pouvoir que *Conchini* était étranger lui-même, étant né sujet du pape.

(*a*) 8 Juillet 1617.

CHAPITRE XLIX.

Arrêt du Parlement en faveur d'Aristote. Habile fripponnerie d'un nonce. Mort de l'avocat-général Servin *en parlant au Parlement.*

CETTE cruelle démence de condamner aux flammes pour une crime qu'il est impossible de commettre n'était pas particulière à la France. Presque toute l'Europe était alors infectée de la croyance à la magie, aux possessions du diable, aux sortilèges de toute espèce. On condamnait même quelquefois des forciers dans les pays protestans. Cette superstition était malheureusement liée à la religion. La raison humaine n'avait pas encore fait assez de progrès pour distinguer les tems où Dieu permettait que les *Pharaons* eussent des magiciens, & *Saül* une pythonisse, d'avec les tems où nous vivons.

Il y a une autre espèce de superstition moins dangereuse, c'est un respect aveugle pour l'antiquité. Ce respect qui a nui aux progrès de l'esprit pendant tant de siècles était poussé pour *Aristote* jusqu'à la crédulité la plus servile. La fortune de ses écrits était bien changée de ce qu'elle avait été quand elle parut en France pour la première fois du tems des Albigeois. Un concile alors avait condamné *Aristote* comme hérétique, mais depuis il avait régné despotiquement dans les écoles.

Il arriva qu'en 1624 deux chymistes parurent à Paris. La chymie était une science assez nouvelle. Ces chymistes admettaient cinq élémens, qui font, comme on fait, différens des quatre élémens d'*Aristote*. Ils n'étaient pas non plus de son avis sur les cathégories , ni sur les formes substantielles. Ils publièrent des thèses contre ces opinions du philosophe grec. L'université cria à l'héréfie; elle présenta requête au parlement. La rumeur fut si grande que les nouveaux docteurs furent mis en prison, leurs thèses lacérées en leur préfence par un huissier, les deux délinquans condamnés au banniffement du reffort du parlement. Enfin il fut défendu par le même arrêt fous peine de la vie, de foutenir aucune thèse fans la permiffion de la faculté.

Il faut plaindre les tems où l'ignorance & la fauffe fcience encore pire aviliffaient ainfi la raifon humaine : & malheureufement ces tems étaient bien proches du nôtre. Nous avions eu cependant des *Montagne* , des *Charon* , des *De Thou* , des l'*Hôpital* ; mais le peu de lumière qu'ils avaient apportée était éteinte , & cette lumière même n'éclaira jamais qu'un petit nombre d'hommes.

Si le parlement , ayant plus étudié les droits de la courone & du royaume que la philofophie , tombait dans ces erreurs qui étaient celles du tems , il continuait toujours à détruire une autre erreur que la cour de Rome avait voulu introduire dans tous les lieux & dans tous les tems , & qui était l'erreur de prefque tous les ordres monaftiques ; c'était ce préjugé incroyable, établi depuis le pape *Grégoire VII* , que les rois font jufticiables de l'église. On a vu qu'aux états de 1614 & 1615 ce préjugé avait triomphé des vœux du peuple , & du zèle du parlement. Cette odieuse queftion fe renouvella encore en 1626 à l'occafion d'un libelle imputé au jéfuite *Garaffe* , le plus dangereux fanatique qui fût alors chez les jéfuites. On reprochait dans ce libelle au roi & au cardinal de *Richelieu* les alliances de la France avec des princes proteftans , comme fi des traités que la politique

ordonné pouvaient avoir quelque rapport à la religion.
On pouffait l'infolence dans ces libelles jufqu'à dire que
le roi & fes miniftres méritaient d'être excommuniés. Le
parlement ne manqua ni à l'inutile cérémonie de brûler le libelle, ni au foin plus férieux de rechercher
l'auteur.

L'affemblée du clergé remplit fon devoir en condamnant le livre; mais *Spada* nonce du pape fe fervit d'une
rufe digne d'un prêtre italien, en faifant faire une traduction latine de cette cenfure, traduction infidelle dans
laquelle la condamnation était totalement éludée. Il la fit
figner par quelques évêques, & l'envoya à Rome comme un monument de la foumiffion de la couronne de
France à la tiare.

Le parlement découvrit la fupercherie; non-feulement
il condamna la traduction latine, mais il inféra dans la
condamnation, qu'on procéderait contre les étrangers qui
avaient conduit cette fourberie. Le clergé prit alors le
parti du nonce *Spada*, il s'affembla; mais comme fon
affemblée légale était finie, le parlement lui ordonna de
fe féparer, & enjoignit felon les loix aux évêques d'aller
réfider dans leurs diocèfes. Mais alors le pape avait tant
d'influence dans les cours de fa communion, que le cardinal de *Richelieu* était obligé de le ménager & comme
cardinal & comme miniftre. On évoqua toute cette affaire au confeil du roi; on l'affoupit, jufqu'à la première
occafion qui la ferait renaître; il n'y avait point alors
d'autre politique.

Précifément dans ce tems-là même, il fallait de l'argent, & ce font-là de ces affaires qui ne s'affoupiffent
pas. Les guerres civiles contre les huguenots fous le miniftère du duc de *Luines*, la guerre de la Valteline fous
le cardinal de *Richelieu* avaient épuifé toutes les reffources: Les huguenots du royaume maltraités par *Richelieu*

recommençaient encore la guerre. Le roi fut obligé d'aller
lui-même au palais faire vérifier des édits burfaux. On
confultait fouvent dans ces édits plutôt la néceffité pref-
fante que la proportion égale des impôts, & l'utilité du
peuple. L'avocat-général *Servin* fut frappé de mort fu-
bite, en prononçant fa harangue au roi : *vous aquérez*,
difait-il, *une gloire plus folide en gagnant le cœur de
vos fujets, qu'en domptant vos ennemis.* A ces dernières
paroles la voix lui manqua, une apoplexie le faifit, & on
l'emporta expirant.

. Le jéfuite *Avrigni*, auteur des mémoires chronologi-
ques, d'ailleurs exacts & curieux, prétend qu'il mourut
en parlant contre les jéfuites dans une affaire qui furvint
immédiatement après.

. Il était toujours queftion de cet horrible fyftême de la
puiffance du pape fur les rois & fur les peuples. Il femblait que le fang de *Henri IV* eût fait renaître les têtes
de cette hydre. *Santarelli*, jéfuite italien, publia cette
doctrine dans un nouveau livre approuvé par *Vitelleski*
général de cet ordre, & dédié au cardinal de *Savoye.*
Jamais on ne s'était exprimé d'une manière fi révoltante.
Il fut brûlé à Paris felon l'ufage ; (a) mais ces exécutions
ne produifent rien, il fut agité dans le parlement fi on
chafferait les jéfuites une feconde fois. Il ordonne au
provincial, à trois recteurs, & à trois profès, de comparaître le lendemain. Ils arrivent au milieu du peuple
indigné qui bordait les avenues du palais. Le jéfuite
Coton, alors provincial, porte la parole. On lui demande s'il croit que le pape puiffe excommunier & dé-
poffléder le roi de France. *Ah!* répondit-il, *le roi eft
fils aîné de l'églife, il ne fera jamais rien qui oblige le
pape à en venir à cette extrémité.* Mais, lui dit le pre-

(a) 13 Mars 1613.

miet préfident , ne penfez-vous pas comme votre père-
général , qui attribue au pape cette puiffance ? *Ah !* *notre*
père général fuit les opinions de Rome où il eft , & nous
celles de France où nous fommes. Et fi vous étiez à
Rome que feriez-vous ? *Nous ferions comme les autres.*
Ces réponfes pouvaient attirer aux jéfuites l'abolition de
leur ordre en France : ils en furent quittes pour figner
quatre propofitions concernant les libertés de l'églife
gallicane , ou plutôt de toute églife , qui font en partie
celles que nous verrons en 1682. Le roi défendit au parlement de paffer outre.

La forbonne revenue françaife , après avoir été ultramontaine fous *Henri III* & fous *Henri IV* , fit non-
feulement un décret contre *Santarelli* , & contre toutes
ces prétentions de Rome , mais ordonna que ce décret
ferait lu publiquement tous les ans. La cour ne permit
pas cette claufe , tant il paraiffait encore important de
ménager ce qu'on ne pouvait affez réprimer.

CHAPITRE L.

La mère & le frère du roi quittent le royaume. Conduite du Parlement.

LE cardinal de *Richelieu* gouvernait la France despotiquement. Le hasard qui est presque toujours l'origine des grandes fortunes, ou, pour parler plus juste, cette chaîne inconnue de tous les événemens qu'on appelle hasard, avait d'abord produit l'abbé de Chillon *Richelieu* auprès de *Marie de Médicis* pendant sa régence. Elle le fit évêque de Luçon, secretaire d'état, & surintendant de sa maison. Ensuite ayant partagé les persécutions qu'essuya cette reine après les meurtres du maréchal d'*Ancre* & sa femme, il obtint par sa protection la dignité de cardinal, & enfin une place au conseil.

Dès qu'il eut affermi son autorité il ne souffrit pas que sa bienfaictrice la partageât, & dès-lors elle devint son ennemie.

Louis XIII faible, malade, nullement instruit, incapable de travail, ne pouvant se passer de premier ministre, fut obligé de choisir entre sa mère & le cardinal. Sa mère plus faite pour les intrigues que pour les affaires, plus jalouse de son crédit qu'habile à le conserver, faible, & opiniâtre comme son fils, mais plus inconstante encore, plus gouvernée, inquiète, inhabile, ne pouvant pas même régir sa maison, était bien loin de pouvoir régir un royaume. *Richelieu* était ingrat, ambitieux, tyrannique; mais il avait rendu de très-grands services. *Louis XIII* sentait combien ce ministre détesté lui était nécessaire. Plus sa mère & *Gaston* son frère se plaignirent, plus *Richelieu* fut puiſſant. Les favoris de *Marie de Médicis* & de *Gaſton* agitèrent la cour & le royaume par des factions qui dans d'autres tems auraient dégénéré en guerres civiles. *Richelieu* étouffa tout par ſon habileté active, par des rigueurs & par des ſupplices qui ne furent pas toujours conformes aux loix.

Gaſton, frère unique du roi, quitta la France en 1631 & ſe retira en Lorraine. *Marie* ſa mère s'enfuit à Bruxelles, & ſe mit ouvertement ſous la protection du roi d'Eſpagne, dont l'inimitié était déclarée contre la France, ſi la guerre ne l'était pas encore.

Il n'en était pas de même du duc de Lorraine, la cour de France ne pouvait le regarder comme un prince ennemi. Cependant le cardinal publia une déclaration du roi, dans laquelle tous les amis & les domeſtiques de monſieur qui l'avaient accompagné dans ſa retraite étaient regardés comme criminels de lèze-majeſté. Cette déclaration paraiſſait trop ſévère, des domeſtiques peuvent ſuivre leur maître ſans crime dans ſes voyages; & quand ils n'ont fait aucune entrepriſe contre l'état, on n'a point de reproche à leur faire. Cette queſtion fut long-tems débattue au parlement de Paris lorſqu'il fallut enrégiſtrer la déclaration du roi. (*a*) *Gayant* & *Barillon* préſidens aux enquêtes, & *Lénet* conſeiller, parlèrent avec tant d'éloquence, qu'ils entraînèrent la moitié des voix, & il y eut un arrêt de partage.

Dans le tems même qu'on allait aux opinions, Monſieur fit préſenter une requête par *Roger* ſon procureur-général. Elle commençait par ces mots : *ſupplie humblement Gaſton fils de France, frère unique du roi.* Il alléguait dans ſa requête, qu'il n'était ſorti du

(*a*) Le 25 Avril 1641.

royaume que parce que le cardinal de *Richelieu* l'avait voulu faire affaffiner , & il en demandait acte au parlement.

Le premier préfident *Le Jai* empêcha que la piéce ne fût préfentée ; il la remit entre les mains du roi qui la déclara calomnieufe & la fupprima. Si elle avait été lue dans la grand'chambre, le parlement fe trouvait juge entre l'héritier préfomptif de la couronne & le cardinal de *Richelieu*.

Le roi , indigné de l'arrêt de partage , manda au louvre le parlement, (*a*) & lui ordonna de venir à pied. Tous les membres du parlement fe mirent à genoux (*b*) devant le roi. Le garde des fceaux *Château-neuf* leur dit qu'il ne leur appartenait pas de délibérer fur les déclarations du roi. L'avocat-général *Talon* ayant dit que la compagnie demeurerait dans l'obéiffance dont elle avait toujours fait profeffion ; *ne me parlez pas de l'obéiffance de vos gens* , dit le roi, *fi je voulais former quelqu'un à cette vertu, je le mettrais dans une compagnie de mes gardes & non pas au parlement.*

Il exila *Gayant* , *Barillon* , *Lénet* ; il leur interdit pour cinq ans l'exercice de leur charge , & déchira lui-même l'arrêt de partage dont il jeta les morceaux par terre.

La reine-mère avant de partir pour les Pays-Bas implora le parlement comme fon fils *Gafton* , & auffi inutilement. La compagnie n'ofa recevoir ni fes lettres ni fes requêtes ; elle les fit imprimer ; on les trouve aujourd'hui dans les mémoires du tems. L'une de ces requêtes commence par ces mots.

(*a*). Le 12 Mai 1641.
(*b*) Tous les mémoires du tems le certifient. Le préfident | *Hénault* ne parle pas même de cet événement.

« Supplie *Marie* , reine de France & de Navarre....
» difant , qu'*Armand Jean Du Pleſſis*, cardinal de *Ri-*
» *chelieu* , par toutes fortes d'artifices & de malices
» étranges , tâche d'altérer , comme il l'avait déjà fait
» l'année paſſée , la fanté du roi , l'engageant par fes
» mauvais conſeils dans la guerre , l'obligeant à fe trouver
» en perſonne dans des armées pleines de contagion,
» aux plus grandes chaleurs , & le jetant tant qu'il
» peut dans des paſſions & appréhenſions extraordinaires
» contre fes plus proches ; & contre fes plus fidèles
» ferviteurs , ayant deſſein de s'emparer d'une bonne
» partie de l'état , rempliſſant les charges les plus im-
» portantes de fes créatures , & étant fur le point d'a-
» jouter un grand nombre de places maritimes &
» frontières aux gouvernemens de Bretagne & de Pro-
» vence pour tenir la France aſſiégée par ces deux ex-
» trémités , & pouvant par ce moyen avoir le fecours
» des étrangers chez lefquels il a des intelligences
» fecrètes.

La requête finit par ces paroles : « ladite dame reine
» vous fupplie de faire vos très-humbles remontrances ,
» tant fur le fcandale que produifent les violences qui
» font & pourront être faites à la perſonne de ladite
» dame reine, contre l'honneur dû à fon mariage & à
» la naiſſance du roi , par un ferviteur ingrat , que
» furtout ce qui eſt contenu en la préfente requête fur
» la diſſipation des finances , & achats d'armes, places
» fortes & provinces entières , violemens des loix de
» l'état , & d'autres faits qui vous font connus & publiés
» à tout le royaume, & vous ferez bien. *Marie* ».

Il n'y a point de lecteur qui ne voie que le reſſenti-
ment de *Marie de Médicis* l'emportait au-delà de toute
borne. On n'eſt pas d'ailleurs étonné qu'elle s'adreſſe en
fuppliante à ce même parlement qu'elle avait traité autre-

fois avec tant de hauteur ; elle avait parlé en souveraine quand elle était régente ; & elle parle dans sa requête en femme infortunée.

Le cardinal fit ériger une chambre de justice à l'arcenal pour condamner ceux que le parlement de Paris n'avait pas voulu condamner sans les entendre. Cette chambre était composée de deux conseillers d'état, de six maîtres des requêtes, & de six conseillers du grand conseil. Elle commença ses séances le 10 Septembre 1631.

Le parlement lui défendit par un arrêt de s'assembler (*a*). L'arrêt fut cassé & le parlement obligé encore de venir demander pardon au roi à Metz où il était alors. On le fit attendre quinze jours, on le réprimanda, & les arrêts de la chambre de l'arcenal furent exécutés.

Ces vaines tentatives servirent à fortifier le pouvoir du cardinal qui humilia tous les corps, tint la reine-mère dans l'exil & dans la pauvreté jusqu'à sa mort, le frère du roi dans la crainte & le repentir, les princes du sang dans l'abaissement, & le roi qui ne l'aimait pas dans la dépendance de ses volontés. Aucun de ceux qui s'élevèrent contre lui ne fut condamné que par des commissaires ; il eut même l'insolence de faire juger à Ruel dans sa propre maison de campagne, le maréchal de *Marillac*, par des commissaires qui étaient ses esclaves ; & quand l'illustre *Molé*, alors procureur-général, voulut agir pour le maintien des loix si indignement violées, le cardinal le fit décréter d'ajournement personnel au conseil, & l'interdit des fonctions de sa charge. Enfin il se fit détester de tout les corps de l'état ; mais le succès de presque toutes ses entreprises fit mêler le respect à la haine.

(*a*) 11 Octobre 1631.

CHAPITRE LI.

Du mariage de Gaston *de France avec Margue-*
rite de Lorraine , caſſé par le Parlement de
Paris & par l'aſſemblee du Clergé.

GASTON , frère unique de *Louis XIII*, avait épouſé
en 1531 à Nanci *Marguerite* ſœur du duc de Lorraine
Charles IV. Toutes les formalités alors requiſes avaient
été obſervées. Il n'était âgé que d'environ vingt-quatre
ans ; mais là reine ſa mère & le duc de Lorraine avaient
autoriſé & preſſé ce mariage. Le contrat avait été com-
muniqué au pape *Urbain VIII*, & en conſéquence le
cardinal de *Lorraine* évêque de Toul , métropolitain de
cette province, donna les diſpenſes de la publication
des bancs. Les époux furent mariés en préſence des
témoins ; & deux ans après, quand *Gaston* eut vingt-
cinq ans , ils ratifièrent ſolemnellement cette cérémonie
dans l'égliſe cathédrale de Malines , pour ſuppléer d'une
manière authentique à tout ce qui pouvait avoir été omis.
Ils s'aimaient , ils étaient bien éloignés l'un & l'autre
de ſe plaindre d'une union que le pape & toute l'Europe
regardaient comme légitime & indiſſoluble. Mais ce mariage alarmait le cardinal de *Richelieu* qui voyait la
reine-mère , le frère du roi héritier préſomptif , & le
duc de Lorraine ligués contre lui.

-*Louis XIII* ne penſa pas autrement que ſon miniſtre.
Il fallut faire penſer le parlement & le clergé comme
eux., & les engager à caſſer le mariage. On alléguait que
Gaston s'était marié contre la volonté du roi ſon frère ;
mais il n'y avait point de loi expreſſe qui portât qu'un
mariage ſerait nul quand le roi n'y aurait pas conſenti.

Gaston

Gaston avait personnellement offensé son frère ; mais le mariage d'un cadet était-il nul par cette seule raison qu'il déplaisait à l'aîné ? *Louis XI* étant dauphin, avait épousé la fille d'un duc de Savoie malgré le roi son père, & avait fui du royaume avec elle, sans que jamais *Charles VII* entreprît de traiter cette union d'illégitime.

On regardait le mariage comme un sacrement & comme un engagement civil. En qualité de sacrement, c'était *le signe visible d'une chose invisible, un mystère, un caractère indélébile, que la mort seule peut effacer.* Et quelque idée que l'église puisse attacher à ce mot de *chose invisible*, cette question ne paraissait pas du ressort des jugemens humains.

A l'égard du contrat civil, il liait les deux époux par les loix de toutes les nations. Annuler ce contrat solemnel, c'était ouvrir la porte aux guerres civiles les plus funestes : car s'il naissait un fils du mariage de *Gaston*, le roi n'ayant point d'enfans, ce fils était reconnu légitime par le pape & par les nations de l'Europe, & déclaré bâtard en France : & encore aurait-il eu la moitié de la France dans son parti.

Le cardinal de *Richelieu* ferma les yeux aux dangers évidens qui naissaient de la cassation. Il fit mouvoir tant de ressorts, qu'il obtint du parlement irrité contre lui un arrêt, & de l'assemblée du clergé qui ne l'aimait pas davantage, une décision favorable à ses vues. Cette condescendance n'est pas surprenante ; il était tout-puissant, il avait envahi les états du duc de Lorraine ; tout pliait sous ses volontés.

L'avocat général *Omer Talon* rapporte que le parlement étant assemblé, il y fut dit que Phéroras *frère d'Hérode, accusa* Salomé *d'avoir traité son mariage avec* Sillène, *lieutenant d'Arabie.* On cita *Plutarque* en la vie de *Dion.* Après quoi la compagnie donna un décret de prise de corps contre *Charles*, duc de Lorraine,

(14 Juillet 1634,) *François*, nouveau duc de Lorraine, (à qui *Charles* avait cédé fon duché,) & la princeffe de Phalzbourg leur fœur , comme coupables de rapt envers la perfonne de Monfieur , frère unique du roi. Enfuite il les condamna comme coupables de lèze-majefté, les bannit du royaume & confifqua leurs terres.

Deux chofes furprenaient dans cet arrêt, première-ment la condamnation d'un prince fouverain qui était vaffal du roi pour le duché de Bar, mais qui n'avait point marié fa fœur dans Bar.

Secondement, le crime de rapt fuppofé contre monfieur qui était venu en Lorraine conjurer le duc de lui donner fa fœur en mariage. Il était difficile de prouver que la princeffe *Marguerite* eût forcé monfieur à l'époufer.

Tandis que le parlement procédait, l'affemblée du clergé promulguait une loi civile , (7 Juillet 1637,) qui décla-rait que les héritiers de la couronne ne pouvaient fe marier fans le confentement du chef de la maifon. On envoya un évêque de Montpellier à Rome pour faire accepter cette décifion par le pape qui la réprouva. Un réglement de police ne parut pas au pape une loi de l'églife. Si le roi, dont la fanté était très-chancelante , fût mort alors, *Gafton* eût régné fans difficulté , & il aurait auffi fans difficulté fait regarder comme très-valide ce même ma-riage dont le parlement & le clergé français avaient pro-noncé la nullité. Heureufement *Louis XIII* approuva enfin le mariage de fon frère. Mais la loi qui défend aux princes du fang de laiffer une poftérité fans le confente-ment du roi, a toujours fubfifté depuis, & le fentiment de Rome qui tient ces mariages valides, a fubfifté de même ; fource éternelle de divifions, jufqu'à ce que tous les hommes foient bien convaincus qu'il importe fort peu que ce qui eft vrai à Paris foit faux dans le comtat d'Avignon , & que chaque état doit fe gouverner felon fes loix indépendamment d'une théologie ultramontaine,

CHAPITRE LII.

De la réſiſtance apportée par le parlement à l'établiſſement de l'Académie Françaiſe.

IL eſt ſingulier que le parlement n'eût pas héſité à caſſer & annuller le mariage de l'héritier du royaume, contracté du conſentement de ſa mère, célébré ſelon toutes les formalités de l'égliſe, & qu'il refuſât conſtamment pendant dix-huit mois l'enrégiſtrement des lettres-patentes qui établiſſaient l'académie françaiſe. Les uns crurent qu'après un arrêt rendu en faveur de l'univerſité & d'*Ariſtote*, cette compagnie craignait, qu'une ſociété d'hommes éclairés, encouragée par l'autorité royale, n'enſeignât des nouveautés. D'autres penſèrent que le parlement ne voulait pas qu'en cultivant l'éloquence inconnue chez les Français, la barbarie du ſtyle du bareau devînt un ſujet de mépris. D'autres enfin imaginèrent que le parlement, mortifié tous les jours par le cardinal, voulait à ſon tour lui donner des dégoûts.

Le Vaſſor, compilateur groſſier, qui a fait un libelle en dix-huit volumes de l'hiſtoire de *Louis XIII*, dit que *l'établiſſement de l'académie eſt une preuve de la tyrannie du cardinal. Il ne put ſouffrir que d'honnêtes gens s'aſſemblaſſent librement dans une maiſon particulière.*

On ſent bien que cette imputation ne mérite pas d'être réfutée ; mais on ne doit pas perdre ici l'occaſion de remarquer que cet écrivain aurait dû mieux profiter des premières leçons de l'académie ; elles lui auraient appris à écrire d'un ſtyle moins barbare avec un fiel moins révoltant, d'une manière plus judicieuſe, & à ne pas bleſſer à la fois la vérité, la langue & le bon ſens.

L'érection de l'académie françaiſe était une imitation de celles d'Italie , & d'autant plus néceſſaire que tous les genres d'éloquence , & ſurtout ceux de la chaire & du barreau , étaient déshonorés alors par le mauvais goût & par de très-mauvaiſes études , pires que l'ignorance des premiers ſiècles. La barbarie qui couvrait encore la France , ne permettait pas aux premiers académiciens d'être de grands hommes; mais ils frayaient le chemin à ceux qui le devinrent. Ils jetèrent les fondemens de la réforme des eſprits. Il eſt très-vrai qu'ils enſeignèrent à penſer & à s'exprimer. Le cardinal de *Richelieu* rendit par cette inſtitution un vrai ſervice à la patrie.

Si le parlement différa une année entière d'enrégiſtrer les lettres , c'eſt qu'il craignait que l'académie ne s'attribuât quelque juriſdiction ſur la librairie. Le cardinal fit dire au premier préſident *Le Jai* , qu'il aimerait ces meſſieurs comme ils l'aimeraient. Enfin quand cet établiſſement fut vérifié , le parlement ajouta aux patentes du roi , que l'académie ne connaîtrait que de la langue françaiſe , & des livres qu'elle aura faits , ou qu'on expoſera à ſon jugement. Cette précaution priſe par le parlement , prouve aſſez que l'érection de l'académie avait donné quelque ombrage. Elle n'en pouvait donner , n'ayant que des privilèges honorables , aucun d'utile , & ſon fondateur même ne lui ayant pas procuré une ſalle d'aſſemblée.

CHAPITRE LIII.

*Secours offert au roi par le parlement de Paris.
Plufieurs de fes membres emprifonnés. Combat à coups de poing du parlement avec la
chambre des comptes dans l'églife de Notre-
Dame.*

ᴿ*Ichelieu* ayant fait déclarer folemnellement la
guerre à toute la maifon d'Autriche dans l'Allemagne &
dans l'Efpagne en 1635, fut fur le point de voir le
royaume ruiné l'année fuivante. Les ennemis pafsèrent
la Somme, prirent Corbie, ravagèrent toute la Picardie
& la Bourgogne; Paris fut expofé, & plufieurs citoyens
en fortirent. Les troupes étaient peu nombreufes, inti-
midées & difperfées; les meilleurs officiers fufpects au
cardinal, emprifonnés ou exilés, les finances épuifées.
On ne regardait alors ce miniftre que comme un tyran
mal-adroit.

Dans cette crife de l'état, la ville de Paris offrit de
foudoyer fix mille cinq cents hommes. Le parlement
réfolut d'en lever deux mille cinq cents ; l'univerfité
même promit quatre cents foldats. Le cardinal doutait fi
ces offres étaient faites contre les ennemis ou contre
lui-même.

Le parlement voulut nommer douze confeillers pour
avoir foin de la garde de Paris, (*a*) & pour faire con-
tribuer à la levée des troupes que Paris devait fournir.

(*a*) Le 11 Août 1636.

P 3

Le miniftre fentit qu'une telle démarche était une infulte plutôt qu'un fecours. La compagnie du parlement ne lui parut pas inftituée pour garder les portes de la ville, & pour faire les fonctions du gouverneur & des généraux d'armée. Il favait qu'on avait parlé de lui dans la féance. Le roi manda au louvre les préfidens & les doyens de chaque chambre ; il leur renouvella les défenfes de fe mêler d'aucune affaire d'état. Enfin le miniftre & les généraux ayant réparé leurs fautes, & les ennemis ayant été chaffés du royaume, le parlement obéit.

On ne put terminer cette campagne qu'avec des frais immenfes. Les finances font le premier reffort de l'adminiftration, & ce reffort eft toujours dérangé. *Richelieu* n'était point un *Sulli* qui eût fu s'affurer de quarante millions, & préparer les vivres, les munitions, les hôpitaux, avant de faire la guerre. Ni fa fanté, ni fon génie, ni fon ambition ne lui permettaient d'entrer dans ces détails indifpenfables, dont la négligence doit diminuer beaucoup fa gloire. Il fut obligé de retrancher trois quartiers d'arrérages que le roi devait aux rentiers de l'hôtel-de-ville. Cette banqueroute était odieufe ; il eût mieux valu fans doute établir des impôts également répartis ; mais c'eft ce qu'on n'a fu faire en France qu'après une longue épreuve de moyens auffi honteux que ruineux. Le gouvernement depuis *Sulli* ne favait que créer des charges inutiles, que la vanité achetait à prix d'argent, & fe remettre à la difcrétion des traitans.

Richelieu avait créé vingt nouveaux offices de confeillers au parlement en 1635. La compagnie en avait été indignée. La banqueroute faite aux rentiers excita les cris de tout Paris. Ces citoyens privés de leur revenu, vinrent fe plaindre chez le chancelier *Château-neuf*. Pour réponfe on en mit trois à la Baftille. Le parlement s'affemble, on délibère, on parle fortement. Le cardinal avait ſes eſpions, il fait enlever *Gayant*, *Chamrond*, *Salo*, *Sevin*, *Tubeuf*, *Bouville*, *Scarron*. Un édit du roi interdit la troiſième chambre des enquêtes. Les magiſtrats arrêtés furent ou exilés, ou enfermés, & les rentiers perdirent leurs arrérages.

Il eſt évident que le gouvernement du cardinal de *Richelieu* était à la fois vicieux & tyrannique ; mais il eſt vrai auſſi qu'il eut toujours à combattre des factions. La fierté ſanguinaire du miniſtre & le mécontentement de tous les ordres du royaume furent les ſemences qui produiſirent depuis les guerres de la fronde. Le parlement ayant perdu ſous *Richelieu* toutes les prérogatives qu'il réclamait, ne combattit dans les dernières années de *Louis XIII*, que contre la chambre des comptes.

Ce monarque ayant ôté la protection de la France à *ſainte Geneviève* qu'on croyait la patrone du royaume, parce qu'elle l'était de Paris, conféra cette dignité à la vierge *Marie*.

Ce fut une très-grande ſolemnité dans l'égliſe de Notre-Dame. Les cours ſupérieures y aſſiſtèrent. Le premier préſident du parlement marcha le premier à la proceſſion. Les préſidens à mortier ne voulurent pas ſouffrir que le premier préſident des comptes le ſuivît. Celui-ci qui était grand & vigoureux, prit un préſident à mortier à braſſe-corps & le renverſa par terre. Chaque préſident des comptes gourma un préſident du parlement & fut gourmé. Les maîtres s'attaquèrent aux conſeillers. Le duc de *Montbazon* mit l'épée à la main avec ſes gardes pour arrêter le déſordre & l'augmenta. Les deux partis allèrent verbaliſer chacun de leur côté. Le roi ordonna que dorénavant le parlement ſortirait de Notre-Dame par la grande porte, & la chambre des comptes par la petite.

CHAPITRE LIV.

Commencement des troubles pendant le ministère de Mazarin. *Le parlement suspend pour la première fois les fonctions de la justice.*

DE l'humiliation où le parlement fut plongé par le cardinal de *Richelieu*, il monta tout d'un coup au plus haut degré de puissance immédiatement après la mort de *Louis XIII.* Le duc d'*Epernon* l'avait forcé, les armes à la main, de se saisir du droit de donner la régence à *Marie de Médicis.* Ce nouveau droit parut aux yeux d'*Anne d'Autriche* aussi ancien que la monarchie. Il l'exerça librement dans toute sa plénitude. Non-seulement il déclara la reine régente par un arrêt; (*a*) mais il cassa le testament de *Louis XIII* comme on casse celui d'un citoyen qui n'est pas fait selon les loix. La régente & la cour étaient bien loin alors de douter du pouvoir du parlement, & de lui contester une prérogative dont elles tiraient tout l'avantage. Le parlement décida, sans aucune contradiction, du destin du royaume, & le moment d'après il retomba dans l'état dont la mort de *Louis XIII* l'avait tiré. La reine voulut être toute-puissante, & le fut jusqu'au tems des barricades.

Mais avant que le parlement donnât ainsi la régence, & cassât le testament du roi en qualité de cour de pairs, garnie de pairs, il faut remarquer que par les anciennes loix le parlement n'existait plus. La mort du roi le dissolvait; il fallait que les présidens & les conseillers fussent,

(*a*) 18 Mai 1643.

confirmés dans leurs charges par le nouveau souverain'
& qu'ils fiffent un nouveau ferment. Cette cérémonie
n'avait pas été obfervée dans le tumulte & l'horreur que
l'affaffinat de *Henri IV* répandit. Le chancelier *Seguier*
voulut faire revivre la loi oubliée ; le parlement l'élu-
da. (*a*) Il fut préfenté dans le louvre à la reine, il falua
le roi ; il protefta de fon refpect & de fon obéiffance, &
il ne fut queftion ni de confirmation d'offices, ni de
ferment de fidélité.

Le cardinal *Mazarin* gouverna defpotiquement la reine
& le royaume, fans qu'aucun grand fît entendre d'abord
le moindre murmure ; on était accoutumé à recevoir
loi d'un prêtre ; on ne fit pas même attention que *Mazarin* était étranger. Les victoires du duc d'*Enguien*, fi
célèbre fous le nom de grand *Condé*, faifaient l'allégreffe
publique, & rendaient la reine refpectable. Mais cet
article important des finances qui eft la bafe de tout, qui
feul fait naître fouvent les révolutions, les prévient &
les étouffe, commença bientôt à préparer les féditions.

Mazarin entendait cette partie du gouvernement plus
mal encore que *Richelieu*. Il borna fa fcience fur ce
point effentiel dans tout le cours de fon miniftère, à fe
procurer une fortune de cent millions ; c'était le premier
homme du monde pour l'intrigue, & le dernier pour le
refte. Ceux qui adminiftraient l'argent de l'état fous fes
ordres, n'eurent d'autres vues que de procurer de
prompts fecours par des moyens toujours petits, mal
imaginés & fouvent injuftes. Les plus pauvres habitans
de Paris avaient bâti de chétives maifons, ou des cabanes
hors des anciennes limites de la ville. Un italien nommé
Particelli d'Emeri, favori du cardinal, & contrôleur-
général, s'avifa de propofer une taxe affez forte fur ces
pauvres familles. Elles s'attroupèrent ; (*b*) elles allèrent

(*a*) Mémoires de *Talon*.   (*b*) 1644.

porter en foule leurs plaintes à la grand'chambre, non sans y être excitées par plusieurs membres des enquêtes, qui demandèrent l'assemblée des chambres pour juger la cause des pauvres contre le ministère. Cette mal-adresse du gouvernement indisposa tout Paris ; elle apprit au peuple à murmurer, à s'attrouper. Une partie de la grand'chambre dans les intérêts de la cour, ne voulut pas souffrir que les enquêtes demandassent les assemblées du parlement.

Les enquêtes persistèrent. Heureusement pour la cour, la division se mit alors entre toutes les chambres du parlement ; (a) requêtes contre enquêtes, enquêtes contre grand'chambre. Les requêtes voulaient être traitées comme les enquêtes, les enquêtes comme les grands chambriers. Il y eut des disputes pour les rangs. Le conseiller doyen du parlement, était dans l'usage de précéder les présidens qui ne sont pas présidens à mortiers. Il arriva qu'à l'oraison funèbre du maréchal de *Guébriant*, prononcée à Notre-Dame, les présidens des enquêtes prirent par le bras le vieux doyen *Savare* & l'arrachèrent de sa place. Le premier président appella les gardes du roi qui assistaient à la cérémonie, pour soutenir le doyen. L'église cathédrale vit pour la seconde fois des magistrats scandaliser le peuple pour un intérêt de vanité.

La reine s'entremit ; le parlement s'en remit à ses ordres pour juger tous ces différens ; elle se garda bien de prononcer ; la maxime, *divisez pour régner*, était trop connue du *Mazarin*. Il crut rendre le parlement méprisable en l'abandonnant à ces contestations ; mais il porta le mépris trop loin, en faisant saisir le président des enquêtes *Barillon* par quatre archers & l'envoyant à Pignerol. Ce *Barillon* était accoutumé à la prison ; il

(a) *Talon*, tom. 3.

avait déjà été enfermé sous *Richelieu*. On en exila d'autres. Le ministre se croyait assez puissant pour imiter le cardinal de *Richelieu*, quoiqu'il n'en eût ni la cruauté, ni l'orgueil, ni le génie.

Le parlement avait encore aliéné de lui les princes du sang & les pairs ; les princes du sang parce qu'il avait osé disputer le pas au père du grand *Condé* dans la cérémonie d'un *te deum* ; les pairs, parce qu'il ne voulait pas souffrir que dans les lits de justice le chancelier allant aux opinions s'adressât aux pairs du royaume avant de s'adresser au parlement. Tout cela rendait ce corps peu agréable à la cour. On s'était servi de lui pour donner la régence comme d'un instrument qu'on brisait ensuite quand on cessait d'en avoir besoin.

Les enquêtes ne pouvant obtenir la liberté de leurs membres emprisonnés cessèrent pendant quatre mois entiers de rendre la justice. Ce fut-là le premier exemple d'une pareille transgression. Quelques plaideurs en souffrirent, d'autres y gagnèrent en retenant plus long-tems le bien d'autrui. La cour ne s'en mit pas en peine ; elle crut que le parlement indisposant à la fois les princes, les pairs & le peuple, n'aurait jamais aucun crédit, c'est en quoi elle se trompa. Elle ne prévoyait pas qu'à la première occasion tout se réunirait contre un ministre étranger qui commençait à déplaire autant qu'avait déplu le maréchal d'*Ancre*.

La régence d'*Anne d'Autriche* aurait été tranquille & absolue si on avait eu un *Colbert* ou un *Sulli*, pour gouverner les finances, comme on avait un *Condé* pour commander les armées ; encore même est-il douteux si des génies tels que ces deux hommes si supérieurs auraient suffi pour débrouiller alors le chaos de l'administration, pour surmonter les préjugés de la nation alors très-ignorante , pour établir des taxes univerfellés dans lefquelles il n'y eût rien d'arbitraire., pour faire des emprunts rembourfables fur des fonds certains , pour encourager à la fois le commerce & l'agriculture , pour faire enfin ce qu'on fait en Angleterre.

Il y avait à la fois dans le miniftère de l'ignorance , de là dépradation , & un empreffement obftiné à fe fervir des moyens précipités pour arracher dés peuples un peu d'argent , dont il revenait encore moins à l'état. La taxe fur les maifons bâties dans les fauxbourgs n'avait prefque rien produit. On voulut forcer les citoyens d'acheter pour quinze cent mille livres de nouvelles rentes. Il fallait perfuader & non pas forcer. Le cri public appuyé des refus du parlement rendit inutiles ces édits odieux.

Le miniftère imagina de nouveaux édits burfaux , dont l'énoncé feul le couvrait de honte & de ridicule. C'était une création de confeillers du roi contrôleurs de bois de chaufage , jurés crieurs de vin , jurés vendeurs de foin , agens de change , receveurs des finances quatriennaux , augmentation de gages moyennant finance dans tous les corps de la magiftrature , enfin vente de la nobleffe.

Il y eut dix-neuf édits de cette efpèce. On ména au parlement *Louis XIV* en robe d'enfant pour faire enrégiftrer ces opprobres. (*a*) On le plaça fur un petit fauteuil qui fervait de trône , ayant à fa droite la reine fa mère , le duc d'Orléans fon oncle , le père du grand *Condé* , huit ducs ; & à fa gauche trois cardinaux , celui de *Lyon* , frère du cardinal de *Richelieu* , celui de *Ligni* , & *Mazarin*. Il prononça intelligiblement ces paroles : *Mes affaires m'amènent au parlement , monfieur le chancelier expliquera ma volonté.*

(*a*) 7 Septembre 1645.

Lé chancelier *Seguier* l'expliqua en lifant les dix-neuf édits. L'avocat - général *Omer Talon* prononça une harangue en portant le genou fur fa banquette felon l'ufage ; & comme il était le harangueur le plus éloquent de la compagnie , il dit au roi , *qu'il était un foleil , que quand le foleil n'envoie que quelques rayons dans une chambre par la fenêtre , fa lumière eft féconde & bienfaifante , c'eft le fymbole de la bonne fortune ; mais qu'il eft périlleux de fonger que ce grand aftre y entre tout entier , parce qu'il détruit par fon activité tout ce qui entre dans fes voyes &c.*

Après cette harangue qui fut affez longue , furtout pour un roi âgé de fept ans , le chancelier demanda le fuffrage des princes & des pairs ; les préfidens fe formalisèrent qu'on n'eût pas commencé par eux , ils furent d'avis de faire des remontrances (*a*). Les enquêtes dirent que leur confcience ne leur permettait pas d'enrégiftrer les édits. Le chancelier répondit que la confcience en affaire d'état était d'une autre nature que la confcience ordinaire , & il fit faire l'enrégiftrement d'autorité, . . .

(*a*) *Talon*, tom. 3. pag. 366.

CHAPITRE LV.

Commencement des troubles civils causés par l'administration des finances.

LA cour était encore toute-puissante. Le cardinal *Mazarin* ménageait cette célèbre paix de Munster, par laquelle les Français & les Suédois furent les législateurs de l'empire, & qui fut enfin conclue en 1648. Le prince de *Condé* par ses victoires donnait à la France la supériorité qu'elle eût dans ce traité. L'Espagne, encore plus obérée que la France, ne paraissait pas une ennemie dangereuse, ses finances étaient aussi épuisées que les nôtres, malgré ses trésors du nouveau-monde. C'est le sort des nations d'être presque toujours très-mal gouvernées ; l'ambition de quelques grands les plongent dans la guerre ; de misérables intrigues, qu'on appelle politiques, troublent l'intérieur de l'état, tandis que les frontières sont dévastées ; l'économie est abandonnée ; les factions se forment, & les remèdes qu'elles feignent d'apporter au mal sont les plus pernicieux de tous les maux.

Le ministère de France persistait toujours dans cette malheureuse méthode de chercher des secours d'un moment. On augmenta l'impôt sur le pied fourché & sur d'autres denrées ; on créa douze nouvelles charges de maître des requêtes, & on demanda le paiement du droit annuel appelé *paulette*. Aurait-on pensé qu'une cause si légère dût produire le bouleversement de l'état ? Mais l'édifice était ébranlé, le moindre vent pouvait le renverser. La guerre civile qui désolait alors l'Angleterre, & qui fit tomber sous la hache d'un boureau la tête de

Charles I, avait commencé par un impôt de deux fche-lings par tonneau de marchandife.

Mazarin ne penfait pas qu'à l'occafion de fon édit le parlement pût s'unir avec les maîtres des requêtes aux-quels il reprochait fi fouvent de faire caffer fes arrêts au confeil. Etait-il vraifemblable qu'il fe joindrait à la chambre des comptes contre laquelle il s'était battu dans l'églife de Notre-Dame? il était jaloux du grand confeil qui jugeait les compétences des parlemens, & qui leur avait enlevé toutes les affaires eccléfiaftiques, excepté les appels comme d'abus. Pouvait-il s'entendre avec la cour des aides dont il avait vu avec chagrin le droit d'enré-giftrer les édits des finances, & de juger des affaires contentieufes dans cette partie? Il était encore moins vrai-femblable que les pairs du royaume, offenfés de l'éga-lité que les préfidens affectaient avec eux, priffent le parti d'une compagnie qui les avait aliénés. Ils fe croyaient, en qualité de pairs, non-feulement les pre-miers du parlement, mais l'effence du parlement, qui fans eux n'était qu'un fimple tribunal de juftice conten-tieufe, & qui ne pouvait changer de nature que quand il était honoré de leur préfence. Ainfi tout concourait à faire penfer à la reine & à fon miniftre, que le parlement n'aurait ni la hardieffe, ni le crédit de réfifter à leurs volontés, & cependant ils fe trompèrent.

La malheureufe vénalité des charges introduite en France, & la paulette qui perpétuait cette vénalité, fu-rent les premières fources du mal. Tous les magiftrats du royaume devaient de neuf ans en neuf ans payer ce droit de paulette qui affurait la poffeffion de leurs charges à leurs familles.

L'édit nouveau remettait pour les neuf années fuivan-tes le paiement de ce droit; il en délivrait les cours fupé-rieures; mais il leur retranchait par compenfation quatre années de gages. Ces gages font fi médiocres qu'il vaudrait beaucoup mieux n'en pas recevoir, Ce retranchement déplut. La cour pour appaifer le parlement l'excepta des autres cours, lui conferva fes gages, & crut par cet expédient le forcer au filence. Ce fut tout le contraire. Comment la cour ne s'appercevait-elle pas que le parlement aurait perdu tout fon crédit parmi le peuple, fi fe laiffant amollir par cette petite grace, il avait paru oublier l'intérêt public pour fon intérêt particulier, & qu'il ne pouvait fe rendre refpectable que par un refus ?

Le grand-confeil, la chambre des comptes, la cour des aides, s'étant affemblés d'abord par députés, demandèrent au parlement la jonction pour s'oppofer aux édits. Le parlement n'héfita pas un moment. Les quatre corps que la cour croyait incompatibles s'unirent enfemble. Le miniftère, toujours prévenu de fa toute-puiffance, caffa cet arrêt d'union (a), que Mazarin, parlant mal français, appellait l'arrêt d'oignon, en devenant par-là auffi ridicule aux yeux du peuple qu'il était odieux. On méprifa l'ordre de la cour ; elle défendit jufqu'aux affemblées des chambres du parlement, & cés chambres s'affemblèrent. La reine fit arrêter cinq confeillers du grand-confeil, & deux de la cour des aides. Cette févérité irrita tous les efprits, mais ne produifit encore aucun mouvement.

Tous les maîtres des requêtes de leur côté s'affemblèrent dans la chambre appellée les requêtes de l'hôtel. Ils fignèrent un écrit par lequel ils promettaient de ne pas fouffrir la création des douze nouvelles charges ; ils cefsèrent de rapporter les affaires au confeil comme le parlement ceffait de rendre juftice.

La reine manda les maîtres des requêtes ; elle était
quelquefois

(a) 13 Mai 1648.

quelquefois un peu aigre dans ſes paroles , quoique ſon caraĉtère fût doux ; elle leur dit , *qu'ils étaient de plai-ſantes gens de vouloir borner l'autorité du roi.*

Les ſouverains peuvent faire des aĉtions de fermeté ; mais ils doivent bien rarement dire des paroles dures. Les maîtres des requêtes ne furent que plus affermis dans leur réſolution. Le chancelier les interdit des fonĉtions de leurs charges ; ils s'interdiſaient eux-mêmes.

Ils allèrent en corps au parlement s'oppoſer à l'enré-giſtrement de l'édit ; ils furent reçus comme parties. Toute jalouſie de corps cédait alors à la haine contre le miniſtère. Tous les petits intérêts étaient ſacrifiés à l'amour de la nouveauté , & à l'eſprit de faĉtion qui animait toute la ville. Le parlement n'avait encore dans ſon parti aucun prince, aucun pair, ni même aucun ſeigneur. La reine outrée contre lui dit hautement pluſieurs fois , qu'elle ne ſouffrirait pas *que cette canaille inſultât la majeſté royale.* (*a*)

Ces paroles ne ſervirent pas à ramener les eſprits. Le parlement demanda une réforme dans l'adminiſtration , & ſurtout la révocation des intendans de provinces qu'il regardait comme des magiſtrats ſans titre , inſtrumens odieux des rapines du miniſtère , oppreſſeurs du peuple , établis par la tyrannie du cardinal de *Richelieu* , & dont il fallait délivrer la France à jamais.

On criait encore davantage contre l'italien *Particelli d'Emeri* , devenu ſurintendant , condamné autrefois à être pendu à Lyon , & monté par les concuſſions au faîte de la fortune. La clameur publique fut ſi forte , les faĉtions ſi obſtinées , que la cour ſe crut obligée de plier. Elle exila le ſurintendant dans ſes terres , & promit la

(*a*) *Mémoires de Motteville.*

fuppreffion des intendans de provinces. Cette condef-
cendance enhardit les mécontens au-lieu de les calmer.
Le duc d'Orléans oncle du roi , lieutenant-général de
l'état fous la reine , qui était alors attaché à elle , négocia
avec le parlement , alla quelquefois au palais , eut des
conférences chez lui avec les députés du corps ; tout fut
inutile.

Ces troubles ôtaient au miniftère tout fon crédit , il ne
pouvait ni emprunter des partifans , ni faire entrer les
contributions ordinaires dans le tréfor public. On avait
encore à foutenir une guerre ruineufe ; la reine fut ré-
duite à mettre en gages les pierreries de la couronne &
les fiennes propres , à renvoyer quelques domeftiques
du roi & des fiens , à diminuer jufqu'à la dépenfe de la
nourriture (a). Il fallut encore que plufieurs perfonnes
de la cour lui prêtaffent de l'argent.

Dans cette extrêmité , le cardinal *Mazarin* , qui ne
fe roidiffait pas contre les difficultés comme *Richelieu* ,
lui confeilla de mener une feconde fois le roi fon fils au
parlement , pour accorder tout ce que l'état préfent des
affaires ne permettait pas de refufer.

Ce lit de juftice (b) ne réuffit pas mieux que le refte.
L'avocat-général *Talon* eut beau dire au jeune roi , *qu'il
fît réflexion fur la diverfion naturelle des maifons cé-
leftes , fur l'oppofition des aftres & des afpects contraires
qui compofent la beauté de la milice fupérieure* ; le chancelier ayant accordé de la part du roi plus qu'on ne demandait , & défendu feulement les affemblées des chambres , qui ne devaient pas fe faire fans la permiffion de la
cour , on s'affembla dès le lendemain.

Cette obftination fut d'autant plus douloureufe pour la

(a) *Motteville*.   (b) 31 Juillet 1648.

reine, que dans ce tems-là même la fille de *Henri IV*, femme de *Charles I* roi d'Angleterre , se refugiait en France avec ses enfans , & que le parlement d'Angleterre préparait l'échaffaut sur lequel *Charles I* porta sa tête. Ce nom seul du parlement troublait le cœur d'*Anne d'Autriche* , quoique le tribunal de Paris appellé parlement n'eût rien de commun avec le parlement d'Angleterre. Le chagrin la rendit malade , & le peuple n'eut point pitié d'elle.

CHAPITRE LVI.

Des barricades & de la guerre de la Fronde.

Non-seulement le brigandage des finances avait irrité les tribunaux & les citoyens , mais on était ulcéré de ces emprisonnemens & de ces exils , armes de vengeance que les ministres employaient contre leurs ennémis au mépris des loix du royaume. On ne s'en était pas servi sous le gouvernement sage & ferme du grand *Henri IV.* Elles furent à peine remarquées sous le despotisme de *Richelieu* , qui occupa les bourreaux encore plus que les geoliers.

Mazarin plus doux que *Richelieu* ne répandit point de sang ; mais il avait fait mettre en prison à Vincennes le duc de *Beaufort* qui n'avait d'autre crime que de lui disputer son autorité , & d'être à la cour son rival en crédit. Le cardinal de *Retz* dans ses mémoires dit , *qu'on fut saisi d'un étonnement respectueux , quand on vit Jules Mazarin faire enfermer le petit-fils de* Henri IV. *& exiler toute sa famille , qu'on se croyait fort obligé au ministre de ce qu'il ne faisait pas mettre quelqu'un en prison tous les huit jours , & que* Chapelain *admirait surtout ce grand événement.*

Ce *Chapelain* , dont le nom est devenu si ridicule, pouvait tant qu'il voulait admirer servilement cet abus du pouvoir. La maison de *Vendôme* avait des amis dans le parlement, qui n'admiraient point du tout une telle conduite , & qui excitaient toujours la compagnie contre le ministre.

. La bataille de Lens gagnée par le prince de *Condé* enhardit la cour à se venger enfin du parlement. On fit arrêter le président *Potier de Blancménil*, le conseiller *Brouſſel*, & on envoya saisir plusieurs autres magiſtrats qui échappèrent.

Brouſſel était un vieillard de soixante & treize ans, vénérable & cher au peuple par ses cheveux blancs, & parce qu'il logeait dans un quartier rempli de populace, mais plus encore parce qu'il était l'instrument des chefs de parti dans le parlement qui mettaient toujours dans sa bouche ce qu'ils avaient dans l'esprit ; il proposait les avis les plus hardis & croyait les avoir imaginés.

Quand on eut enlevé ce vieillard, la populace se souleva comme si on lui avait arraché son père. Elle ne fut excitée par aucun homme considérable ; la servante de *Brouſſel* commença l'émeute, & fut la première cause des barricades. Les bourgeois se joignirent au peuple, le parlement aux bourgeois, & bientôt après, une partie de ceux qu'on appellait grands alors s'unit au parlement.

Le lendemain de l'enlèvement des magiſtrats & de l'émotion du peuple fut la journée des barricades. Le peuple renouvella ce qu'il avait fait sous *Henri III*, mais avec encore plus d'emportement & plus d'éffusion dé sang. Le cardinal de *Retz*, alors simple coadjuteur de l'archevêque de Paris, se vante dans ses mémoires d'avoir été l'unique auteur de cette sédition mémorable qui commença la guerre civile ; il y eut sans doute une très-grande part.

. Cet archevêque avait trois passions dominantes, la débauche, le sédition & la vaine gloire. On le vit en même-tems se livrer à des amours quelquefois honteux, prêcher devant la cour, & faire la guerre à la reine sa bienfaictrice.

On sait que d'abord le cabinet alarmé des barricades fut obligé de rendre les magistrats emprisonnés. Cette indulgence enhardit les factieux. La reine-mère fut enfin obligée de fuir deux fois de Paris avec le roi son fils, les princes & son ministre (a). Et la secondefois qu'elle se tira des mains des factieux, ce fut pour aller à St. Germain, où toute la cour coucha sur la paille, tant ce voyage fut précipité. Le prince de *Condé* touché des larmes de la reine, & flatté d'être le défenseur de la couronne, prépara le blocus de Paris. Le parlement de son côté nomma des généraux & leva des troupes. Chaque conseiller du parlement se taxa à cinq cents livres. Vingt membres de ce corps qui étaient l'objet de la haine de leurs confrères, parce qu'ils avaient acheté leurs charges de la nouvelle création sous le cardinal de *Richelieu*, donnèrent chacun quinze mille livres pour obtenir la bienveillance du reste de la compagnie. Elle fit payer cinquante écus par chaque maison à porte-cochère. Elle fit saisir jusqu'à six cent mille livres dans les maisons des partisans de la cour. Avec cet argent extorqué par la rapine & par un arrêt, elle fit des régimens de bourgeois, & on eut plus de troupes contre la cour, que la cour n'en eut contre Paris.

Le parlement en faisant ces préparatifs, déclara le cardinal premier ministre, ennemi de l'état & perturbateur du repos public, lui ordonna de sortir du royaume dans huit jours, & passé ce tems, ordre à tous les Français *de lui coure sus*, ancien formulaire des déclarations de guerre de monarque à monarque.

Cependant le grand *Condé* avec sept ou huit mille

(a) 5 Janvier 1649.

hommes tenait Paris bloqué & en alarmes. On fait quel mépris il avait pour cette guerre qu'il appellait la guerre des pots de chambre, & qui felon lui ne devait être écrite qu'en vers burlefques. On ne fe fouvient aujourd'hui que du ridicule de cette première campagne de la fronde, des vingt confeillers au parlement qu'on appella les quinze-vingt, parce qu'ils avaient fourni chacun quinze mille livres à l'armée parifienne, du régiment du coadjuteur, nommé le régiment de Corinthe, à caufe du titre d'évêqué de Corinthe que portait alors le cardinal de *Retz*, de la défaite de ce régiment appellée la *première aux Corinthiens*, enfin des chanfons plaifantes & fatyriques qui célébraient les exploits des bourgeois de Paris.

La ducheffe de *Nemours* dit que dans une conférence accordée à quelques députés des rebelles, on leur fit accroire que le prince de *Condé* fe faifait fervir régulièrement à fon dîner un plat d'oreilles de Parifiens. Malgré toutes ces plaifanteries qui caractérifaient la nation, il y eut du fang répandu, des villages ruinés, des campagnes dévaftées, un brigandage affreux, & beaucoup d'infortunés.

C'était dans ce tems-là même que le cardinal *Mazarin* venait de mettre la dernière main à la paix de Weftphalie ; il ajoutait l'Alface à la France, & le parlement le déclarait ennemi de l'état, & ordonnait *qu'on lui courût fus.*

Affez de livres font remplis des détails de tous ces troubles, des factions de Paris, des intrigues de la cour, & de ce flux & reflux continuel de réconciliations & de ruptures ; notre plan eft de ne rapporter que ce qui concerne le parlement. Les mémoires de la ducheffe de *Nemours* nous apprennent qu'un des motifs qui avaient déterminé le grand *Condé* à favorifer *Mazarin*, & à fe déclarer contre le parlement, fut qu'un jour ayant été

aux chambres affemblées pour appaifer les troubles naif-
fans, & ayant accompagné fon difcours d'un de ces
geftes d'un général victorieux qu'on pouvait prendre pour
une menace, le confeiller *Quatre-Sous* lui dit que c'é-
tait un fort vilain gefte dont il devrait fe défaire. Les
murmures de l'affemblée, que le cardinal de *Retz* appelle fi fouvent la cohue des enquêtes, excitèrent la colère du prince. Il fallut que fes amis l'excufaffent auprès
de *Quatre-Sous* ; mais à ce mouvement de colère s'était
joint un motif plus noble, celui de fecourir l'enfance du
roi opprimée, & la reine régente outragée.

Toutes les guerres civiles qui avaient défolé la France
furent plus funeftes que celles de la fronde ; mais on
n'en vit jamais qui fût plus injufte, plus inconfidérée, ni
plus ridicule. Un archevêque de Paris & une cour de judicature armés contre le roi fans aucun prétexte plaufible
étaient un événement dont il n'y avait point d'exemple,
& qui probablement ne fera jamais imité.

Dans cette première petite guerre de la fronde, on
négocia beaucoup plus qu'on ne fe battit ; c'était le
génie du cardinal *Mazarin*. La cour envoya un héraut
d'armes accompagné d'un gentilhomme ordinaire du roi
au parlement de Paris. Le héraut ne fut point reçu,
fous prétexte qu'on n'en envoyait qu'à des ennemis, &
que le parlement ne l'était pas ; mais quelques jours
après le parlement donna audience à un envoyé du roi
d'Efpagne qui promit au nom du roi fon maître dix-
huit mille hommes contre le cardinal *Mazarin*.

Cette propofition de l'Efpagne hâta la paix de la cour
& des frondeurs. La reine mère ramena fon fils à Paris ;
mais les affaires ne furent que plus brouillées.

Le prince de *Condé* demanda hautement le prix de
fes fervices. Le cardinal trouva le prix trop exhorbitant,

& pour réponfe à fes griefs, il le_fit mettre en prifon à Vincennes (*a*) lui, le prince de *Conti* fon frère , & le duc de *Longueville* fon beau-frère. Le peuple, qui avait fait des barricades pour l'emprifonnement de *Brouf-fel*, fit des feux de joie pour celui du grand *Condé*. Mais cet emprifonnement , qui femblait devoir affurer la tranquillité publique en infpirant la terreur, ne produifit qu'une feconde guerre civile. Le parlement prit enfin parti pour ce même prince contre lequel il avait levé des troupes. On vit la mère du grand *Condé* venir préfenter requête à la porte de la grand'chambre , & implorer la protection de tous les confeillers en s'inclinant devant eux à mefure qu'ils paffaient.

Le parlement de Bourdeaux députa au parlement de Paris & s'unit avec lui (*b*). *Mazarin* fut obligé de fortir de Paris & d'aller lui-même délivrer les princes qu'il avait fait transférer au Havre de Grace. Le parlement le bannit du royaume par arrêt, avec nouvel ordre à tous les fujets du roi de *lui courir fus.*

Par un fecond arrêt (*c*) il commit les confeillers *Bitaut* & *Pitou* pour aller informer contre lui fur la frontière, & l'amener prifonnier à la conciergerie en cas qu'ils le trouvaffent.

Par un troifième arrêt il mit la tête du cardinal à prix, & fixa ce prix à cinquante mille écus.

Par un quatrième arrêt il fit vendre fes meubles & fa bibliothèque pour avoir de quoi payer cette tête.

Par un cinquième arrêt, quand le cardinal revint dans le royaume à la tête d'une petite armée pour fe joindre aux troupes du roi, il envoya deux confeillers (*d*) pour

(*a*) 18 Janvier 1650.   (*c*) 11 Mars 1651.
(*b*) 9 Février 1651.   (*d*) Janvier 1652.

informer contre cette armée; l'un d'eux qui était ce même *Bitaut* fut pris & renvoyé fans rançon avec indulgence.

L'avocat-général *Talon* dit alors au coadjuteur dans le parlement, *nous ne favons ce que nous faifons* ; mais les princes, les généraux, les chefs de parti, les miniftres ne le favaient pas davantage.

Ce n'était pas feulement une guerre civile, c'étaient cent petites guerres civiles qui changeaient chaque jour d'objet & d'intérêt à la cour, dans Paris, dans les provinces, partout où l'incendie était allumé. Les princes, les chefs, les miniftres, les femmes, tous faifaient des traités & les rompaient. Le jeune roi erra en fugitif au milieu de fon royaume. Le prince de *Condé* qui avait été le foutien de la France en devint le fléau & *Turenne* après avoir trahi la cour en fut le libérateur.

Enfin la caufe du roi prévalut, la reine-mère ramena fon fils victorieux à Paris. Ce même peuple qui avait accablé d'outrages la famille royale, fignala fon inconftance ordinaire en tournant fes emportemens contre le parlement. On chantait au Louvre, au Palais Royal, au Luxembourg, dans la cour du palais, dans les places, dans les églifes, cette chanfon fi long-tems fameufe quoique très-mauvaife :

> Meffieurs de la noire cour,
> Rendez graces à la guerre ;
> Vous commandiez à la terre,
> Vous danfiez au Luxembourg ; &c.

Cette chanfon ridicule montre l'efprit du tems auquel les plus grandes affaires avaient été traitées au cabaret & en vaudevilles.

Le roi ramena le cardinal *Mazarin* (21 Octobre 1652), tout fut tranquille dans paris, & les féditieux furent punis.

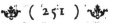

CHAPITRE LVII.

Fin des guerres civiles de Paris. Le Parlement rentre dans son devoir. Il harangue le cardinal Mazarin.

LE châtiment du cardinal de *Retz* fut borné à une prison dans Vincennes ; punition légère pour un homme qui avait été le boutefeu de la France. Le vieux conseiller *Broussel* premier auteur, sans le savoir, de tant de troubles & de malheurs, en fut quitte pour se démettre de sa place de prévôt des marchands que les rebelles lui avaient donnée.

Le roi tint son lit de justice au Louvre (*a*), il ordonna aux conseillers *Broussel*, *Fleuri*, *Martinau*, *Perraut* & quelques autres de sortir de Paris ; mais on les rappella bientôt.

Le cardinal *Mazarin* était revenu triomphant dans la capitale. Presque tous les membres du parlement qui avaient mis sa tête à prix, & qui avaient vendu ses meubles à l'encan pour payer les assassins, vinrent le complimenter les uns après les autres, & furent d'autant plus humiliés qu'ils les reçut avec affabilité.

Le grand *Condé*, plus fier & animé par la vengeance, ne voulut point plier devant un étranger qui lui avait ravi sa liberté. Il aima mieux continuer la guerre civile que le parlement de Paris avait commencée, & que le

(*a*) Le 21 Octobre 1652.

parlement de Bourdéaux foutenait alors. On vit ce prince à la têté des troupes efpagnoles qu'il avait autrefois battues. Et enfin le parlement de Paris, à peine forti de la faction, condamna ce même prince de *Condé* par contumace, comme il avait condamné *Mazarin*, & confif-. qua tous fes biens en France. Cette compagnie était une arme qui avait bleffé fon maître, & dont le roi fe fervait enfuite pour frapper fes ennemis.

Louis XIV ne gouvernait pas encore, & on doutait même qu'il pût jamais tenir lui-même les rênes de l'état; mais il fit fentir dès l'an 1655 la hauteur de fon caractère. Le parlement arrêta de faire des remontrances fur un édit concernant les monnoies ; & le miniftre prétendait qu'une cour des monnoies étant établie, ce n'était pas au parlement à fe mêler de cet objet. Le roi partit de Vincennes à cheval, vint en bottes au parlement, le fouet à la main. Il adreffa la parole au premier préfident, & lui dit : *On fait les malheurs qu'ont produit vos affemblées, j'ordonne qu'on ceffe celles qui font commencées fur mes édits. Monfieur le premier préfident, je vous défends de les fouffrir : & vous*, en fe tournant vers les confeillers des enquêtes, *je vous défends de les demander.* On fe tut, on obéit, & depuis ce moment, l'autorité fouveraine ne fut plus combattue fous ce régne.

Quand le cardinal eut conclu la paix des Pyrénées & marié *Louis XIV*, le parlement vint haranguer ce miniftre par députés, ce qu'il n'avait jamais fait ni pour le cardinal de *Richelieu*, ni pour aucun prince. La harangue était remplie de louanges qui parurent trop fortes même aux courtifans, elle devint l'objet de leurs railleries. *Ménage* adreffa au cardinal, qui n'était pas fans lettres & fans goût, une piéce de vers latins,

On en f:

fes injures f
miliation .

lement crut

alors très-fameuse ; il y parlait comme toute la cour , & il diſait dans cet ouvrage ,

Et puto tam viles deſpicis ipſe togas.

Tu mépriſes ſans doute ces robes ſi viles.

On en fit des plaintes dans la grand'chambre ; mais ce n'était plus le tems où cette compagnie pût venger ſes injures particulières. La cour applaudiſſait à cette humiliation. *Ménage* s'excuſa ; il prétendit qu'il n'avait voulu déſigner la compagnie par le mot de *robes*, quoique ce mot ne pût en effet déſigner qu'elle , & le parlement crut qu'il n'était pas de ſa dignité de relever cette injure.

CHAPITRE LVIII.

Du Parlement , depuis que Louis XIV régna par lui-même.

DES que *Louis XIV* gouverna par lui même, il fut contenir tous les corps de l'état dans les limites de leurs devoirs. Il réforma tout, finance, discipline militaire, marine, police, église, jurisprudence. Il y avait beaucoup d'arbitraire dans les formes de la justice. Il pensa d'abord à rendre la procédure uniforme dans tout le royaume, & à extirper s'il se pouvait tous les abus ; mais une partie de cette grande entreprise ne fut exécutée qu'en 1667. Elle demandait du tems, & il fallait remédier à des maux plus pressans.

Tandis qu'on commençait à jeter les fondemens de toute cette réforme générale, il y eut entre les pairs du royaume & les présidens à mortier de Paris une contestation mémorable, dans laquelle il est vrai que les intérêts de la vanité humaine semblaient avoir plus de part que les intérêts de l'état ; mais enfin, il s'agissait de l'ordre & de la décence qui sont nécessaires à toute administration. Les pairs ne venaient plus au parlement que lorsqu'ils accompagnaient le roi dans son lit de justice. Ils se plaignaient que depuis la mort de *Louis XIII* les présidens se fussent mis en possession d'opiner avant eux. La cause fut débattue dans le conseil du roi devant les princes du sang & les ministres.

Les pairs représentaient qu'ils étaient originairement les juges nés de la nation, qu'ils avaient succédé aux droits des anciens pairs du royaume ; que les maisons de *Guife*, de *Clèves*, de *Gonzague*, pourvues de pairies, avaient joui des mêmes prérogatives que les ducs de Bourgogne, de Guienne & de Normandie ; que les *Montmorenci*, les *Usez*, les *Briffac*, les *La Trimouille*, & tous les autres revêtus de cette dignité, avaient les mêmes droits qu'avaient eu les *Guifes* ; que cette dignité était héréditaire & non sujette à la paulette comme les charges de préfidens ; qu'enfin la cour de justice du parlement tirait son plus grand honneur de la préfence des pairs, & du titre de cour des pairs.

Les préfidens difaient qu'ils ne faifaient qu'un avec le premier préfident, que toute la préfidence repréfenrait le roi, que le parlement était la cour des pairs, non-feulement parce que les pairs y avaient obtenu féance, mais parce qu'ils y étaient jugés,

Louis XIV & fon confeil décidèrent (*a*) qu'on rendrait aux pairs l'honneur qui leur était dû, & que dans ces féances folemnelles ils opineraient les premiers.

Les préfidens reftèrent en poffeffion d'opiner les premiers dans les féances ordinaires où le roi ne fe trouve pas, & où le premier préfident & non le chancelier recueille les voix. Les premiers préfidens perfiftèrent non-feulement à ne prendre les avis des pairs qu'après ceux des préfidens, mais à fe découvrir devant ces préfidens, & à demander l'avis des pairs le bonnet en tête. Les pairs s'en font plaints fouvent, mais cette querelle n'a jamais été décidée ; elle eft reftée dans le nombre des conteftations fur lefquelles il n'eft rien de réglé. Ce nombre eft prodigieux. Ce n'eft guère qu'en France que les droits de tous les corps flottent ainfi dans l'incertitude.

Le roi dès l'année 1655 était venu au parlement en

(*a*) 26 Avril 1664.

groſſes bottes & un fouet à la main défendre les aſſemblées des chambres, & il avait parlé avec tant de hauteur que dès ce jour on prévit un changement total dans
le royaume.

Il ordonne en 1657 par un édit renouvellé depuis en
1673, que jamais le parlement ne fit des repréſentations
que dans la huitaine après avoir enrégiſtré avec
obéiſſance.

L'indignation qu'il conſerva toujours dans ſon cœur
contre les excès auxquels le parlement s'était porté dans
ſa minorité, le détermina même à venir dans la grand'-
chambre en 1669 pour y révoquer les privilèges de
nobleſſe accordés aux cours ſupérieures par la reine ſa
mère en 1644. Cependant cet édit enrégiſtré en ſa préſence n'a point eu d'effet, l'uſage a toujours prévalu
ſur les ordres du ſouverain.

Louis XIV préparait des déciſions plus importantes
pour le bien de la nation. Il fit bientôt travailler à une
loi uniforme, qui fixa la manière de procéder dans
toutes les cours de judicature, ſoit au civil, ſoit au
criminel. Il fixa les épices des juges, les cas où il leur eſt
permis de s'en attribuer, & les cas où il leur eſt défendu
de prendre ces émolumens.

Il y eut enfin un code certain, du moins pour la
manière de procéder, car celle de juger eſt toujours
reſtée trop arbitraire en matière civile & criminelle.

Louis XIV n'eut à ſe plaindre ni d'aucun parlement ni
d'aucun corps dans le cours de ſon long règne, depuis
qu'il tint les rênes du gouvernement.

Il eſt à remarquer que dans ſa longue querelle avec le
fier pape *Odeſcalchi*, *Innocent XI*, laquelle dura ſept
années, depuis 1680 juſqu'à la mort de ce pontife, les
parlemens

parlemens & le clergé foutinrent à l'envi les droits de la
couronne contre les entreprises de Rome ; concert heureux qu'on n'avait pas vu depuis *Louis XII.* Le parlement même parut très-disposé à délivrer entièrement la
nation du joug de l'église romaine , joug qu'il a toujours
fécoué , mais qu'il n'avait jamais brifé.

L'avocat - général *Talon* , & le procureur - général
Harlai , en appellant comme d'abus d'une bulle d'*Innocent XI* en 1687 , firent affez connaître combien il était
aifé que la France demeurât unie avec la chaire de Rome
dans le dogme , & en fût abfolument féparée dans tout
le refte.

Les évêques n'allaient pas jufques-là ; mais c'était
beaucoup que le clergé animé par le grand *Bossuet* démentit folemnellement en 1682 la doctrine du cardinal
du *Perron* qui avait prévalu fi malheureufement dans les
états de 1594.

Le clergé devenu plus citoyen que romain , s'expliqua
ainfi dans quatre propofitions mémorables.

1. Dieu n'a donné *à Pierre* & à fes fucceffeurs aucune
puiffance , ni directe , ni indirecte , fur les chofes
temporelles.

2. L'église gallicane approuve le concile de Conftance ,
qui déclare les conciles-généraux fupérieurs au pape dans
le fpirituel.

3. Les règles , les ufages , les pratiques reçues dans
le royaume & dans l'église gallicane , doivent demeurer
inébranlables.

4. Les décifions du pape en matière de foi ne font
fûres qu'après que l'église les a acceptées.

Ces quatre décifions n'étaient à la vérité que quatre

boucliers contre des agreſſions innombrables, & même quelques années après, *Louis XIV* ſe croyant aſſez puiſſant pour négliger ces armes défenſives, permit que le clergé les abandonnât, & la plupart des mêmes évêques qui s'en étaient ſervis contre *Innocent XI* en demandèrent pardon à *Innocent XII* : mais le parlement, qui ne doit connaître que la loi & non la politique, les a toujours conſervées avec une vigueur inflexible.

Il n'eut pas la même inflexibilité au ſujet de l'affaire ridicule & preſque funeſte de la bulle *Unigenitus*, envoyée de Rome en 1713, bulle qu'on ſavait aſſez avoir été fabriquée à Paris par trois jéſuites, bulle qui condamnait les maximes les plus reçues, & même les plus inviolables. Qui croirait que jamais des chrétiens euſſent pu condamner cette propoſition ? *il eſt bon de lire des livres de piété le dimanche, ſurtout la ſainte écriture; & celle-ci, la crainte d'une excommunication injuſte ne doit pas nous empêcher de faire notre devoir.*

Mais par amour de la paix le parlement l'enrégiſtra l'an 1714. Ce fut à la vérité en la déteſtant, & en tâchant de l'affaiblir par toutes les modifications poſſibles. Un tel enrégiſtrement était plutôt une flétriſſure qu'une approbation.

Le roi voulait qu'on enrégiſtrât ſes édits, & qu'après on fît des remontrances par écrit ſi on voulait. Le parlement ne remontra rien.

Louis XIV ſatisfait de la ſoumiſſion apparente du parlement le rendit bientôt après dépoſitaire de ſon teſtament, qui fut enfermé dans une chambre bâtie exprès. Il ne prévoyait pas que ſon teſtament ſerait caſſé unanimement par ceux à qui il le confiait, & cependant il devait s'y attendre pour peu qu'il eût réfléchi aux clauſes qu'il contenait, mais il avait été ſi abſolu qu'il crut devoir l'être encore après ſa mort.

CHAPITRE LIX.

Régence du duc d'Orléans.

LOUIS XIV étant mort le 1 Septembre 1715, le parlement s'affembla le lendemain fans être convoqué. Le duc d'Orléans héritier préfomptif de fa couronne y prit féance avec les princes & les pairs.

·Le régiment des gardes entourait le palais, & les mefures avaient été prifes avec les principaux membres pour caffer le teftament du feu roi, comme on avait caffé celui de fon père.

·Avant qu'on fît l'ouverture de ce teftament, le duc d'Orléans prononça un difcours par lequel il demanda la régence, en vertu du droit de fa naiffance plutôt que des dernières volontés de *Louis XIV*. *Mais à quelque titre que je doive afpirer à la régence, dit-il , j'ofe vous affurer , meffieurs , que je la mériterai par mon zèle pour le fervice du roi , par mon amour pour le bien public , & furtout étant aidé de vos confeils & de vos fages remontrances.*

·C'était flatter le parlement que de lui protefter qu'on fe conduirait par ces mêmes remontrances que *Louis XIV* avait profcrites, en permettant feulement qu'on en fît par écrit après avoir obéi. Le teftament fut lu à voix baffe , rapidement , & feulement pour la forme. Il ôtait réellement la régence au duc d'Orléans. *Louis XIV* avait établi un confeil d'adminiftration , où tout fe devait conclure à la pluralité des voix , comme s'il eût formé un confeil d'état de fon vivant , & comme s'il devait régner après fa mort. Le duc d'Orléans à la tête

de ce conseil ne devait avoir que la voix prépondérante.
Le duc du *Maine* fils de *Louis XIV*, reconnu à la
vérité, mais né d'un double adultère, avait la garde de
la personne du roi *Louis XV.* & le commandement suprême de toutes les troupes qui forment la maison du
roi, & qui composent un corps d'environ dix-mille
hommes.

Ces dispositions eussent été sages dans un père de
famille qui aurait craint de confier la vie & les biens
de son petit-fils à celui qui devait en hériter, mais elles
étaient impraticables dans une monarchie. Elles divisaient
l'autorité, & par conséquent l'anéantissaient; elles semblaient préparer des guerres civiles, elles étaient contraires aux usages reçus qui tenaient lieu de loi fondamentale, s'il y en a sur la terre.

Le parlement rendit un arrêt qui était déjà tout préparé. Il est conçu en termes singuliers. Ce n'est point un
jugement parties ouies, point de requête, point de forme
ordinaire, rien de contentieux. « La cour, toutes les
» chambres assemblées, la matière mise en délibération,
» a déclaré & déclare monsieur le duc d'Orléans régent en
» France pour avoir soin de l'administration du royaume
» pendant la minorité du roi; ordonne que le duc de
» *Bourbon* sera dès-à-présent chef du conseil de régence
» sous l'autorité de monsieur le duc d'Orléans, & y
» présidera en son absence; que les princes du sang
» royal auront aussi entrée audit conseil, lorsqu'ils au-
» ront atteint l'âge de vingt-trois ans accomplis; &
» après la déclaration faite par monsieur le duc d'Or-
» léans, qu'il entend se conformer à la pluralité des
» suffrages dudit conseil de la régence dans toutes les
» affaires (à l'exception des charges, emplois, béné-
» fices & graces, qu'il pourra accorder à qui bon lui
» semblera après avoir consulté le conseil de régence,

» fans être néanmoins affujetti à fuivre la pluralité des
» voix à cet égard.) Ordonne qu'il pourra former le
» conseil de régence, même tels conseils qu'il jugera à
» propos, & y admettre les perfonnes qu'il en eftimera
» les plus dignes, le tout fuivant le projet que monfieur
» le duc d'Orléans a déclaré qu'il communiquera à la
» cour : que le duc du *Maine* fera furintendant de l'é-
» ducation du roi, l'autorité entière & le commande-
» ment fur les troupes de la maifon dudit feigneur roi,
» même fur celles qui font employées à la garde de fa
» perfonne; demeurant à monfieur le duc d'Orléans, &
» fans aucune fupériorité du duc du *Maine* fur le duc
» de *Bourbon*, grand-maître de la maifon du roi. »

C'était s'exprimer en fouverain. Ce langage de fouveraineté était-il légalement autorifé par la préfence des
princes & des pairs ? Une telle affemblée, toute augufte
qu'elle était, ne repréfentait point les états-généraux ;
elle ne parlait pas au nom d'un roi enfant ; que faifait-
elle donc ? Elle ufait d'un droit acquis par deux exém-
ples, celui de *Marie de Médicis*, & celui d'*Anne
d'Autriche* mère de *Louis XIV*, qui avaient eu la régence au même titre.

Il reftait toujours indécis fi le parlement devait cette
grande prérogative à la préfence des princes & des pairs,
ou fi les pairs devaient au parlement le droit de nommer
un régent du royaume. Toutes ces précautions étaient
enveloppées d'un nuage. Chaque pas qu'on fait dans
l'hiftoire de France prouve comme on l'a déjà vu, que
prefque rien n'a été réglé d'une manière uniforme &
ftable, & que le hafard, l'intérêt préfent des volontés
paffagères, ont fouvent été légiflateurs.

Il y parut affez quand le duc du *Maine* & le comte
de *Touloufe*, fils naturels & légitimés de *Louis XIV*,
furent dépouillés des privilèges que leur père leur avait

R 3

accordés folemnellement en 1714. Il les déclara princes
du fang & héritiers de la couronne après l'extinction
de la race des vrais princes du fang , par un édit per-
pétuel & irrévocable, de fa certaine fcience, pleine
puiffance & autorité royale. Cet·édit fut enrégiftré fans
aucune remontrance, dans tous les parlèmens. du royaume, à qui *Louis XIV* avait au moins laiffé la liberté
de remontrer après l'enrégiftrement.

Trois princes du fang même , les feuls qu'eût la
France après la branche d'*Orléans*, confentirent à cet
édit , ainfi que plufieurs pairs qui donnèrent auffi leurs
voix. Les deux fils de *Louis XIV* jouirent en conféquence
des honneurs attachés à la dignité de prince du fang ,
au lit de juftice qui donna la régence.

Mais bientôt après ces mêmes princes, le duc de
Bourbon , le comte de *Charolois* & le prince de *Conti* ,
préfentèrent une requête au jeune roi, tendante à faire
annuller dans un nouveau lit de juftice au parlement les
droits accordés aux princes légitimés. Ainfi en moins de
fix mois le parlement de Paris fe ferait trouvé juge de
la régence du royaume, & de la fucceffion à la couronne.

Les princes légitimes allèguaient les plus fortes raifons ; les légitimés produifaient des réponfes très-plau-
fibles. Les pairs intervinrent , trente-neuf feigneurs de
la plus haute nobleffe prétendirent que cette grande caufe
était celle de la nation, & qu'on devait affembler les états
généraux pour la juger.

On n'en avait pas vu depuis plus de cent ans , & on
en defirait. Le fameux fyftême de *Law* , dont on commençait à craindre l'établiffement projeté , indifpofait la
robe qui craint toujours les nouveautés. On jetait déjà
les fondemens d'un grand parti contre le régent. L'affemblée des états pouvait plonger le royaume dans une

grande crife ; mais le parlement, qui croît quelquefois tenir lieu des états, était loin de fouhaiter qu'on les convoquât. Il rejetta la proteftation de la nobleffe fignifiée le 17 Juin 1717, par un huiffier au procureur-général & au greffier en chef. Il interdit même l'huiffier pendant fix mois.

Le duc du *Maine* & le comte de *Touloufe* vinrent alors eux-mêmes préfenter requête à la grand'chambre ; en proteftant que cette affaire, où il s'agiffait de la fucceffion à la couronne, ne pouvait être jugée que par un roi majeur, ou par les états généraux. La grand'chambre embarraffée prit des délais pour répondre.

Enfin le 2 Juillet 1717 le régent fit rendre un édit qui fut enrégiftré le 8 fans difficulté. Cet édit ôtait aux enfans légitimés de *Louis XIV* le titre de princes du fang que leur père leur avait donné contre les loix des nations & du royaume, en leur réfervant feulement la prérogative de traverfer, comme les princes du fang, ce qu'on appelle au parlement le parquet ; c'eft une petite enceinte de bois, par laquelle ils paffent pour aller prendre leurs places ; & de tous les honneurs de ce monde c'eft affurément le plus mince. Ainfi tout ce qu'avait établi *Louis XIV* était alors détruit, la forme même de fon gouvernement avait été entiérement changée.

Des confeils ayant été fubftitués aux fecretaires d'état, le régent lui-même eut en ce tems-là une difficulté fingulière avec le parlement. Il demanda quel était l'ordre de la cérémonie, quand un régent allait en proceffion avec ce corps. Il s'agiffait d'une proceffion à la cathédrale de Paris, pour le jour qu'on appelle la Notre-Dame de Septembre, jour où *Louis XII* avait mis la France fous la protection de la vierge *Marie* & jour fameux pour les difputes de rang. Le parlement répondit que le régent du royaume devait marcher entre deux préfidens. Le régent se crut obligé d'envoyer au nom du roi un ordre, par lequel le régent devait passer seul avant la compagnie ; ce qui paraissait bien naturel ; mais ce qui fait voir encore, comme on l'a vu tant de fois, qu'il n'est rien de réglé en France.

Au reste, il ne s'opposa point à l'habitude que le parlement avait prise de l'appeller toujours monsieur, comme un conseiller, & de lui écrire *monsieur*, tandis qu'il écrivait au chancelier, *monseigneur*, & tandis que tous les corps de la noblesse des états provinciaux donnaient le titre de *monseigneur* au régent. C'est encore une des contradictions communes en France. Le duc d'Orléans n'y prit pas garde, ne songeant qu'à la réalité du pouvoir, & méprisant le ridicule des usages introduits.

CHAPITRE LX.

Finances & syftéme de Lafs *pendant la régence.*

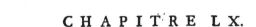

A VANT le fyftéme de *Law* ou *Lafs* qui commença à éclairer la France en la bouleverfant, il n'y avait que quelques financiers & quelques négocians qui euffent des idées nettes de tout ce qui concerne les efpèces, leur valeur réelle, leur valeur numéraire, leur circulation, le change avec l'étranger; le crédit public; ces objets occupèrent la régence & le parlement.

Adrien de Noäilles duc & pair, & depuis maréchal de France, était chef du confeil des finances. Ce n'était pas un *Sulli*; mais aúffi il n'était pas le miniftre d'un *Henri IV.* Son génie était plus ardent & plus univerfel. Il avait des vues auffi droites fans être auffi laborieux & auffi inftruit, étant arrivé au gouvernement des finances fans préparation, & ayant été obligé de fuppléer par fon efprit, qui était prompt & lumineux, aux connaiffances préliminaires qui lui manquaient.

Au commencement de ce miniftère l'état avait à payer neuf cent millions d'arrérages; & les revenus du roi ne produifaient pas foixante-neuf millions à trente francs le marc. Le duc de *Noailles* eut recours en 1716 à l'établiffement d'une chambre de juftice contre les financiers. On recherche les fortunes de quatre mille quatre cent dix perfonnes, & le total de leurs taxes fut environ de deux cent dix-neuf millions quatre cent mille livres; mais de cette fomme immenfe, il ne rentra que foixante & dix millions dans les coffres du roi. Il fallait d'autres reffources.

Au mois de Mai 1716 le régent avait permis au sieur *Lass* Ecossais d'établir sa banque , composée seulement de douze cents actions de mille écus chacune. Tant que cet établissement fut limité dans ces bornes , & qu'il n'y eut pas plus de papier que d'espèces, il en résulta un grand crédit & par conséquent le bien du royaume ; mais quand *Lass* eut réuni au mois d'Août 1717 une compagnie nommée d'occident à la banque , qu'il se chargea de la ferme du tabac qui ne valait alors que quatre millions, quand il eut le commerce du Sénégal à la fin de l'année, toutes ces entreprises réunies sous la main d'un seul homme qui était étranger donnèrent une extrême jalousie aux gros financiers du royaume , & le parlement prit des alarmes prématurées. Le chancelier d'*Aguesseau* , homme élevé dans les formes du palais , très-instruit dans la jurisprudence , mais moins versé dans la connaissance de l'intérieur du royaume , difficile & incertain dans les affaires , mais aussi intègre qu'éloquent , s'opposait, autant qu'il pouvait, aux innovations intéressées & ambitieuses de *Lass*.

Pendant ce tems-là il se formait un parti assez considérable contre la régence du duc d'Orléans. La duchesse du *Maine* en était l'ame , le duc du *Maine* y entrait par complaisance pour sa femme. Le cardinal de *Polignac* s'en était mis pour jouer un rôle ; plusieurs seigneurs attendaient le moment de se déclarer ; ce parti agissait sourdement de concert avec le cardinal *Alberoni*, premier ministre d'Espagne, tout était encore dans le plus grand secret , & le duc d'Orléans n'avait que des soupçons. Il fallait qu'il se préparât à la guerre contre l'Espagne , qui paraissait inévitable. Il fallait qu'en même-tems il acquittât une partie des dettes immenses que *Louis XIV.* avait laissées : il fallait faire plusieurs réglemens que le régent crut utiles, & que le chancelier d'*Aguesseau* crut pernicieux. Il exila le chancelier à sa maison de campagne,

& nomma garde des fceaux & vice-chancelier, le confeiller d'état, lieutenant de police de *Paulmy d'Argenfon*, homme d'une ancienne nobleffe, d'un grand courage dans les difficultés, d'une expédition prompte, d'un travail infatigable, défintéreffé, ferme, mais dur, defpotique, & le meilleur inftrument du defpotifme que le régent pût trouver. Il eut tout d'un coup les fceaux à la place de M. d'*Aguesseau*, & l'adminiftration des finances à la place du duc de *Noailles*; mais il n'eut ces deux places, qu'à condition qu'il établirait de tout fon pouvoir le fyftême de *Lafs* qui allait bientôt fe déployer tout entier. *Lafs* était fur le point d'être le maître abfolu de tout l'argent du royaume; & le garde des fceaux d'*Argenfon* déclaré vice-chancelier, devait n'avoir dans cette partie que la fonction de fceller les caprices d'un étranger.

Il mit d'abord toute l'activité de fon caractère à foutenir les fyftêmes de *Lafs* dont il fentit bientôt après les prodigieux abus. Une des grandes démences de ce fyftême était de décrier l'argent pour y fubftituer des billets, au lieu que le papier & l'argent doivent fe foutenir l'un par l'autre. *Lafs* rendait un grand fervice à la nation, en y établiffant une banque générale, telle qu'on en voit en Suède, à Venife, en Hollande & dans quelques autres états, mais il bouleverfait la France en pouffant les actions de cette banque jufqu'à une valeur chimérique, en y joignant des compagnies de commerce imaginaires, & en ne proportionnant pas ces papiers de crédit à l'argent qui circulait dans le royaume.

Pour commencer à avilir les efpèces on les refondit. Le miniftère ordonna le 30 Mai 1718, que le marc d'argent qui était alors à quarante livres ferait à foixante, & que ceux qui porteraient à la monnoie des anciennes promeffes du gouvernement nommées billets d'état avec une certaine quantité d'argent à quarante livres numéraires le marc, recevraient le paiement total de leur argent & de leurs billets en valeur numéraire à foixante livres.

Cette opération était abfurde & injufte. Voici quel en était l'effet pernicieux.

Un citoyen portait à la monnoie du roi 2500 livres de l'ancienne efpèce, avec 1000 livres de billets d'état, on lui donnait 3500 livres de la nouvelle efpèce en argent comptant; il croyait gagner, & il perdait réellement : car on ne lui donnait qu'environ cinquante-huit marcs fous la dénomination trompeufe de 3500 livres. Il perdait réellement plus de quatre marcs, & perdait en outre la totalité de fes billets.

Le gouvernement faifait encore une plus grande perte que les particuliers; & s'il trompait les citoyens, il était trompé lui même; car dans le paiement des impôts qui fe paient en valeur numéraire, il recevrait réellement un tiers de moins. La nation en général fupportait encore un autre dommage par cette altération des monnoies; on les refondait chez l'étranger qui donnait aux Français pour foixante livres ce qu'il avait reçu pour quarante.

Cela prouve évidemment que ni le régent, ni le garde des fceaux, malgré leur efprit & leurs lumières, n'entendaient rien a la finance qu'ils n'avaient point étudiée. Le parlement qui fit de juftes remontrances au régent, n'y entendait pas davantage. (a) Il fit des repréfentations auffi légitimes que mal conçues. Il fe trompa fur l'évaluation de l'argent; il ajouta à cette erreur de calcul une erreur encore plus grande, en prononçant ces paroles : « à l'égard de l'étranger, fi nous tirons fur lui un » marc d'argent, dont la valeur intrinfèque n'eft que de » vingt-cinq livres, nous ferons forcés de lui payer foi- » xante livres, & ce qu'il tirera de nous, il nous le

(a) 19 Juin 1718.

» paiera dans notre monnoie, qui ne lui coûtera que
» sa valeur intrinsèque. »

. La valeur intrinsèque n'est ni 25 livres, ni 10 livres,
ni 50 livres; ce mot de *livre* ou franc n'est qu'un terme
arbitraire dérivé d'une ancienne dénomination réelle. La
seule valeur intrinsèque d'un marc d'argent est un marc
d'argent, une demie livre du poids de huit onces. Le
poids & le titre font seuls cette valeur intrinsèque.

. Le régent répondit au parlement avec beaucoup de
modération, & lui dit ces propres mots : « j'ai pesé les
» inconvéniens, mais je n'ai pu me dispenser de donner
» l'édit, je les ferai pourtant de nouveau examiner pour
» y remédier. »

Le régent n'avait pas pesé ces inconvéniens, puisqu'il
n'était pas même assez instruit pour relever les méprises
du parlement. Ce corps ne dit point ce qu'il devait dire ,
& le régent ne répondit point ce qu'il devait répondre.

. Le parlement ne se contenta pas de cette réponse;
les murmures de presque tous les gens sensés contre
Lass, l'aigrissaient, & quelques-uns de ses membres
animés par la faction de la duchesse du *Maine* , du cardinal de *Polignac* & de quelques autres mécontens.

. Le lendemain, les chambres assemblées au nombre de
cent soixante-cinq membres , rendirent un arrêt, par
lequel elles défendaient d'obéir à l'édit du roi. (*a*)

Le régent se contenta de casser cet arrêt comme atten-
tatoire à l'autorité royale, & de poster deux compagnies
des gardes à l'hôtel de la monnoie. Il souffrit même encore
qu'une députation du parlement vînt faire des remontrances à la personne du roi. Sept présidens & trente-
deux conseillers allèrent au Louvre. On croyait que cette

(*a*) 20 Juin 1718.

marche animerait le peuple ; mais personne ne s'assembla seulement pour les voir passer.

Paris n'était occupé que du jeu des actions auquel *Lass* le faisait jouer ; & la populace qui croyait réellement faire un gain, lorsqu'on lui disait que quatre francs en valaient six, s'empressait à l'hôtel des monnoies, & laissait le parlement aller faire au roi des remontrances inutiles.

Lass, qui avait réuni à la banque la compagnie d'occident, y réunit encore la ferme du tabac qui lui valait beaucoup.

Le parlement osa défendre aux receveurs des deniers royaux de porter l'argent à la banque. (*a*) Il renouvella ses anciens arrêts contre les étrangers employés dans les finances de l'état. Enfin il décréta d'ajournement personnel le sieur *Lass*, & ensuite de prise de corps.

Le duc d'Orléans prit alors le parti de faire tenir au roi un lit de justice au palais des Tuilleries. (*b*) La maison du roi prit les armes & entoura le Louvre. Il fut ordonné au parlement d'arriver à pied & en robes rouges. Ce lit de justice fut mémorable, on commença par faire enrégistrer les lettres-patentes du garde des sceaux que le parlement n'avait pas voulu jusques-là recevoir. M. d'*Argenson* ouvrit ensuite la séance, par un discours dont voici les paroles les plus remarquables.

« Il semble même qu'il a porté ses entreprises jusqu'à
» prétendre que le roi ne peut rien sans l'aveu de son
» parlement, & que son parlement n'a pas besoin de
» l'ordre & du consentement de sa majesté pour ordonner
» ce qu'il lui plaît.

(*a*) 12 Août 1718.   (*b*) 26 Août 1718.

» Ainsi le parlement pouvant tout sans le roi, & le
» roi ne pouvant rien sans son parlement, celui-ci de-
» viendrait bientôt législateur nécessaire du royaume; &
» ce ne serait plus que sous son bon plaisir que sa majesté
» pourrait faire savoir à ses sujets quelles sont ses inten-
» tions.

Après ce discours on lut un édit qui défendait au parlement de se mêler jamais d'aucune affaire d'état, ni des
monnoies, ni du paiement des rentes, ni d'aucune
finance.

M. de *Lamoignon*, avocat du roi, résuma cet édit en
faisant une espèce de protestation modeste. Le premier
président demanda la permission de délibérer.

M. d'*Argenson* répondit, « le roi veut être obéi, &
» obéi dans le moment. »

Aussi-tôt on lut un nouvel édit, par lequel on rétablit
les pairs dans la préséance sur les présidens-à-mortier, &
sur le droit d'opiner avant eux, droit que les pairs
n'avaient pas voulu réclamer au lit de justice qui donna
la régence, mais qu'ils revendiquaient dans un tems plus
favorable.

Enfin on termina cette mémorable séance en dégradant
le duc du *Maine*, soupçonné d'être trop uni avec le parlement. On lui ôta la surintendance de l'éducation du roi
qui fut donnée sur le champ au duc de *Bourbon Condé*;
& on le priva des honneurs de prince du sang, que l'on
conserva au comte de *Touloufe*.

Le parlement, ainsi humilié dans cette affemblée solemnelle, déclara le lendemain par un arrêt, qu'il n'avait
pu, ni dû, ni entendu avoir aucune part à ce qui s'était
passé au lit de justice. Les discours furent vifs dans cette

féance. Plufieurs membres étaient foupçonnés de préparer la révolution que la faction du duc du *Maine*, ou plutôt de la ducheffe fa femme, médrait fecrètement. On n'en avait pas de preuve & on en cherchait.

La nuit du 28 au 29 Août 1718, des détachemens de moufquetaires enlevèrent dans leurs maifons le préfident *Blamont* & les confeillers *Feideau de Calende* & *faint Martin*. Nouvelles remontrances au roi dès le lendemain.

Le garde des fceaux répondit d'une voix sèche & dure : « les affaires dont eft queftion, font affaires d'état qui » demandent le fecret & le filence. Le roi eft obligé de » faire refpecter fon autorité ; la conduite que tiendra » fon parlement, déterminera les fentimens de fa majefté » à fon égard ».

Le parlement ceffa alors de rendre la juftice. Le régent lui envoya le 5 Septembre le marquis d'*Effiat* pour lui ordonner de reprendre fes fonctions, en lui faifant efpérer le rappel des exilés ; on obéit & tout rentra dans l'ordre pour quelque tems.

Le parlement de Bretagne écrivit une lettre de condoléance à celui de Paris, & envoya au roi des remontrances fur l'enlévement des trois magiftrats. Le duc d'Orléans commençait alors à foupçonner que la faction du duc du *Maine*, fomentée en Efpagne par le cardinal *Albéroni*, avait déjà en Bretagne beaucoup de partifans, mais cela ne l'empêcha pas de rendre la liberté aux trois membres arrêtés ; fa fermeté fut toujours accompagnée d'indulgence.

CHAPITRE

CHAPITRE LXI.

L'Ecoffais Lafs contrôleur-général. Ses opérations, ruines de l'état.

Quiconque veut s'inftruire, remarquera que dans la minorité de *Louis XIV* l'objet le plus mince arma le parlement de Paris, & produifit une guerre civile; mais que dans la minorité de *Louis XV* la fubverfion de l'état ne put caufer le moindre tumulte. La raifon en eft palpable. Le cardinal de *Richelieu* avait aigri tous les efprits & ne les avait pas abaiffés. Il y avait encore des grands; & tout refpirait la faction à la mort de *Louis XIII.* Ce fut tout le contraire à la mort de *Louis XIV.* On était façonné au joug, il y avait très-peu d'hommes puiffans. Une raifon beaucoup plus forte encore, c'eft que le fyftême de *Lafs*, en excitant la cupidité de tous les citoyens, les rendait infenfibles à tout le refte. Le preftige fe fortifia de jour en jour. La confpiration du prince de *Cellamare*, ambaffadeur d'Efpagne, découverte à Paris en 1719, la prifon & l'exil de fes adhérens, la guerre bientôt après déclarée au roi d'Efpagne, ne fervirent dans Paris qu'à l'entretien de quelques nouvelliftes oififs qui n'avaient pas de quoi acheter des actions. Le régent avait-il befoin de cinquante millions pour foutenir la guerre, *Lafs* les faifait avec du papier.

Cet Ecoffais qui s'était fait catholique, mais qui ne s'était pas fait naturalifer légalement, fut déclaré enfin contrôleur-général des finances, *(a)* le décret de prife de corps décerné contre lui par le parlement fubfiftant toujours.

(a) 5 Janvier 1720.
Hift. du Parl. de Paris.　　　　　　　　　　S

C'était un charlatan à qui on donnait l'état à guérir, qui l'empoifonnait de fa drogue & qui s'empoifonnait lui-même. Il était fi enivré de fon fyftême que de toutes les grandes terres qu'il acheta en France, il n'en paya aucune en argent. Il ne donna que des à compte en billets de banque. On le vit marguillier d'honneur à la paroiffe de faint Roch. Il donna cent mille écus à cette paroiffe, mais ce ne fut qu'en papier.

Après avoir porté la valeur numéraire des efpèces à un prix exorbitant, il indiqua des diminutions fucceffives. Le public craignant ces diminutions fur l'argent, & croyant fur la foi de *Lafs* que les billets avaient un prix immuable, s'empreffait en foule de porter fon argent comptant à la banque, & les plaifans leur difaient : meffieurs, ne foyez pas en peine, on vous le prendra tout.

Que devenait donc tout l'argent du royaume ? les gens habiles le refferraient. *Lafs* en prodiguait une grande partie à l'établiffement de fa compagnie des Indes orientales qui enfin a fubfifté long-tems après lui, & il fit du moins ce bien au royaume; ce qui a fait penfer qu'une partie de fon fyftême aurait été très-utile, fi elle avait été modérée. Mais il rembourfait en papier toutes les dettes de l'état, charges fupprimées, effets royaux, rentes de l'hôtel-de-ville. Tous les débiteurs payaient en papier leurs créanciers. La France fe crut riche ; le luxe fut proportionné à cette confiance : mais bientôt après tout le monde fe vit pauvre, excepté ceux qui avaient réalifé, c'était un terme nouveau introduit dans la langue par le fyftême.

Enfin il eut l'audace de faire rendre un arrêt du confeil par lequel il était défendu de garder dans fa maifon plus de cinq cents livres en efpèces, fous peine de confifcation. C'était le dernier degré d'une abfurdité tyrannique. Le parlement fatigué de ces excès, engourdi par la multitude d'arrêts contradictoires du conseil, ne fit point de remontrances, parce qu'il en aurait fallu faire chaque jour.

Le désordre croissant, on crut y remédier en réduisant tous les billets de banque à moitié de leur valeur (*a*). Ce coup ne servit qu'à faire sentir à tout le monde l'état déplorable de la nation. Chacun se vit ruiné en se trouvant sans argent & en perdant la moitié de ses billets ; & , quoiqu'on réfléchît peu, on sentait que l'autre moitié était aussi perdue.

Le gouvernement étonné & incertain, révoqua la malheureuse défense de garder des espèces dans sa maison, & permit de faire venir de l'or & de l'argent de l'étranger, comme si on en pouvait faire venir autrement qu'en l'achetant. Le ministère ne savait plus où il en était, & rien n'appaisait les alarmes du public.

Le régent fut obligé de congédier le garde des sceaux d'*Argenson*, & de rappeller le chancelier d'*Aguesseau* (*b*).

Lass lui porta la lettre de son rappel, & d'*Aguesseau* l'accepta d'une main dont il ne devait rien recevoir ; il était indigne de lui & de sa place de rentrer dans le conseil quand *Lass* gouvernait toujours les finances. Il parut sacrifier encore plus sa gloire en se prêtant à de nouveaux arrangemens chimériques que le parlement refusa, & en souffrant patiemment l'exil du parlement qui fut envoyé à Pontoise. Jamais tout le corps du parlement n'avait été exilé depuis son établissement. Ce coup d'autorité aurait en d'autres tems soulevé Paris ; mais la moitié des citoyens n'était occupée que de sa ruine, & l'autre que de ses richesses de papier qui allaient disparaître.

(*a*) 21 Mai 1720.   (*b*) 7 Juin 1720.

Chaque membre de parlement reçut une lettre de cachet (*a*). Les gardes du roi s'emparèrent de la grand'chambre ; ils furent relevés par les mousquetaires. Ce corps n'était guère composé alors que de jeunes gens , qui mettaient partout la gaieté de leur âge. Ils tinrent leurs séances sur les fleurs de lis , & jugèrent un chat à mort comme on juge un chien dans la comédie des plaideurs ; on fit des chansons & on oublia le parlement.

Le jeu des actions continua. Les arrêts contradictoires du conseil se multiplièrent , la confusion fut extrême. Le peuple manquant de pain & d'argent , se précipitant en foule aux bureaux de la banque pour échanger en monnoie des billets de dix livres, il y eut trois hommes étouffés dans la presse. Le peuple porta leurs corps morts dans la cour du palais royal , en se contentant de crier au régent : voilà le fruit de votre syftême. Cette aventure aurait produit une sédition violente & commencé une guerre civile du tems de la fronde. Le duc d'Orléans fit tranquillement enterrer les trois corps. Il augmenta le nombre des bureaux où le peuple pourrait avoir de la monnoie pour des billets de banque ; tout fut appaisé.

Lass ne pouvant résister ni au désordre dont il était l'auteur, ni à la haine publique, se démit bientôt de sa place, & sortit du royaume beaucoup plus pauvre qu'il n'y était entré ; victime de ses chimères; mais emportant avec lui la gloire d'avoir rétabli la compagnie des Indes fondée par *Colbert*. Il la ranima avec du papier, mais elle coûta depuis un argent prodigieux.

(*a*) 20 Juillet 1720.

CHAPITRE LXII.

Du parlement & de la bulle Unigenitus *au tems du ministère de* Dubois, *archevêque de Cambrai & cardinal.*

L'OPPOSITION constante du parlement aux brigandages du système de *Lass* n'était pas la seule cause de l'exil du parlement. Il combattait un système non moins absurde, celui de la fameuse bulle *Unigenitus* qui fut si long-tems l'objet des railleries du public, des intrigues des jésuites & des persécutions que les opposans essuyèrent.

On a déjà dit que cette bulle fabriquée à Paris par trois jésuites, envoyée à Rome par *Louis XIV*, avait été signée par le pape *Clément XI*, & avait soulevé tous les esprits. La plupart des propositions condamnées par cette bulle roulaient sur les questions métaphysiques du libre arbitre, que les jansénistes n'entendaient pas plus que les jésuites & le consistoire.

Les deux partis posaient pour fondement de leurs sentimens contraires un principe que la saine philosophie réprouve, c'est celui d'imaginer que l'Etre éternel se conduit par des loix particulières. C'est de ce principe que sont sorties cent opinions sur la grace, toutes également inintelligibles, parce qu'il faut être Dieu pour savoir comment Dieu agit.

Le duc d'Orléans se moquait également du fanatisme janséniste, & de l'absurdité moliniste. Il avait dans le commencement de sa régence abandonné le parti jésui-

S 3

tique à l'indignation & au mépris de la nation. Il avait long-tems favorisé le cardinal de *Noailles* & ses adhérens persécutés sous *Louis XIV* par le jésuite *le Tellier*; mais les tems changèrent, lorsqu'après une guerre de courte durée il se réconcilia avec le roi d'Espagne *Philippe V*, & qu'il forma le dessein de marier le roi de France avec l'infante d'Espagne, & l'une de ses filles avec le prince des Asturies. Le roi d'Espagne *Philippe V.* était gouverné par un jésuite son confesseur nommé *D'Aubanton*. Le général des jésuites exigea pour article préliminaire des deux contrats, qu'on reçût la bulle en France comme un article de foi. C'était un ridicule digne des usages introduits dans une partie de l'Europe, que le mariage de deux grands princes dépendît d'une dispute sur la grace efficace; mais enfin on ne put obtenir le consentement du roi d'Espagne qu'à cette condition.

Celui qui ménagea toute cette nouvelle intrigue fut l'abbé *Dubois*, devenu archevêque de Cambrai. Il espéráit la dignité de cardinal. C'était un homme d'un esprit ardent, mais fin & délié. Il avait été quelque tems précepteur du duc d'Orléans, Enfin de ministre de ses plaisirs il était devenu ministre d'état. Le duc de *Noailles* & le marquis de *Canillac*, en parlant de lui au régent, ne l'apellaient jamais que l'abbé *Friponneau*. Ses mœurs, ses débauches, ses maladies qui en étaient la suite, sa petite mine & sa basse naissance, jetaient sur lui un ridicule ineffaçable; mais il n'en devint pas moins le maître des affaires.

Il avait pour la bulle *Unigenitus* plus de mépris encore que les évêques appellans, & que tous les parlemens du royaume; mais il aurait essayé de faire recevoir l'alcoran, pour peu que l'alcóran eût contribué à son élévation.

C'était un de ces philosophes dégagés des préjugés,

élevé dans fa jeuneffe auprès de la fameufe *Ninon l'En-clos*. Il y parut bien à fa mort qui arriva deux ans après. Il avait toujours dit à fes amis qu'il trouverait le moyen de mourir fans les facremens de l'églife, & il tint parole.

Voilà l'homme qui fe mit en tête de faire ce que *Louis XIV* n'avait pu, d'obliger le cardinal de *Noailles* à rétracter fon appel de la bulle & de la faire enré-giftrer fans reftriction au parlement de Paris.

Il y avait alors un évêque de Soiffons, nommé *Languet* qui paffait pour bien écrire, parce qu'il faifait de longues phrafes, & qu'il citait les pères de l'églife à tout propos. C'eft le même qui fit depuis le livre de *Marie à la Coque*. *Dubois* l'engagea à compofer un corps de doctrine, qui pût à la fois contenter les évêques adhé-rens au pape, & ne pas effaroucher le parti du cardi-nal de *Noailles*. *Languet* crut que fon livre opérerait la paix de léglife, & qu'il aurait le chapeau que *Dubois* prit pour lui-même.

Dubois flatta le cardinal de *Noailles* & menaça le parlement de Paris de l'envoyer à Blois s'il refufait d'enregiftrer. Il effuya de longs refus des deux côtés, mais il ne fe rebuta point.

Il imagina d'abord que s'il faifait enregiftrer la bulle à un autre tribunal qu'au parlement, ce corps craindrait qu'on ne s'accoutumât à fe paffer de lui, & en devien-drait plus docile. Il s'adreffa donc au grand-confeil ; il y trouva autant de réfiftance qu'au parlement de Paris, & il ne fe rebuta pas encore. Ce tribunal n'étant compofé que de cinquante membres environ, il ne s'agiffait que d'y venir avec un nombre plus confidérable de ceux qui pouvaient y avoir féance.

Le duc d'Orléans y amena, tous les princes, tous les pairs, des conseillers d'état, des maîtres des requêtes ; & le chancelier d'*Aguesseau* oublia tous ses principes au point de se livrer à cette manœuvre, il fut l'instrument du secretaire d'état *Dubois*. On ne pouvait guère s'abaisser davantage. La bulle fut aisément enrégistrée à la pluralité des voix comme une loi de l'état & de l'église. Le parlement qui ne voulait point aller à Blois, & qui était fort las d'être à Pontoise, promit d'enrégistrer à condition qu'on ne s'adresserait plus au grand conseil. Il enrégistra donc la bulle qu'il avait déjà enrégistrée sous *Louis XIV* (*a*). « Conformément aux règles de » l'église & aux maximes du royaume sur les appels au » futur concile ».

Cet enrégistrement tout équivoque qu'il était, satisfit la cour. Le cardinal de *Noailles* se rétracta solemnellement, Rome fut contente, le parlement revint à Paris, *Dubois* fut bientôt après cardinal & premier ministre ; & pendant son ministère tout fut ridicule & tranquille.

·L'excès de ce ridicule fut porté au point que l'assemblée du clergé de 1721 donna publiquement à un savetier (*b*) une pension pour avoir crié dans son quartier en faveur de la bulle *Unigenitus*.

Il y a seulement à remarquer que lorsque· *Dubois* fut cardinal & premier ministre en 1722, le duc d'Orléans lui fit prendre la première place après les princes du sang au conseil du roi. Les cardinaux de *Richelieu* & de *Mazarin* avaient osé précéder les princes, mais ces exemples odieux n'étaient plus suivis ; & c'était beaucoup que les cardinaux qui n'ont qu'une dignité étrangère siégeassent avant les pairs du royaume les maréchaux de France & le chancelier qui appartiennent à la nation.

(*a*) 4 Décembre 1720.   (*b*) Il s'appellait *Nutelet*.

Le. (*a*) jour, que *Dubois* vint prendre féance , le duc de *Noailles* , les maréchaux de *Villeroi* & de *Villars* fortirent, le chancelier d'*Aguesseau* s'abfenta. On négocia felon la coutume , chaque parti fit des mémoires. Le chancelier & le duc de *Noailles* tinrent ferme. D'*Aguesseau* foutint mieux les prérogatives de fa place contre *Dubois*, qu'il n'en avait maintenu la dignité lorfqu'il revint à Paris à la fuite de l'Ecoffais *Lafs*. Le réfultat fut qu'on l'envoya une feconde fois à fa terre de Frêne ; & il eut alors fi peu de confidération qu'il ne fut pas même rappellé fous les miniftères fuivans, & qu'il ne rentra que plus de douze ans après dans le confeil fous le cardinal da *Fleuri* , mais fans avoir les fceaux.

Pour le duc de *Noailles* , le cardinal *Dubois* eut le plaifir de l'exiler pour quelque tems dans la petite ville ou bourg de Brive - la - Gaillarde en Limoufin. *Dubois* était fils d'un barbier de Brive-la-Gaillarde. Le duc de *Noailles* ne l'avait épargné ni fur fa patrie, ni fur fa naiffance, & le cardinal lui rendit fes plaifanterie en le confinant auprès de la boutique de fon père.

Après *Dubois* qui mourut en philofophe , & qui était après tout un homme d'efprit, le duc d'Orléans qui lui reffemblait par ces deux côtés daigna être premier miniftre lui-même. Il ne perfécuta perfonne pour la bulle, le parlement n'eut avec lui aucun démêlé.

Le duc de *Bourbon Condé* fuccéda au duc régent dans le miniftère ; mais l'abbé *Fleuri* ancien évêque de Fréjus, depuis cardinal, gouverna defpotiquement les affaires eccléfiaftiques. Il perfécuta fourdement tant que le duc de *Bourbon* fut miniftre ; mais dès qu'il fut venu à bout de le renvoyer il perfécuta hautement, quoiqu'il affectât de la douceur dans fa conduite.

(*a*) 22 Février 1722.

CHAPITRE LXIII.

Du Parlement *fous le minifère du duc de* Bourbon.

LE duc de *Bourbon* ne fut premier miniftre que parce qu'immédiatement après la mort du duc d'Orléans il monta par un efcalier dérobé chez le roi à peine majeur, lui apprit la mort de ce prince, lui demanda la place, & obtint un oui, que l'évêque de Fréjus *Fleuri* n'ofa pas faire changer en refus (*a*). L'état fut gouverné par la marquife de *Prie*, fille d'un entrepreneur des vivres nommé *Pléneuf*, & par un des frères *Páris*, autrefois entrepreneur des vivres, qui s'appellait *Páris du Verney*. La marquife de *Prie* était une jeune femme de vingt-quatre ans, aimée du duc de *Bourbon*. *Páris du Verney* avait de grandes connaiffances en finance, il était devenu fecretaire du prince miniftre. Ce fut lui qui imagina de marier le jeune roi à la fille de *Staniflas Lechzinsky* retiré à Veiffembourg après avoir perdu le royaume de Pologne que *Charles XII* lui avait donné. Les finances n'étaient pas rétablies, il fallut des impôts. *Du Verney* propofa le cinquantième en nature fur tous les fonds nobles, roturiers & eccléfiaftiques, une taxe pout le joyeux avénement du roi, une autre appellée la ceinture de la reine, le renouvellement d'une érection d'Offices fur les marchandifes qui arrivent à Paris par eau, & quelques autres édits qui déplurent tous à la nation déjà irritée de fe voir entre les mains d'un homme fi nouveau, & d'une jeune femme dont la conduite n'était pas approuvée.

Le parlement réfufa d'enrégiftrer : il fallut mener le

(*a*) Décembre 1723.

roi tenir un de ces lits de juſtice (*a*) où l'on enrégiſtre tout par ordre du ſouverain. Le chancelier d'*Agueſſeau* était éloigné : ce fut le garde des ſceaux d'*Armenonville* qui exécuta les volontés de la cour. On conſervait par cet édit la liberté des remontrances au parlement ; mais on ordonnait que les membres de ce corps n'auraient jamais voix délibérative en fait de remontrances qu'après dix années d'exercice qui furent réduites à cinq.

Ce nouveau miniſtère effaroucha également le clergé, la nobleſſe & le peuple. Preſque toute la cour ſe réunit contre lui ; l'évêque de Fréjus en profita. Il n'eut pas dè peine à faire exiler le duc de *Bourbon* , ſon ſecretaire & ſa maîtreſſe ; & il devint le maître du royaume auſſi aiſément que s'il eût donné une abbaye. *Fleuri* n'eut pas à la vérité le titre de premier miniſtre ; mais ſans aucun titre que celui de conſeiller au conſeil du roi , il fut plus abſolu que les cardinaux d'*Amboiſe* , *Richelieu* & *Mazarin* , & avec l'extérieur le plus modeſte il exerça le pouvoir le plus illimité.

(*a*) 8 Juin 1725.

CHAPITRE LXIV.

Du Parlement au tems du cardinal Fleuri.

DUBOIS pour être cardinal avait fait recevoir la conftitution *Unigenitus* & les formulaires, & toutes les fimagrées ultramontaines dont il fe moquait. *Fleuri* eut cette dignité dès que le duc de *Bourbon* fut renvoyé, & il foutint les idées de la cour de Rome par les principes qu'il s'était faits. C'était un génie médiocre, d'ailleurs fans paffions, fans véhémence, mais ami de l'ordre. Il croyait que l'ordre confiftait dans l'obéiffance au pape, & il fit par une politique qu'il crut néceffaire, ce qu'avait fait le jéfuite *Le Tellier* par efprit de parti & par un fanatifme mêlé de méchanceté & de fraude. Il donna plus de lettres de cachet, & fit des actions plus févères encore pendant fon miniftère que *Le Tellier* pendant qu'il confeffa *Louis XIV*.

En 1730, trois curés du diocèfe d'Orléans qui expofèrent le fentiment véritable de tous les ordres de l'état fur la bulle, & qui osèrent parler comme prefque tous les citoyens penfaient, furent excommuniés par leur évêque. Ils en appellèrent comme d'abus au parlement en vertu d'une confultation de quarante avocats. Les avocats peuvent fe tromper comme le confiftoire, leur avis n'eft pas une loi ; mais ils ne font avocats que pour donner leur avis. Ils ufaient de leur droit. Le cardinal *Fleuri* fit rendre contre leur confultation un arrêt du confeil flétriffant, qui les condamnait à fe rétracter.

Condamner des jurifconfultes à penfer autrement qu'ils ne penfent, c'eft un acte d'autorité qu'il eft difficile de faire exécuter. Tout le corps des avocats de Paris & de Rouen signa une déclaration très-éloquente, dans laquelle ils expliquèrent les loix du royaume. Ils cessèrent tous de plaider, jusqu'à ce que leur déclaration ou plutôt leur plainte eût été approuvée par la cour. Ils obtinrent cette fois ce qu'ils demandaient (*a*). De simples citoyens triomphèrent n'ayant pour armes que la raison.

Ce fut vers ce tems-là que les avocats prirent le titre d'ordre ; ils trouvèrent le terme de corps trop commun ; ils répétèrent si souvent, *l'ordre des avocats*, que le public s'y accoutuma , quoiqu'ils ne soient ni un ordre de l'état, ni un ordre militaire, ni un ordre religieux, & que ce mot fût absolument étranger à leur profession.

Tandis que cette petite querelle nourrissait l'animosité des deux partis, le tombeau d'un diacre nommé l'abbé *Páris*, inhumé au cimetière de saint Médard , semblait être le tombeau de la bulle.

Cet abbé *Páris*, frère d'un conseiller au parlement, était mort appellant , & réappellant de la bulle au futur concile. Le peuple lui attribua une quantité incroyable de miracles .On allait prier jour & nuit en français sur sa tombe ; & prier Dieu en français était regardé comme un outrage à l'église romaine qui ne prie qu'en latin.

Un des grands miracles de ce nouveau saint était de donner des convulsions à ceux qui l'invoquaient. Jamais il n'y eut de fanatisme plus accrédité.

Cette nouvelle folie ne favorisait pas le jansénisme aux yeux des gens sensés ; mais elle établissait dans toute

(*a*) 25 Novembre 1730.

la nation unè averſion pour la bulle & pour tout ce qui émane de Rome. On ſe hâta d'imprimer la vie de St. Páris (a). *La ſacrée congrégation des éminentiſſimes & révérendiſſimes cardinaux de la ſainte égliſe romaine, inquiſiteurs-généraux dans toute la république chrétienne contre les hérétiques*, prononça excommunication majeure contre ceux qui liraient la vie du bienheureux diacre, & condamna le livre à être brûlé. L'exécution ſe fit avec la grande cérémonie extraordinaire. On dreſſa dans la place, vis-à-vis du couvent de la Minerve, un vaſte échaffaud, & à trente pas un grand bûcher. Les cardinaux montèrent ſur l'échaffaud : le livre fut préſenté lié & garrotté de petites chaînes de fer au cardinal doyen. Celui-ci le donna au grand-inquiſiteur qui le rendit au greffier ; le greffier le donna au prévôt, le prévôt à un huiſſier, l'huiſſier à un archer, l'archer au bourreau. Le bourreau l'éleva en l'air en ſe tournant gravement vers les quatre points cardinaux : enſuite il délia le priſonnier ; il le déchira feuille à feuille ; il trempa chaque feuille dans de la poix bouillante (b). Enſuite on verſa le tout dans le bûcher ; & le peuple cria anathême aux janséniſtes.

Cette momerie de Rome redoubla les momeries de ſaint Médard. La France était toute janséniſte, excepté les jéſuites & les évêques du parti romain. Le parlement de Paris ne ceſſait de rendre des arrêts contre les évêques qui exigeaient des mourans l'acceptation de la bulle, & qui refuſaient aux rénitens les ſacremens & la ſépulture. L'abbé de *Tencin* archevêque d'Embrun, qui n'était alors connu que pour avoir converti l'Ecoſſais *Laſs*, mais qui ſongeait déjà à ſe procurer un chapeau de cardinal, crut le mériter par une lettre violente contre le parlement. Ce tribunal allait la faire brûler,

(a) 1730.   (b) 29 Août 1731.

ſelon l'uſage ; mais on le prévint en la ſupprimant par
un arrêt du conſeil

Ces petites diſſenſions pour des choſes que le reſte de
l'Europe mépriſait augmentaient tous les jours entre le
parlement & les évêques. L'archêque de Paris *Vintimille*,
ſucceſſeur de *Noailles* , avait fait une inſtruction paſto-
rale violente contre les avocats. Le parlement de Paris
le condamna.

Le cardinal *Fleuri* fit caſſer l'arrêt du parlement par
le conſeil du roi. Les avocats ceſsèrent de plaider comme
le parlement avait quelquefois ceſſé de rendre la juſtice.
Ils ſemblaient plus en droit que le parlement de ſuſpendre leurs fonctions : car les juges font ſerment de ſiéger,
& les avocats n'en font point de plaider. Le miniſtre
en exila onze. Le roi défendit au parlement de ſe mêler de cette affaire (*a*). Il fallait bien pourtant qu'il s'en mê-
lât, puiſque ſans avocats il était difficile de rendre juſtice. Il ſe dédommagea alors en donnant en arrêt contre la bulle du pape qui avait condamné la vie du bienheureux *ſaint Páris*, & contre d'autres bulles qui flé-
triſſaient l'évêque de Montpellier *Colbert* , ennemi déclaré de cette malheureuſe conſtitution *Unigenitus*,
ſource de tant de troubles.

Le parlement crut qu'il pourrait toucher le roi s'il
lui parlait dans l'abſence du cardinal *Fleuri.* Il ſut que
ce miniſtre était à une petite maiſon de campagne qu'il
avait au village d'Iſſy. Des députés prirent ce tems pour
aller à la cour (*b*). Le roi ne voulut point les voir ; ils
inſiſtèrent ; on les fit retirer. Ils rencontrèrent dans
les avenues le cardinal qui revenait d'Iſſy. L'abbé *Pucelle* très-célèbre en ce tems-là , & qui était un des
députés , lui dit que le parlement n'avait jamais été ſi

(*a*) 28 Septembre 1731. (*b*) 19 Novembre 1731.

maltraité. Le cardinal foutint l'autorité du conſeil, & crut ſe tirer d'affaire en avouant qu'il y avait quelque choſe à reprendre dans la forme. L'abbé *Pucelle* repliqua que la forme ne valait pas mieux que le fond. On ſe ſépara aigri de part & d'autre.

La cour embarraſſée rappella les onze avocats de l'exil, afin que la juſtice ne fût point interrompuè ; mais le cardinal perſiſta à empêcher le roi de recevoir les députations du parlement.

Enfin ils furent mandés à Verſailles par une lettre de cachet (*a*). Le chancelier d'*Agueſſeau* les réprimanda au nom du roi, & leur ordonna de biffer ſur les regiſtres tout ce qu'ils avaient arrêté au ſujet des diſputes préſentes ; il acheva par cet acte de foumiſſion au cardinal de ſe décréditer dans tous les eſprits qui lui avaient été ſi long-tems favorables. Le parlement reçut ordre de ne ſe mêler en aucune manière des affaires eccléſiaſtiques ; elles furent toutes évoquées au conſeil. Par-là le cardinal *Fleuri* ſemblait ſupprimer, & aurait ſupprimé en effet s'il l'avait pu, les appels comme d'abus, le ſeul rempart des libertés de l'égliſe gallicane, & l'un des plus anciens privilèges de la nation & du parlement. Le cardinal *Mazarin* n'aurait jamais oſé faire cette démarche, le cardinal de *Richelieu* ne l'aurait pas voulu ; le cardinal *Fleuri* la fit comme une choſe ſimple & ordinaire.

Le parlement étonné s'aſſembla (*b*). Il déclara qu'il n'adminiſtrerait plus la juſtice ſi on en détruiſait ainſi les premiers fondemens. Des députés allèrent à Compiegne où était le roi. Le premier préſident voulut parler, le roi le fit taire.

L'abbé

(*a*) 10 Janvier 1732.　　(*b*) 12 Mai 1732.

L'abbé *Pucelle* eut le courage de présenter la délibération par écrit ; le roi la prit & la fit déchirer par le
comte de *Maurepas* secretaire d'état. L'abbé *Pucelle* fut
exilé, & le conseiller *Titon* envoyé à la Bastille.

Nouvelle députation du parlement pour redemander
les conseillers *Pucelle* & *Titon.* La députation se présenta à Compiègne (*a*).

Pour réponse le cardinal fit exiler le président *Ogier,*
les conseillers *Vrevins,* *Robert* & *La Fautrière.* Les
partisans de la bulle abusèrent de leur triomphe. Un archevêque d'Arles outragea tous les parlemens du royaume
dans son instruction pastorale ; il les traita de séditieux &
de rebelles (*b*). On n'avait jamais vu auparavant des
chansons dans un mandement d'évêque ; celui d'Arles fit
voir cette nouveauté. Il y avait dans ce mandement une
chanson contre le parlement de Paris qui finissait par
ces vers :

> Thémis, j'implore ta vengeance
> Contre ce rebelle troupeau.
> N'en connais-tu pas l'arrogance ?
> Mais non ; je ne vois plus dans tes mains la balance :
> Pourquoi devant tes yeux gardes-tu ton bandeau ?

Le parlement d'Aix fit brûler l'instruction pastorale &
la chanson ; & le cardinal *Fleuri* eut la sagesse de faire
exiler l'auteur.

L'année 1733 se passa en mandemens d'évêques, en
arrêts du parlement & en convulsions. Le gouvernement
avait déjà fait fermer le cimetière de saint Médard, avec
défense d'y faire aucun miracle. Mais les convulsion-

(*a*) En Juin 1732.   (*a*) Septembre 1732.

naires allaient danfer fecrètement dans les maifons, & même chez plufieurs membres du parlement.

Le cardinal, prévoyant qu'on allait foutenir une guerre contre la maifon d'Autriche, ne voulut pas en avoir une inteftine pour des intérêts fi méprifables Il laiffa là pour cette fois la bulle, les convulfions, les miracles & lés mandemens. Il favait plier, il rappella les exilés. Le parlement, qui avait déjà repris les fonctions de fon devoir, rendit la juftice aux citoyens comme à l'ordinaire. Le cardinal eut l'adreffe de lui renvoyer par des lettres-patentes du roi la connaiffance des miracles & des convulfions. Il n'était befoin d'aucunes lettres-patentes pour que le parlement reconnût de ces farces qui font un objet de police. Cependant il fut fi flatté de cette marque d'attention, qu'il décréta quelques convulfionnaires, quoiqu'ils fuffent protégés ouvertement par un préfident nommé *Dubois*, & par quelques confeillers qui jouaient eux-mêmes dans ces comédies. Le bruit que faifaient toutes ces fottifes fut étouffé par la guerre de 1733, & cet objet fit difparaître tous les autres.

CHAPITRE LXV.

Du Parlement, des convulſions, des folies de Paris juſqu'à 1752.

LE parlement fut donc tranquille pendant cette guerre heureuſe. A peine le public s'apperçut-il que l'on condamnât des thèſes ſoutenues en Sorbonne en faveur des prétentions ultramontaines, qu'on fît brûler une lettre de *Louis XIV* à *Louis XV* & d'autres ſatyres mépriſables, auſſi bien que quelques lettres d'évêques conſtitutionnaires. L'affaire la plus mémorable, & qui méritait le moins de l'être, fut d'un conſeiller du parlement nommé *Caré de Montgeron*, fils d'un homme d'affaires. Il était très-ignorant & très-faible, débauché & ſans eſprit. Les janſéniſtes lui tournèrent la tête : il devint convulſionnaire outré. Il crut avoir vu des miracles & même en avoir fait. Les gens du parti le chargèrent d'un gros recueil des miracles, qu'il diſait atteſtés par quatre mille perſonnes. Ce recueil était accompagné d'une lettre au roi que *Caré* eut l'imbécilité de ſigner & la folie de porter lui-même à Verſailles. Ce pauvre homme diſait au roi dans ſa lettre, *qu'il avait été fort débauché dans ſa jeuneſſe, qu'il avait pouſſé même le libertinage juſqu'à être déiſte* ; comme ſi la connaiſſance & l'adoration d'un Dieu pouvait être le fruit de la débauche ; mais c'eſt ainſi que le fanatiſme imbécile raiſonne. Le conſeiller *Caré* alla à Verſailles le 29 d'Août 1737 avec ſon recueil & ſa lettre, il attendit le roi à ſon paſſage, ſe mit à genoux, le roi les reçut, les donna au cardinal *Fleuri*, & dès qu'on eut vu de quoi il était queſtion, on expédia une lettre de cachet pour mettre à la Baſtille le conſeiller. On l'arrêta le lendemain dans ſa mai-

T 2

son à Paris ; il baifa la lettre de cachet en vrai martyr, le parlement s'affembla. Il n'avait rien dit quand on avait donné une lettre de cachet au duc de *Bourbon* prince du fang & pair du royaume, & il fit une députation en faveur de *Caré*. Cette démarche ne fervit qu'à faire transférer le prifonnier près d'Avignon & enfuite au château de Valence où il eft mort fou. Un tel homme en Angleterre en aurait été quitte pour être fifflé de la nation ; il n'aurait pas été mis en prifon, parce que ce n'eft point un crime d'avoir vu des miracles, & que dans ce pays gouverné par les loix, on ne punit point le ridicule. Les convulfionnaires de Paris mirent *Caré* au rang de plus grands confeffeurs de la foi.

Au mois de Janvier 1738 le parlement s'oppofa à la canonifation de *Vincent de Paule* prêtre gafcon, célèbre en fon tems. La bulle de canonifation, envoyée par *Benoît XIII*, parut contenir des maximes dont les loix de la France ne s'accommodent pas. Elle fut rejettée, mais le cardinal *Fleuri* qui protégeait les frères de *faint Lazare* inftitués par *Vincent*, & qui les oppofait fecrètement aux jéfuites, fit caffer par le confeil l'arrêt du parlement, & *Vincent* fut reconnu pour faint malgré les remontrances ; aucune de ces petites querelles ne troubla le repos de la France.

Après la mort du cardinal *Fleuri* & les mauvais fuccès de la guerre de 1741, le parlement reprit un nouvel afcendant. Les impôts révoltaient les efprits, & les fautes qu'on reprochait aux miniftres encourageaient les murmures. La maladie épidémique des querelles de religion, trouvant les cœurs aigris, augmenta la fermentation générale. Le cardinal *Fleuri* avant fa mort s'était donné pour fucceffeur dans les affaires eccléfiaftiques, un théatin nommé *Boyer* qu'il avait fait précepteur du dauphin. Cet homme avait porté dans fon miniftère obfcur toute la pédanterie de son état de moine, il avait rempli les premières places de l'église de France d'évêques qui regardaient la trop fameuse bulle *unigenitus* comme un article de foi & comme une loi de l'état. *Beaumont* qui lui devait l'archevêché de Paris se laissa persuader qu'il extirperait le jansénisme. Il engageait les curés de son diocèse à refuser la communion qu'on appelle le viatique, & qui signifie *provision de voyage*, aux mourans qui avaient appellé de la bulle & qui s'étaient confessés à des prêtres appellans, & conséquemment à ce refus de communion on devait priver les jansénistes reconnus de la sépulture. Il y a eu des nations chez lesquelles ce refus de la sépulture était un crime digne du dernier supplice, & dans les loix de tous les peuples le refus des derniers devoirs aux morts est une inhumanité punissable.

Le curé de la paroisse de saint Etienne du Mont, qui était un lazariste nommé frere *Boitin*, refusa d'administrer un fameux professeur de l'université, successeur du célèbre *Rollin*. L'archevêque de Paris ne s'appercevait pas qu'en voulant forcer ses diocésains à respecter la bulle, il les accoutumait à ne pas respecter les sacremens. *Coffin* mourut sans être communié, on fit difficulté de l'enterrer, & son neveu, conseiller au châtelet, força enfin le curé de lui donner la sépulture ; mais ce même conseiller, étant malade à la mort six mois après à la fin de l'année 1750, fut puni d'avoir enterré son oncle. Le même *Boitin* lui refusa l'eucharistie & les huiles, & lui signifia qu'il ne serait ni communié, ni oint, ni enterré, s'il ne produisait un billet par lequel il fût certifié qu'il avait reçu l'absolution d'un prêtre attaché à la constitution. Ces billets de confession commençaient à être mis en usage par l'archevêque. Cette innovation tyrannique était regardée par tous les esprits sérieux comme un attentat contre la société civile. Les autres n'en voyaient que le ridicule, & le mépris pour l'archevêque retombait malheureusement sur la religion. Le parlement décréta le séditieux curé (a) , l'admonêta , le condamna à l'aumôné & le fit mettre pendant quelques heures à la conciergerie.

Le parlement fit au roi plusieurs remontrances très-approuvées de la nation pour arrêter le cour des innovations de l'archevêque. Le roi , qui ne voulait point se compromettre , laissa une année entière les remontrances sans une réponse précise.

Dans cet intervalle l'archevêque *Beaumont* achèva de se rendre ridicule & odieux à tout Paris , en destituant une supérieure & une économe de l'hôpital-général placées depuis long-tems dans ces postes par les magistrats du parlement. Destituer des personnes de cet état , sous prétexte de jansénisme , parut une démarche extravagante inspirée par l'envie de mortifier le parlement beaucoup plus que par le zèle de la religion. L'hôpital - général fondé par les rois , ou du moins qui les regarde comme ses fondateurs , est administré par des magistrats du parlement & de la chambre des comptes pour le temporel , & par l'archevêque de Paris pour le spirituel. Il y a peu de fonctions spirituelles attachées à des femmes chargées d'un soin domestique immense ; mais comme elles pouvaient faire réciter quelquefois le catéchisme aux enfans , l'archevêque soutenait que ces places dépendaient de lui. Tout Paris fut indigné , les aumônes à l'hôpital cessèrent , le parlement voulut procéder ; (b) le conseil se déclara pour l'archevêque , parce qu'en effet ce mot *spirituel* semblait assurer son droit. Le parlement eut recours aux remontrances ordinaires & ne voulut point enrégistrer la déclaration du roi.

On était déjà irrité contre ce corps qui avait fait beau-

_____

(a) 29 Décembre 1750.   (b) Septembre 1751.

coup de difficulté pour le vingtième & pour des rentes
fur les poftes. Le roi lui fit défenfe de fe mêler dorénavant des affaires de l'hôpital & les évoqua toutes à fon
confeil. (*a*) Le lendemain le premier préfident de *Maupeou* & deux autres préfidens, l'avocat & le procureur-général furent mandés à Verfailles, & on leur ordonna
d'apporter les regiftres, afin que tout ce qui avait été
arrêté fur cette affaire fût fupprimé. On ne trouva
point de regiftre. Jamais plus petite affaire ne caufa une
plus grande émotion dans les efprits. Le parlement ceffa
fes fonctions, les avocats fermèrent leurs cabinets ; le cours
de la juftice fut interrompu pour deux femmes d'un hôpital ; mais ce qu'il y avait d'horrible, c'eft que pendant
ces querelles indécentes & abfurdes on laiffait mourir les
pauvres faute de fecours. Les adminiftrateurs mercénaires
de l'hôtel-Dieu s'enrichiffaient par la mort des miférables.
Plus de charité quand l'efprit de parti domine. Les pauvres moururent en foule ; on n'y penfait pas ; & les vivans
fe déchiraient pour des inepties.

Le roi fit porter à chaque membre du parlement des
lettres de juffion par fes moufquetaires. (*b*) Les magiftrat obéirent en effet ; reprirent leurs féances, mais les
avocats n'ayant point reçu de lettres de cachet ne parurent
point au bareau. Leur fonction eft libre. Ils n'ont point
acheté leurs places. Ils ont le droit de plaider & le droit
de ne plaider pas. Aucun d'eux ne parut. Leur intelligence avec le parlement irrita la cour de plus en plus.
Enfin les avocats plaidèrent, les procès furent jugés comme à l'ordinaire, & tout parut oublié.

Le frère *Boifin*, curé de S. Etienne du Mont, renouvella les querelles & les plaifanteries de Pàris ; il refufa
la communion & l'extrême - onction à un vieux prêtre
nommé l'abbé *Le Maire* qui avait foutenu le parti janfé-

(*a*) 20 Novembre 1751. (*b*) 28 Novembre 1751.

isté du tems de la bulle *unigenitus* & qui l'avait très-mal soutenu. Voilà frère *Boitin* décrété encore d'ajournement personnel. Voilà les chambres assemblés pour faire donner l'extrême-onction à l'abbé *Le Maire*, & invitation faite par un secretaire de la cour à l'archevêque pour venir prendre sa place au parlement. L'archevêque répond qu'il a trop d'affaires spirituelles pour aller juger, & que ce n'est que par son ordre qu'on a refusé de donner la communion & les huiles au prêtre *Le Maire*. Les chambres restèrent assemblées jusqu'à minuit. Il n'y avait jamais eu d'exemple d'une telle séance. Frère *Boitin* fut encore condamné à l'aumône, & le parlement ordonna à l'archevêque *de ne plus commettre de scandale*. Le procureur-général, le dimanche des rameaux, va par ordre du parlement exhorter l'archevêque à donner les huiles à l'abbé *Le Maire* qui se mourait, le prélat le laissa mourir & courut à Versailles se plaindre au roi que le parlement mettait la main à l'encensoir. Le premier président de *Maupeou* court de son côté à Versaille. Il avertit le roi que le schisme se déclare en France, que l'archevêque trouble l'état, que les esprits sont dans la plus grande fermentation ; il conjure le roi de faire cesser les troubles. Le roi lui remet entre les mains un paquet cacheté pour l'ouvrir dans les chambres assemblées. Le chambres s'assemblent, on lit l'écrit signé du roi qui ordonne que les procédures contre *Boitin* seront annullées. Le Parlement à cette lecture décrète *Boitin* de prise de corps & l'envoie saisir par des huissiers. Le curé s'échappe. Le roi casse le décret de prise de corps (*a*). Le premier président de *Maupeou* avec plusieurs députés portent au roi les remontrances les plus amples & les plus éloquentes qu'on eût encore fait sur le danger du schisme, sur les abus de la religion, sur l'esprit d'incrédulité & l'indépendance que toutes ces malheureuses querelles ré-

(*a*) 15 Avril 1752.

pandaient fur la nation entière. On lui répondit des chofes vagues felon l'ufage.

Le lendemain le parlement fe raffemble, il rend un arrêt célèbre par lequel il déclare qu'il ne ceffera point de réprimer le fcandale, que la conftitution de la bulle *unigenitus* n'eft point un article de foi, & qu'on ne doit point fouftraire les accufés aux pourfuites de la juftice. On acheta dans Paris plus de dix mille exemplaires de cet arrêt, & tout le monde difait : *voilà mon billet de confeffion.*

Comme le théatin *Boyer* avait fait donner le fiége de Paris à un prélat conftitutionnaire, ce prélat avait auffi donné les cures à des prêtres du même parti. Il ne reftait plus que fept à huit curés attachés à l'ancien fyftême de l'églife gallicane.

L'archevêque ameute les conftitutionnaires, figne & envoie au roi une requête en faveur des billets de confeffion contre les arrêts du parlement : auffitôt les chambres affemblées décrètent le curé de faint Jean-en-Grève qui a minuté la requête ; le confeil caffe le décret & maintient le curé. Le parlement ceffe encore fes fonctions, & ne rend plus de juftice que contre les curés. On met en prifon des portes-Dieu, comme fi ces pauvres portes-Dieu étaient les maîtres d'aller porter Dieu fans le fecours du curé de la paroiffe.

De tous côtés on portait des plaintes au parlement de refus de facremens. Un curé du diocèfe de Langres, en communiant publiquement deux filles accufées de janfénifme, leur avait dit : *je vous donne la communion comme* Jefus *l'avait donnée à* Judas. Ces filles, qui ne reffemblaient en rien à *Judas*, préfentèrent requête, &

(*a*) 18 Avril.

Celui qui s'était comparé à *Jesus-Chrift* fut condamné à
l'amende-honorable & à payer aux deux filles trois mille
francs , moyennant lefquels elles furent mariées. On
brûla plufieurs mandémens d'évêques , plufieurs écrits qui
annonçaient le fchifme. Le peuple les appellait *feux de joie*
& battait des mains. Les autres parlemens du royaume en
faifaient autant dans leur reffort. Quelquefois la cour
caffait tous ces arrêts , quelquefois par laffitude elle les
laiffait fubfifter. On était inondé des cris des deux partis.
Les efprits s'échauffaient. Enfin l'archevêque de Paris ,
ayant défendu aux prêtres de faint Médard d'adminiftrer
une fœur *Perpétue* du couvent de fainte Agathe , le
parlement lui ordonna de la faire communier fous peine
de la faifie de fon temporel.

Le roi , qui s'était réfervé la connaiffance de toutes ces
affaires , blâma fon parlement & donna main - levée à
l'archevêque de la faifie de fes rentes. Le parlement voulut
convoquer les pairs , le roi le défendit ; les chambres
affemblées infiftèrent & prétendirent que l'affaire de fœur
Perpétue était de l'effence de la pairie. *Ces défenfes* , dit
l'arrêté , *intéreffent tellement l'effence de la cour & des
pairs & les droits des princes , qu'il n'eft pas poffible au
parlement d'en délibérer fans eux.* Un arrêt du confeil
du roi ayant été fignifié au greffier du parlement fur cette
affaire le 24 Janvier 1753 contre les formes ordinaires ,
le parlement en demanda fatisfaction au roi même *par la
fuppreffion de l'original & de la copie de la fignification.*

Ce corps continuait toujours à pourfuivre avec la
même vivacité les curés qui prêchaient le fchifme & la
fédition. Il y avait un fanatique nommé *Boutord* , curé
du *Pleffis Rofainvilliers* , chez qui les jéfuites avaient
fait une miffion ; quelques magiftrats , qui avaient des
maifons de campagne dans cette paroiffe , n'étaient con-
tens ni des jéfuites ni du curé. Il leur cria d'une voix

furieuſe de ſortir de l'égliſe , les appella janſéniſtes , calviniſtes & athées , & leur dit *qu'il ſerait le premier à tremper ſes mains dans leur ſang* (a). Le parlement ne le condamna pourtant qu'au banniſſement perpétuel.

L'archevêque ne prit point le parti de ce fanatique. Mais ſur les refus de ſacremens les arrêts du parlement étaient toujours caſſés. Comme il voulait forcer l'archevêque de la métropole à donner la communion , les ſuffragans n'étaient pas épargnés. On envoyait ſouvent des huiſſiers à Orléans & à Chartres pour faire recevoir l'euchariſtie. Il n'y avait guère de ſemaines où il n'y eût un arrêt du parlement pour communier dans l'étendue de ſon reſſort , & un arrêt du conſeil pour ne communier pas. Ce qui aigrit le plus les eſprits , ce fut l'enlèvement de ſœur *Perpétue.* L'archevêque de Paris obtint un ordre de la cour pour faire enlever cette fille qui voulait communier malgré lui. On diſperſa les religieuſes ſes compagnes. La petite communauté de ſainte Agathe fut diſſoute. Les janſéniſtes jetèrent les plus hauts cris & inondèrent la France de libelles. Ils annonçaient la deſtruction de la monarchie. Le parlement était toujours perſuadé que l'affaire de ſainte Agathe exigeait la convocation des pairs du royaume. Le roi perſiſtait à ſoutenir que la communion n'était pas une affaire de la pairie.

Dans des tems moins éclairés , ces puérilités auraient pu ſubvertir la France. Le fanatiſme s'arme des moindres prétextes. Le mot ſeul de ſacrement aurait fait verſer le ſang d'un bout du royaume à l'autre. Les évêques auraient interdit les villes , le pape aurait ſoutenu les évêques , on aurait levé des troupes pour communier le ſabre à la main : mais le mépris que tous les honnêtes gens avaient pour le fond de ces diſputes ſauva la France.

(a) 6 Février 1753.

Trois ou quatre cents convulfionnaires de la lie du pc
ple penfaient à la vérité qu'il fallait s'égorger pour
bulle & pour fœur *Perpétue* : le refte de la nation n'
croyait rien. Le parlement était devenu cher aux pe
ples par fon oppofition à l'archevêque & aux arrêts
confeil; mais on fe bornait à l'aimer fans qu'il toml
dans la tête d'aucun père de famille de prendre les a
mes & de donner de l'argent pour foutenir ce cor
contre la cour , comme on avait fait du tems de
fronde. Le parlement , qui avait pour lui la faveur p
blique , s'opiniâtrait dans fes réfolutions qu'il croy
juftes , & n'était pas féditieux.

CHAPITRE LXVI.

Suite des folies.

LES refus de facremens, les querelles entre la jurifdiction civile & les prétentions eccléfiaftiques s'étant mul-
tipliées dans les diocèfes de Paris, d'Amiens, d'Orléans, de Chartres, de Tours ; les jéfuites foufflant fecrètement cet incendie ; les janféniftes criant avec fureur ; le fchifme paraiffant près d'éclater, le parlement
avait préparé de très-amples remontrances, & il devait
envoyer au roi une grande députation. Le roi ne voulut
point la recevoir ; il demanda préalablement à voir les
articles fur lefquels ces repréfentations portéraient ; on
les lui envoya (a). Le roi répondit qu'ayant examiné les
objets de ces remontrances il ne voulait point les entendre.

Les chambres s'affemblent auffi-tôt, elles déclarent
qu'elles ceffent toute efpèce de fervice excepté celui de
maintenir la tranquillité publique contre les entreprifes
du clergé (b). Le roi leur ordonne par des lettres de
juffion de reprendre leurs fonctions ordinaires, de rendre la juftice à fes fujets & de ne fe plus mêler d'affaires
qui ne les regardent pas. Le parlement répond au roi
qu'il ne peut, obtempérer. Ce mot *obtempérer* fit à la
cour un fingulier effet. Toutes les femmes demandaient
ce que ce mot voulait dire, & quand elles furent qu'il
fignifiait *obéir*, elles firent plus de bruit que les miniftres & que les commis des miniftres.

Le roi affemble un grand confeil (c). On expédie des

(a) 30 Avril 1753.
(b) 5 Mai 1753.
(c) 6 Mai.

lettres de cachet pour tous les membres du parlement
excepté ceux de la grand'chambre. Les mousquetaires du
roi courent dans toute la ville pendant la nuit du 8 au
9 Mai , & font partir tous les préfidens.& les confeillers
des requêtes & des enquêtes , pour les lieux de leur exil.
On envoie avec une efcorte l'abbé *Chauvelin* au mont
St. Michel & enfuite à la citadelle de Caën , le préfident
Frémont du Mafy, petit-fils d'un fameux partifan , au
château de Ham en Picardie ; le préfident de *Moreau de
Béfigni* aux ifles de Ste. Marguerite , & *Beze de Lys* à
Pierre-Encife.

Les confeillers de la grand'chambre s'affemblèrent. Ils
étaient exceptés du châtiment général , parce que plufieurs ayant des penfions de la cour & leur âge devant les rendre plus flexibles, on avait efpéré qu'ils feraient plus obéiffans : mais quand ils furent affemblés ils
furent faifis du même efprit que les enquêtes ; ils dirent
qu'ils voulaient fubir le même exil que leurs confreres ; &
dans cette féance même ils décrétèrent quelques curés de
de prife de corps. Le roi envoya la grand'chambre à Pontoife (*a*) comme le duc d'Orléans régent l'y avait déjà
reléguée. Quand elle fut à Pontoife , elle ne s'occupa que
des affaires du fchifme. Aucune caufe particulière ne fe
préfenta.

Cependant il fallait pourvoir à faire rendre la juftice
aux citoyens. On créa une chambre royale compofée de
fix confeillers d'état & de vingt & un maîtres des requêtes (*b*), qui tinrent leurs féances aux grands auguftins comme s'ils n'ofaient pas fiéger dans le palais. Les ufages ont
une telle force chez les hommes que le roi , en difant
qu'il érigeait cette chambre de fa *certaine fcience & de fa
pleine puiffance*, n'ofa fe fervir de fa puiffance pour en

(*a*) 10 Mai 1753.   (*b*) 18 Septembre.

faire enrégiftrer l'érection dans fon confeil d'état, quoique ce confeil ait des regiftres auffi bien que les autres cours. On s'adreffa au châtelet qui n'eft qu'une juftice fubalterne. Le châtelet fe fignala (*a*) en n'enrégiftrant point, & parmi les raifons de fon refus il allégua que *Clotaire I* & *Clotaire II* avaient défendu qu'on dérogeât aux anciennes ordonnances des Francs. La cour fe contenta de caffer la fentence du châtelet, & en conféquence de fes ordres, une députation de la chambre-royale fe tranfporta au châtelet, fit rayer la fentence fur les regiftres, enrégiftra elle-même ; & cette procédure inutile étant faite, le châtelet fit une proteftation plus inutile. On changea la chambre-royale qui ne s'était appellée jufques-là que chambre des vacations (*b*), elle reçut alors le titre de chambre-royale, elle fiégea au Louvre au lieu de fiéger aux auguftins, & n'en fut pas moins accueillie du public. On envoya des lettres de cachet à tous les membres du châtelet pour enrégiftrer fous le nom de royale ce qu'on n'avait pas voulu enrégiftrer fous le nom de vacations.

Tous ces petits fubterfuges compromettaient la dignité de la couronne. Le lieutenant-civil enrégiftra (*c*) du très-exprès commandement du roi.

On ne délibéra point. Tout Paris s'obftina à tourner la chambre-royale en ridicule, elle s'y accoutuma fi bien, qu'elle même s'affembla quelquefois en riant & qu'elle plaifantait de fes arrêts.

Il arriva cependant une affaire férieufe. Je ne fais quel fripon nommé *Sandrin*, ayant été condamné à être pendu par le châtelet, en appella à la chambre-royale qui confirma la fentence. Le châtelet prétendit qu'on ne

(*a*) 28 Octobre.　　　(*c*) Le 20 Novembre.
(*b*) 11 Novembre 1753.

devait en appeller qu'au parlement & refufa de pendre
le coupable. Le rapporteur de cette caufe criminelle
nommé *Milon* fut mis à la Baftille pour n'avoir point
fait pendre *Sandrin*. Le châtelet alors ceffa fes fonctions
comme le parlement (*a*) ; il n'y eut plus aucune juftice
dans Paris. Auffi-tôt lettres de cachet au châtelet pour
rendre la juftice. Enlèvement de trois confeillers des plus
ardens. La moitié de Paris riait & l'autre moitié murmurait. Les convulfionnaires proteftaient que ces démêlés
finiraient tragiquement , & ce qu'on appelle à Paris la
bonne compagnie affurait que tout cela ne ferait jamais
qu'une mauvaife farce.

Les autres parlemens imitaient celui de Paris, & partout où il y avait des refus de facremens , il y avait des
arrêts, & ces arrêts étaient caffés ; le châtelet de Paris
était rempli de confufion , la chambre-royale prefque
oifive , le parlement exilé , & cependant tout était tranquille. La police agiffait , les marchés fe tenaient avec
ordre, le commerce fleuriffait , les fpectacles réjouif-
faient la ville, l'impoffibilité de faire juger des procès
obligeait les plaideurs de s'accommoder ; on prenait des
arbitres au-lieu des juges.

Pendant que la magiftrature était ainfi avilie , le clergé
triomphait. Tous les prêtres bannis par le parlement re-
venaient ; les curés décrétés exerçaient leurs fonctions ;
l'efprit du miniftère alors était de favorifer l'églife contre le parlement, parce que jufques-là on ne pouvait accufer l'archevêque de Paris d'avoir défobéi au roi ; & on
reprochait au parlement des défobéiffances formelles.
Cependant toute la cour s'empreffa de négocier parce
qu'elle n'avait rien à faire. Il fallait mettre fin à cette
efpèce d'anarchie. On ne pouvait caffer le parlement ,
parce qu'il aurait fallu rembourfer les charges & qu'on
avait

(*a*) 27 Novembre

avait très-peu d'argent. On ne pouvait le tenir toujour[s] exilé, puisque les hommes ne peuvent être affez fages pour ne point plaider.

. Enfin le roi prit l'occafion de la naiffance d'un duc de Berri pour faire grace. Le parlement fut rappellé (*a*). Le premier préfident de *Maupeou* fut reçu dans Paris aux acclamations du peuple. La chambre royale fut fupprimée (*b*) ; mais il était beaucoup plus aifé de rappeller le parlement que de calmer les efprits. A peine ce corps fut-il raffemblé que les refus de facremens recommencèrent.

L'archevêque de Paris fe fignala plus que jamais dans cette guerre de billets de confeffion. Le premier préfident de *Maupeou*, qui avait acquis beaucoup de crédit auprès du roi par fa fageffe, fit enfin connaître tous les excès de l'archevêque. Le roi voulut effayer fi ce prélat défobéirait à fes ordres comme le parlement avait défobéi. Il lui enjoignit de ne plus troubler l'état par fon dangereux zèle. *Beaumont* prétendit qu'il fallait obéir à Dieu plutôt qu'aux hommes. Le roi l'exila (*c*); mais ce fut à Conflans à fa maifon de compagne à deux lieues de Paris, & il faifait autant de mal de Conflans que de fon archevêché.

Le parlement eut alors liberté toute entière d'inftrumenter contre les habitués, vicaires, curés, portes-Dieu qui refufaient d'adminiftrer les mourans. *Beaumont* était auffi inflexible que le parlement avait été conftant. Le roi l'exila à Champeaux, dernier bourg de fon diocèfe. Le parlement avait paffé dans toute la France pour le martyr des loix. L'archevêque fut regardé dans fon petit parti comme le martyr de la foi. De Champeaux

(*a*) 27 Août 1754.
(*b*) 30 Août.
Hift. du Parl. de Paris.

(*c*) 2 Décembre.

V

on l'envoya à Lagny. Les évêques d'Orléans & de Troyes, qui étaient de sa faction, furent punis auffi légèrement; ils en étaient quittes pour aller en leurs maifons de plaifance; mais enfin l'évêque de Troyes qui rendait fon zèle ridicule par une vie fcandaleufe, & qui était accablé de dettes, fut renfermé chez des moines en Alface, & fut obligé de fe démettre de fon évêché.

Le roi avait ordonné le filence fur toutes les affaires eccléfiaftiques, & perfonne ne le gardait.

La forbonne autrefois janféniste & alors conftitutionnaire, ayant foutenu des thèfes contraires aux maximes du royaume, le parlement ordonna que le dóyen, le fyndic, fix anciens docteurs & profeffeurs en théologie viendraient avec le fcribe de la faculté & avec les regiftres. Ils furent réprimandés, leurs conclufions biffées, ordre à eux de fe taire fuivant la déclaration du roi.

La forbonne prétendit (a) que c'était le parlement qui contrevenait à la loi du filence, puifqu'il ne fe taifait pas fur ce qui fe paffait dans l'intérieur des écoles de forbonne. Le parlement ayant fait défenfe à ces docteurs de s'affembler, ils dirent qu'ils difcontinueraient leurs leçons comme le parlement avait interrompu les féances. Il fallut les contraindre par un arrêt de faire leurs leçons. Le ridicule fe mêlait toujours néceffairement à ces querelles.

L'année 1755 fe paffa toute entière dans ces petites difputes dont la nation commençait à fe laffer. Il s'ouvrait une plus grande fcène. On était menacé de cette fatale guerre dans laquelle l'Angleterre a enlevé au roi de France tout ce qu'il poffédait dans le continent de l'A-

(a) 6 Mai 1755.

mérique septentrionale, a détruit toutes ses flottes & a ruiné le commerce des Français aux grandes Indes & en Afrique. Il fallait de l'argent pour se préparer à cette guerre. Les finances avaient été très-mal administrées. L'usage ne permettait pas qu'on créât des impôts sans qu'ils fussent enrégistrés au parlement. C'était le tems de faire sentir qu'il se souvenait de son exil. Le roi, après avoir protégé ce corps contre les évêques constitutionnaires, les protégeait alors contre le parlement, tant les choses changent aisément à la cour. Une assemblée du clergé en 1756 avait porté de grandes plaintes contre les parlemens du royaume & paraissait écoutée. De plus le roi prenait alors le parti du grand conseil contre le parlement de Paris, qui lui contestait sa jurisdiction. L'embarras de la cour à soutenir la guerre prochaine rendait les esprits plus altiers & plus difficiles.

Le parlement tourna contre le grand conseil toutes ses batteries, dressées auparavant contre les constitutionnaires. Il convoqua les princes & les pairs du royaume pour le 18 Février. Le roi le sut aussi-tôt & défendit aux princes & aux pairs de se rendre à cette invitation. Le parlement soutint son droit d'inviter les pairs. Il le soutint inutilement & ne fit que déplaire à la cour. Aucun pair n'assista à ses assemblées.

Ce qui choqua le plus le gouvernement, ce fut l'association de tous les parlemens du royaume qui se fit alors sous le nom de classes. Le parlement de Paris était la première classe, & tous ensemble paraissaient former un même corps qui représentait le royaume de France. Ce mot de classe fut sévèrement relevé par le chancelier de *Lamoignon*. Il fallait enrégistrer les nouveaux impôts & on n'enrégistrait rien. On ne pouvait soutenir la guerre avec des remontrances. Cet objet était plus important que la bulle, des convulsions & des arrêts contre des portes-Dieu.

. Le roi tint un lit de juſtice à Verſailles (a) , les pri
ces & les pairs y aſſiſtèrent ; le parlement y alla da
cinquante-quatre caroſſes ; mais auparavant il arrêta qu
n'opinerait point. Il n'opina point en effet & on enr
giſtra malgré lui l'impôt de deux vingtièmes avec que
ques autres. Dès qu'il put s'aſſembler à Paris , il pr
teſta contre le lit de juſtice tenu à Verſailles: La co
était irritée. Le clergé conſtitutionnaire , croyant
tems favorable, redoublait ſes entrepriſes avec impuni
Preſque tous les parlemens du royaume faiſaient des r
montrances au roi. Ceux de Bourdeaux & de Rouen ce
ſaient déjà de rendre la juſtice. La plus ſaine partie
la nation en murmurait & diſait pourquoi punir l
particuliers des entrepriſes de la cour ?

Enfin après avoir tenu beaucoup de conſeils ſecret
le roi annonça un nouveau lit de juſtice pour le
Décembre. Il arriva au parlement avec les princes
ſang & le chancelier & tous les pairs. Il fit lire un é
dont voici les principaux articles :

1°. Bien que la bulle ne ſoit pas une règle de foi ,
la recevra avec ſoumiſſion.

2°. Malgré la loi du ſilence les évêques pourront di
tout ce qu'ils voudront , pourvu que ce ſoit avec chari

3°. Les refus de ſacremens ſeront jugés par les tr
bunaux eccléſiaſtiques & non civils , ſauf d'appel con
me d'abus.

4°. Tout ce qui s'eſt fait précédemment au ſujet
ces querelles ſera enſeveli dans l'oubli.

Voilà quant aux matières eccléſiaſtiques ; & pour

(a) 21 Août 1756.

qui regarde la police du parlement, voici ce qui fut ordonné.

1°. La grand'chambre feule pourra connaître de toute la police générale.

2°. Les chambres ne pourront être affemblées fans la permiffion de la grand'chambre.

3°. Nulle dénonciation que par le procureur général.

4°. Ordre d'enrégiftrer tous les édits immédiatement après la réponfe du roi aux remontrances permifes.

5°. Point de voix délibérative dans les affemblées des chambres avant dix ans de fervice.

6°. Point de difpenfe avant l'âge de 25 ans.

7°. Défenfe de ceffer de rendre juftice fous peine de défobéiffance.

Ces deux édits atterrèrent la compagnie ; mais elle fut foudroyée par un troifième qui fupprima la troifième & la quatrième chambres des enquêtes. Le roi fortit après cette féance à travers les flots d'un peuple immenfe qui laiffait voir la confternation fur fon vifage. A peine fut-il forti que la plupart des membres du parlement fignèrent la démiffion de leurs charges. Le lendemain & le furlendemain toute la grand'chambre figna de même. Il n'y eut enfin que les préfidens à mortier & dix confeillers qui ne fignèrent pas. Si la démarche du roi avait étonné le parlement, la réfolution du parlement n'étonna pas moins le roi. Ce corps ne fut que tranquille & ferme ; mais les difcours de tout Paris étaient violens & emportés.

Il y eut en tout cent quatre-vingts démiffions de données , le roi les accepta ; il ne reſtait que dix préſidens & quelques conſeillers de grand'chambre pour compoſer le parlement. Ce corps était donc regardé comme entièrement diſſous , & il paraiſſait fort difficile d'y ſuppléer. Le parti de l'archevêque leva la tête plus haut que jamais , les billets de confeſſion , les refus de ſacremens troublèrent tout Paris lorſqu'un événement imprévu étonna la France & l'Europe.

CHAPITRE LXVII.

Attentat de Damiens sur la personne du roi.

ON donnait au roi le surnom de *Bien-Aimé* dans tous les papiers & les discours publics depuis l'année 1744. Ce titre lui avait été donné d'abord par le peuple de Paris, & il avait été confirmé par la nation ; mais *Louis le Bien-Aimé* n'était pas alors si chéri des Parisiens qu'il l'avait été. Une guerre très-mal conduite contre l'Angleterre & contre le nord de l'Allemagne, l'argent du royaume dissipé dans cette guerre avec une profusion énorme, des fautes continuelles des généraux & des ministres affligeaient & irritaient les Français. Il y avait alors une femme à la cour que l'on haïssait, & qui ne méritait point cette haine. Cette dame avait été créée marquise de *Pompadour* par des lettres-patentes dès l'année 1745. Elle passait pour gouverner le royaume quoiqu'il s'en fallût beaucoup qu'elle fût absolue. La famille royale ne l'aimait pas ; & cette aversion augmentait la haine du public en l'autorisant. Le petit peuple lui imputait tout. Les querelles du parlement portèrent au plus haut degré cette aversion publique. Les querelles de la religion achevaient d'ulcérer tous les cœurs. Les convulsionnaires surtout étaient des énergumènes atroces qui disaient hautement depuis une année entière qu'il fallait du sang, que Dieu demandait du sang.

Un nommé *Gautier* intendant du marquis de *Ferrières*, frère d'un conseiller au parlement, l'un des plus ardens convulsionnaires, avait tenu quelques propos indiscrets. Il passait pour haïr le gouvernement qui l'avait fait met-

tre à la Baſtille en 1740, parce qu'il avait diſtribué des
nouvelles à la main. Depuis ce tems il exhalait quelquefois ſes mécontentemens. Ces propos, quoique vagues,
firent une grande impreſſion ſur un malheureux de la
lie du peuple qui était réellement atteint de folie. Il ſe
nommait *Robert François Damiens.* C'était le fils d'un
fermier qui avait fait banqueroute. Ce miſérable ne méritait pas les recherches que l'on fit pour s'inſtruire qu'il
était né dans un hameau nommé la *Tieuloy*, dépendant
de la paroiſſe de Monchy-le-Breton en Artois, le 9
Janvier 1715. Il était alors âgé de quarante-deux ans :
il avait été laquais, apprentif ſerrurier, ſoldat, garçon
de cuiſine & valet de réfectoire au collège des jéſuites à
Paris pendant quinze mois : ayant été chaſſé de ce collège il y était rentré une ſeconde fois. Enfin il s'était
marié & il avait des enfans. Etant ſorti pour la ſeconde
fois des jéſuites où il avait demeuré en tout trente mois,
il ſervit ſucceſſivement à Paris pluſieurs maîtres. Etant
alors ſans condition, il allait ſouvent dans la grande
ſalle du palais dans le tems de la plus grande efferveſ-
cence des querelles de la magiſtrature & du clergé.

La grande ſalle était alors le rendez-vous de tous ceux
qu'on appellait janſéniſtes ; leurs clameurs n'avaient point
de bornes, l'emportement avec lequel on parlait, alluma
l'imagination de *Damiens* déjà trop échauffée, il conçut
ſeul & ſans s'ouvrir à perſonne le deſſein qu'il avoua
depuis dans ſes interrogatoires & à la torture, deſſein le
plus fou qui ſoit jamais tombé dans la tête d'aucun homme. Il avait remarqué qu'au collège des jéſuites quelques
écoliers s'étaient défendus à coups de canif lorſqu'ils
croyaient être punis injuſtement. Il imagina de donner
un coup de canif au roi, non pas pour le tuer, car un
tel inſtrument n'en était pas capable ; mais pour lui ſervir
de leçon & pour lui faire craindre que quelque citoyen
ne ſe ſervît contre lui d'une arme plus meurtrière.

Le 5 Janvier 1757 à sept heures du soir, le roi étant prêt de monter en caroffe pour aller de Verfailles à Trianon avec son fils le dauphin entouré de ses grands-officiers & de ses gardes, fut frappé au milieu d'eux d'un coup qui pénétra de quatre lignes dans les chairs au - deffous de la cinquième côte : il porta la main à fa bleffure, & la retira teinte de quelques goutes de fang.

Il vit en fe retournant ce malheureux qui avait fon chapeau fur la tête, & qui était précifément derrière lui. Il s'était avancé à travers des gardes couvert d'une redingote, à la faveur de l'obfcurité, & les gardes l'avaient pris pour un homme de la fuite du roi. On le faifit, on lui trouva trente-fept louis d'or dans fes poches, avec un livre de prières. *Qu'on prenne garde*, dit-il, *à monfieur le dauphin, qu'il ne forte point de la journée*. Ces paroles, qu'il ne proférait dans fon extravagance que pour intimider la cour, y jetèrent en effet les plus grandes alarmes. Le roi fe fit mettre au lit ne fachant pas encore combien fa bleffure était légère. Son pouls était un peu élevé; mais il n'avait point du tout de fièvre. Il demanda d'abord un confeffeur, on n'en trouva point, & enfin un prêtre du grand commun vint le confeffer.

On mit d'abord le coupable entre les mains de la juftice du grand prévôt de l'hôtel felon les loix du royaume. Nous avons vu que c'eft ainfi qu'on en avait ufé lorfqu'on fit le procès au cadavre de *Jacques Clément*.

Dès que les gardes du roi eurent faifi *Damiens*, ils le menèrent dans une chambre baffe qu'on appelle le fallon des gardes. Le duc d'*Ayen* capitaine des gardes, le chancelier *Lamoignon*, le garde des fceaux *Machault*, *Rouillé* fils d'un entrepreneur des poftes, devenu fecretaire d'état des affaires étrangères, étaient accourus. Les gardes l'avaient déjà dépouill é tout nud & s'étaient faifis d'un couteau à deux lames qu'on avait trouvé fur lui.

L'une de ces lames était un canif long de quatre pouces avec lequel il avait frappé le roi à travers un manteau fort épais & tous ses habits, de façon que la blessure heureusement n'était guère plus considérable qu'un coup d'épingle.

Avant que le lieutenant du grand prévôt nommé *Le Clerc du Brillet*, qui juge souverainement au nom du grand prévôt, fût arrivé, quelques gardes du corps dans les premiers mouvemens de leur colère, & dans l'incertitude du danger de la vie de leur maître, avaient tenaillé ce misérable avec des pincettes rougies au feu, & le garde des sceaux *Machault* leur avait même prêté la main.

A son premier interrogatoire pardevant le lieutenant *Brillet*, il dit qu'il avait attenté sur le roi *à cause de la religion.*

Après son second interrogatoire, *Belot* exempt des gardes de la prévôté étant dans sa prison, *Damiens* dit à *Belot* qu'il connaissait beaucoup de conseillers au parlement ; *Belot* écrivit les noms de quelques-uns que *Damiens* dicta ; ces noms étaient *la Grange*, *Beze de Lys*, *La Guillaumie*, *Clément*, *Lambert*, le président de *Rieux Bonainvilliers* ; il voulait dire *Boulainvilliers* ; ce président était fils du célèbre *Samuel Bernard*, le plus riche banquier du royaume. Il prenait le nom de *Boulainvilliers* parce qu'il avait épousé une fille de cet illustre nom. C'était alors un usage assez commun dans la plus haute noblesse de marier ses filles aux fils des gens d'affaires, que leurs richesses rendaient bien supérieurs dans la société à la noblesse pauvre & méprisée.

Damiens écrivit aussi le nom de *Mazi* premier président de la même chambre, il ajouta *& presque tous*. Au bas de cette liste, il écrivit : *il faut qu'il remette son*

*parlement & qu'il le foutienne , avec promeffe de ne rien
faire aux ci-deffus & compagnie , & figna fon nom.*

Il dicta à l'exempt *Belot* une lettre affez longue au
roi , dans laquelle il y avait ces mots effentiels ; *fi vous
ne prenez pas le parti de votre peuple , avant qu'il foit
quelques années d'ici , vous & monfieur le dauphin &
quelques autres périront. Il ferait fâcheux qu'un auffi
bon prince par la trop grande bonté qu'il a pour les eccléfiaftiques dont il accorde toute fa confiance ne foit pas
sûr de fa vie , & fi vous n'avez pas la bonté pour votre
peuple d'ordonner qu'on lui accorde les facremens à
l'article de la mort.... votre vie n'eft pas en sûreté.
L'archevêque de Paris eft la caufe de tout le trouble &c.*

Cette lettre fignée du criminel ayant été portée au
roi , & enfuite remife au greffe de la prévôté , quelques
perfonnes de la cour furent d'avis qu'on affignât au moins
pour être ouis , les magiftrats du parlement nommés par
Damiens. Ils prétendaient que cette démarche pourrait
ôter au corps entier un crédit qui gênait trop fouvent la
cour ; mais le garde des fceaux , & furtout le comte
d'*Argenfon* miniftre de la guerre , avaient des vues tout
oppofées. Ils voulaient , dit-on , faire renvoyer de la
cour la marquife de *Pompadour* dont ils étaient alors
ennemis déclarés , & ils prétendaient foulever toute la
nation contre elle par le moyen du parlement , dont les
familles tenant à toutes les familles de Paris formaient
aifément la voix publique. Comme on n'était pas encore
bien sûr que le couteau ne fût empoifonné , on crut , ou
l'on fit croire que le roi était dans un très-grand danger ,
& que dans la crife où s'allait trouver le royaume , il
fallait renvoyer cette dame , & charger le parlement
du procès de *Damiens.* Le roi accorda l'un & l'autre.
Ces deux miniftres allèrent dire à madame de *Pompadour*
qu'il fallait partir. Elle s'y réfolut d'abord , n'ayant pu

voir le roi , & se croyant perdue ; mais elle se rassura
bientôt. Le premier chirurgien déclara que la blessure
n'était pas dangereuse , & l'on ne fut plus occupé que du
châtiment qu'exigeait un si étrange attentat.

Le comte d'*Argenson* fut chargé lui-même de minuter
la lettre que le roi envoya aux vingt-deux conseillers de
la grand'chambre qui siégeaient alors. On attribua au
président *Hénault* la lettre dans laquelle le roi demandait
une vengeance éclatante. Ensuite le secrétaire d'état
comte de *saint Florentin* envoya des lettres-patentes le
15 Janvier , signées *Phelipeaux*. Le 17 à dix heures de
la nuit on fit partir de Versailles aux flambeaux trois
carosses à quatre chevaux escortés de soixante grenadiers
du régiment des gardes , commandés par quatre lieutenans & huit sous-lieutenans. De nombreux détachemens
de maréchaussée précédaient la marche. On prit le chemin
par Vaugirard. Une compagnie entière des gardes se
joignit alors à l'escorte , une compagnie suisse bordait les
rues ; on aurait pris cette entrée pour celle d'un ambassadeur. Les rues étaient bordées d'autres compagnies aux
gardes, le guet à pied & à cheval était partout disposé
sur la route.

Il n'est pas vrai qu'on défendit aux citoyens de se
mettre à la fenêtre sous peine de la vie. Ce mensonge
absurde se trouve à la vérité dans les nouvelles publiques
de ce tems. Ces nouvelles mercénaires sont toujours écrites
par des gens à qui leur obscurité ne permet pas d'être
bien informés.

Pendant que le roi remettait ainsi à la grand'chambre
non complette le jugement de *Damiens* , il n'en exilait
pas moins seize des conseillers qui avaient donné leur
démission, on leur fit même l'affront de les faire garder
par des archers du guet dans leurs maisons, jusqu'au moment de leur exil, depuis le 27 Janvier jusqu'au 30. La

grand' chambre fit des remontrances qui ne furent point écoutées, elle abandonna le reſte de ſon corps : cette chambre fut alors uniquement occupée du devoir d'inſtruire le procès de *Damiens*, ſur lequel tout Paris faiſait les conjectures les plus atroces & les plus contradictoires.

Le tour des miniſtres pour être exilés ne tarda pas d'arriver. *Louis XV* avait exilé pluſieurs qui le ſervaient & qui l'approchaient. C'était ainſi qu'il avait traité le duc de *la Rochefoucault* grand-maître de la garderobe, le plus honnête homme de la cour ; le duc de *Châtillon* gouverneur de ſon fils, le comte de *Maurepas* le plus ancien de ſes miniſtres, le gardé des ſceaux *Chauvelin* qui a toujours conſervé de la réputation dans l'Europe, tout le parlement de Paris, & un très-grand nombre d'autres magiſtrats, des évêques, des abbés, & des hommes de tout état.

La marquiſe de *Pompadour*, qui avait fait renvoyer le comte de *Maurepas*, fit renvoyer de même le garde des ſceaux *Machault* & le comte d'*Argenſon*. Tous deux reçurent leurs lettres de cachet le même jour premier Février. Tel a été ſouvent le ſort des miniſtres en France, ils exilent, & on les exile ; ils empriſonnent, & ils ſont empriſonnés. Toutes ces choſes qui ſont de la plus grande vérité ſe trouvent éparſes dans les journaux étrangers ; on les a raſſemblées ici ſans aucune envie de flatter ni de nuire, & ſeulement pour l'inſtruction de ceux qui trouvent leur conſolation dans l'hiſtoire.

Dans le procès de *Damiens* que la grand'chambre inſtruiſit, le criminel ſoutint toujours que la religion l'avait déterminé à frapper le roi, mais qu'il n'avait jamais eu intention de le tuer ; il déclara ſans varier que ſon projet avait été conçu, depuis l'exil de tout le parlement.

Interrogé fur les difcours qu'on tenait chez le docteur de forbonne nommé *Launai*, dont il avait été quelque tems laquais, il répondit, *qu'on y difait que les gens du parlement étaient les plus grands coquins & les plus grands marauts de la terre.* Toutes fes réponfes étaient d'un homme infenfé, ainfi que fon action.

Interrogé pourquoi il avait fait écrire par l'exempt *Belot* les noms de quelques membres du parlement, & pourquoi il avait ajouté, *prefque tous*, il répondit, *parce que tous font furieux de la conduite de l'archevêque.*

Vareille, enfeigne des gardes du corps, lui ayant été confronté, & lui ayant foutenu qu'il avait dit, *que fi l'on avait tranché la tête à quatre ou cinq évêques, il n'aurait pas affaffiné le roi pour la religion*; Damiens répondit, *qu'il n'avait pas parlé de leur trancher la tête, mais de les punir, fans dire de quel fupplice.* Il perfifta toujours à foutenir que *fans l'archevêque cela ne ferait pas arrivé, & qu'il n'avait frappé le roi que parce qu'on refufait les facremens à d'honnêtes gens.* Il ajouta, *qu'il n'allait plus à confeffe depuis que l'archevêque avait donné de fi bons exemples.*

Ce fut furtout dans fon interrogatoire du 26 Mars qu'il déclara, *que s'il n'était pas venu fouvent dans la falle du palais, il n'aurait pas commis fon crime, & que les difcours qu'il y avait entendus l'y avaient déterminé.*

Ce qu'il y a de plus fingulier, c'eft que le premier préfident de *Maupeou* lui ayant demandé, *s'il croyait que la religion permettait d'affaffiner les rois*, il dit par trois fois, *qu'il n'avait rien à répondre.*

Après la lecture de fon arrêt prononcé en préfence de cinq princes du fang, de vingt-deux ducs & pairs, de

douze préfidens à mortier, de fept confeillers d'honneur,
de quatre maîtres des requêtes, & de dix-neuf confeillers
de grand'chambre, il fut appliqué à la queftion des coins
qu'on enfonce entre les genoux ferrés par deux plan-
ches; il commença par s'écrier, *c'eft ce coquin d'archevêque qui eft caufe de tout.* Enfuite il énonça que
c'était le nommé *Gautier* homme d'affaires de monfieur
de *Ferrieres* frère d'un confeiller au parlement, qui lui
avait dit en préfence de ce Ferrières, *qu'on ne pouvait
finir ces querelles qu'en tuant le roi*; qu'il demeurait dans
la même rue que *Gautier*; qu'il lui avait entendu tenir ce
difcours dix fois, & ajouter *que c'était une œuvre méri-
toire.*

Au huitième & dernier coin il répéta encore qu'il avait
été infpiré par les difcours de ce *Gautier* & par ceux
qu'il avait entendus dans le palais. Immédiatement après
la queftion, on lui confronta *Dominique François Gautier* qui dit d'abord n'avoir point de reproches à lui faire,
mais qui nia toute fa dépofition. On lui confronta auffi le
fieur *Ferrières*; celui-ci convint que *Damiens* lui avait
apporté quelquefois des arrêts du parlement, & juftifia
fon domeftique *Gautier* autant qu'il le put.

Le fupplice de ce miférable fut préparé & perpétré
avec un appareil & une folemnité fans exemple. On avait
entouré de paliffades un efpace de cent pieds en quarré,
qui touchait à la grande porte de l'hôtel-de-ville. Cet efpace était entouré en dedans & en dehors de tout le guet
de Paris. Les gardes françaifes occupaient toutes les avenues, & des corps de gardes fuiffes étaient répandus
dans toute la ville. Le prifonnier fut placé vers les cinq
heures fur un échaffaud de huit pieds & démi quarrés
(*a*). On le lia avec de groffes cordes retenues par des

(*a*) 28 Mars 1757.

cercles de fer qui affujettiffaient fes bras & fes cuiffes.
On commença par lui brûler la main dans un brafier rempli de foufre allumé. Enfuite il fut tenaillé avec de groffes
pinces ardentes aux bras, aux cuiffes & à la poitrine.
On lui verfa du plomb fondu avec de la poix-réfine & de
l'huile bouillante fur toutes fes plaies. Ces fupplices réitérés lui arrachaient les plus affreux hurlemens. Quatre
chevaux vigoureux fouettés par quatre valets de bourreau
tirèrent les cordes qui portaient fur les plaies fanglantes
& enflammées du patient ; les tirades & les fecouffes du-
rrrent une heure. Les membres s'allongèrent & ne fe
féparèrent pas. Les bourreaux coupèrent enfin quelques
mufcles. Les membres fe détachèrent l'un après l'autre.
Damiens ayant perdu deux cuiffes & un bras refpirait
encore, & n'expira que lorfque le bras qui lui reftait fut
féparé de fon tronc tout fanglant. Les membres & le tronc
furent jetés dans un bûcher préparé à dix pas de l'échauf-
faud.

A l'égard de ce *Gautier* fi violemment accufé d'avoir
tenu des difcours qui avaient difpofé *Damiens* à fon
crime, il fut encore interrogé, mais après la mort de
Damiens. Il avoua qu'à la vérité il avait entendu un jour
Damiens parler vivement des affaires du parlement, &
qu'il avait dit *que c'était un bon citoyen*. On ordonna
contre lui un plus ample informé pendant une année,
après quoi il fut élargi.

Dans le même tems le roi faifait enlever trente-quatre
membres du parlement de Befançon qui s'étaient oppofés
aux édits burfaux, & des archers les conduifaient dans
différentes provinces. Tous les parlemens du royaume
lui adreffaient des plaintes. Les avocats ne plaidaient
point dans Paris, & tous les citoyens étaient irrités.

Le roi, pour appaifer les cris, donna fix mille livres
de

de pension aux deux rapporteurs qui avaient inftruit le procès de *Damiens*, deux mille au premier greffier, quinze cents au fecond. Peu d'officiers qui verfent leur fang dans les batailles font auffi bien récompenfés. On efpérait par-là faire rentrer les autres membres du parlement dans leur devoir, & tandis qu'on prodiguait les penfions à la grand'chambre, on offrait le remboursement de leurs charges à treize confeillers exilés; mais on manquait d'argent, & la guerre funefte dans laquelle on était engagé appauvriffait & dépeuplait le royaume. On changeait le miniftre de finances de fix mois, en fix mois; c'était montrer la maladie de l'état que d'appeller toujours de nouveaux médecins. Il fallut enfin négocier avec ceux de la grand'chambre des enquêtes & des requêtes qui avaient donné leurs démiffions; on les leur rendit, ils reprirent leurs fonctions (*a*), mais ils demeurèrent très-aigris.

On rendit auffi au parlement de Rennes trois confeillers qu'on avait mis en prifon, & le parlement de Rennes ne fut que plus irrité.

Dès que le parlement parut tranquille, l'archevêque *Beaumont* ne le fut pas; il renouvella toutes les querelles qui femblaient affoupies; refus de facremens, interdictions de religieufes. Le roi ayant écrit précédemment au pape *Benoît XIV*, pour le prier de lui donner les moyens d'appaifer les troubles, moyens très-difficiles à trouver, *Beaumont* avait écrit de fon côté pour aigrir le pape. Il déplut également au roi & au pontife de Rome. *Louis XV* accoutumé à l'exiler l'envoya en Périgord. C'eft ainfi que fe termina l'année 1757.

Toutes ces querelles tombèrent bientôt dans l'oubli, lorfque l'expulfion des jéfuites occupa tout le royaume.

(*a*) Août 1757.

CHAPITRE LXVIII.

De l'aboliſſement des jéſuites.

ON ſait tout ce qu'on reprochait depuis long-tems aux jéſuites : ils étaient regardés en général comme fort habiles, fort riches, heureux dans toutes leurs entre-priſes & ennemis de la nation : ils n'étaient rien de tout cela ; mais ils avaient violemment abuſé de leur crédit quand ils en avaient eu. D'autres ordres étaient beaucoup plus opulens , mais ils n'avaient pas été intriguans & perſécuteurs comme les jéſuites , & n'étaient pas déteſ-tés comme eux.

On a prétendu que leur général avait eu l'imprudence de rendre de mauvais offices dans Rome à un ambaſſa-deur de France , l'un de ceux qui ont le mieux ſervi l'é-tat , & dont le génie ſupérieur devait être plutôt ménagé qu'offenſé. La conduite du général était d'autant plus mal-adroite qu'il ſavait que le crédit de ſon ordre ne te-nait preſque plus à rien ; & il y parut bien dans la ſuite.

Il y avait depuis 1747 à la Martinique un jéſuite nommé *la Valette* ſupérieur des miſſions , & dont l'em-ploi devait être de convertir des nègres : il aima mieux les faire travailler à ſes intérêts que prendre ſoin de leur ſalut. C'était un génie vaſte & entreprenant pour le commerce. Il s'aſſocia avec un juif nommé *Iſaac* , établi à l'iſle de la Dominique , & eut des correſpondan-ces dans toutes les principales villes de l'Europe. Le plus grand de ſes correſpondans était le jéſuite *Sacy* procureur-général des miſſions , demeurant dans la maiſon profeſſe de Paris. Le monopole énorme que faiſait *la Valette* le

fit rappeller par le miniſtère ſur les plaintes des habitans
des iſles , en 1753 : mais les jéſuites obtinrent qu'il fût
renvoyé dans ſon poſte. Il n'en coûta à *la Valette* qu'une
promeſſe par écrit de ne ſe mêler plus que de gagner des
ames , & de ne plus équiper de vaiſſeaux. Ses ſupérieurs
le nommèrent alors viſiteur-général & préfet apoſto-
liqué , & avec ſes titres il alla continuer ſon commerce.
Les Anglais le dérangèrent ; ils prirent ſes vaiſſeaux. *La
Valette* & *Sacy* firent une banqueroute plus conſidérable que la ſomme qu'ils avaient perdue ; car les effets
dont les Anglais s'étaient emparés ne furent pas vendus
douze cent mille francs de notre monnoie , & la banqueroute des jéſuites fut d'environ trois millions.

Deux gros négocians de Marſeille *Gouffre* & *Lioncy* ,
y perdirent tout d'un coup quinze cent mille livres.
Sacy , procureur des miſſions à Paris , eut ordre de ſon
général d'offrir cinq cent mille francs pour les appaiſer :
il offrit cet argent & ne le donna point : il en employa
une partie à ſatisfaire quelques créanciers de Paris , dont
les cris lui paraiſſaient plus dangereux que ceux qui ſe
faiſaient entendre de plus loin.

Les deux Marſeillois ſe pourvurent cependant devant
la juriſdiction conſulaire de leur ville. *La Valette* & *Sacy*
furent condamnés ſolidairement le 19 Novembre 1759.
Mais comment faire payer quinze cent mille francs à
deux jéſuites ? Les mêmes créanciers & quelques autres
demandèrent que la ſentence fût exécutoire contre toute
la ſociété établie en France. Cette ſentence fut obtenue
par défaut le 29 Mai 1760 ; mais il était auſſi difficile de
faire payer la ſociété que d'avoir de l'argent des deux
jéſuites *Sacy* & *la Valette.*

Ce n'était pas , comme on ſait , la premiere banqueroute que les jéſuites avaient faite. On ſe ſouvenait de
celle de Seville qui avait réduit cent familles à la men-

dicité en 1644. Ils en avaient été quittes pour donner des indulgences aux familles ruinées , & pour affocier à leur ordre les principales & les plus dévotes.

Ils pouvaient appeller de la fentence des confuls de Marfeille pardevant la commiffion du confeil établie pour juger tous les différends touchant le commerce de l'Amérique ; mais monfieur de *la Grand'ville* qu'ils confultèrent leur confeilla de plaider devant le parlement de Paris : ils fuivirent cet avis qui leur devint funefte. Cette caufe fut plaidée à la grand'chambre avec la plus grande folemnité. Maître *Gerbier* fe fit en parlant contre eux la même réputation qu'autrefois les *Arnaud* & les *Pafquier.*

Après plufieurs audiences, monfieur *le Pelletier de faint Fargeau*, alors avocat - général , réfuma toute la caufe , & fit voir que *la Valette* étant vifiteur-apoftolique , & *Sacy* procureur-général des miffions , étaient deux banquiers ; que ces deux banquiers étaient commiffionnaires du général réfidant à Rome, que ce général était adminiftrateur de toutes les maifons de l'ordre ; & fur fes conclufions il fut rendu arrêt par lequel le général des jéfuites & toute la fociété étaient condamnés à reftitution, aux intérêts , aux dépens, & à cinquante mille livres de dommages , le 8 Mai 1761.

Le général ne pouvait être contraint, les jéfuites de France le furent. Le prononcé fut reçu du public avec des applaudiffemens & des battemens de mains incroyables. Quelques jéfuites qui avaient eu la hardieffe & la fimplicité d'affifter à l'audience, furent reconduits par la populace avec des huées. La joie fut auffi univerfelle que la haine. On fe fouvenait de leurs perfécutions , & eux-mêmes avouèrent que le public les lapidait avec les pierres de Port - royal qu'ils avaient détruit fous *Louis XIV.*

Pendant qu'on avait plaidé cette caufe, tous les esprits s'étaient tellement échauffés, les anciennes plaintes contre cette compagnie s'étaient renouvellées fi hautement, qu'avant de les condamner pour leur banqueroute, les chambres affemblées avaient ordonné dès le 17 Avril, qu'ils apporteraient leurs conftitutions au greffe. Ce fut l'abbé de *Chauvelin* qui le premier dénonça leur inftitut même comme ennemi de l'état, & qui par-là rendit un fervice éternel à la patrie.

Ils obtinrent par leurs intrigues que le roi lui-même fe réferverait dans fon confeil la connoiffance de ces conftitutions ; en effet le roi ordonna par une déclaration qu'elles lui fuffent apportées. La déclaration fut enrégiftrée au parlement le 6 Août ; mais le même jour les chambres affemblées firent brûler par le bourreau vingt-quatre livres des théologiens jéfuites. Le parlement remit au roi l'exemplaire des conftitutions de cet ordre ; mais il ordonna en même tems que les jéfuites en apporteraient un autre dans trois jours, & leur défendit de recevoir des novices & de faire des leçons publiques, à commencer au premier Octobre 1761. Ils n'obéirent point ; il fallut que le roi lui-même leur ordonnât de fermer leurs claffes le premier Avril 1762, & alors ils obéirent.

Pendant tout le tems que dura cette tempête qu'eux-mêmes avaient excitée, non-feulement plufieurs eccléfiaftiques, mais encore quelques membres du parlement les rendaient odieux à la nation par des écrits publics. Le célèbre abbé de *Chauvelin* fut celui qui fe diftingua le plus & qui hâta leur deftruction.

Les jéfuites répondirent : mais leurs livres ne firent pas plus d'effet que les fatyres imprimées contre eux du tems qu'ils étaient puiffans. Tous les parlemens du royaume l'un après l'autre déclarèrent leur inftitut incom-

patible avec les loix du royaume. Le 6 Août 1762 la parlement de Paris leur ordonna *de renoncer pour toujours*
au nom, à l'habit, aux vœux, au régime de leur société,
d'évacuer les noviciats, les collèges, les maisons-professes
dans huitaine, leur défendit *de se trouver deux ensemble*
& de travailler en aucun tems & de quelque manière que
ce fût à leur rétablissement, sous peine d'être déclarés
criminels de lèze-majesté.

Le 22 Février 1764, autre arrêt qui ordonnait que
dans huitaine les jésuites qui voudraient rester en France
feraient serment d'abjurer l'institut.

Le 9 Mars suivant, arrêt qui bannit du royaume tous
ceux qui n'auront pas fait le serment. Enfin le roi par un
édit du mois de Novembre 1764, cédant à tous les parlemens & aux cris de toute la nation, dissout la société
sans retour.

Ce grand exemple imité depuis & surpassé encore en
Espagne, dans les deux Siciles, à Parme & à Malthe,
a fait voir que ce qu'on croit difficile est souvent très-
aisé, & on a été convaincu qu'il serait aussi facile de
détruire toutes les usurpations des papes, que d'anéan-
tir des religieux qui passaient pour ses premiers satellites.

CHAPITRE LXIX.

Le parlement mécontente le roi & une partie de la nation. Son arrêt contre le chevalier de la Barre & contre le général Lalli.

Qui pouvait croire alors que dans peu de tems le parlement éprouverait le même sort que les jésuites. Il fatiguait depuis plusieurs années la patience du roi, & il ne se concilia pas la bienveillance du public par le supplice du chevalier *de la Barre*, & par celui de général *Lalli*.

On ne peut mieux faire pour l'instruction du genre humain, que de rapporter ici la lettre d'un vertueux avocat du conseil à monsieur *de Beccaria* le plus célèbre jurisconsulte d'Italie.

RELATION

De la mort du chevalier de la Barre, *par mon-*
fieur Caſſ * * * , *avocat au conſeil du roi , à*
monſieur le marquis de Beccaria , *écrite en*
1766.

IL ſemble, monſieur, que toutes les fois qu'un génie
bienfaiſant cherche à rendre ſervice au genre humain,
un démon funeſte s'élève auſſi-tôt pour détruire l'ouvrage de la raiſon.

A peine eûtes-vous inſtruit l'Europe par votre excellent livre ſur les délits & les peines , qu'un homme qui
ſe dit juriſconſulte écrit contre vous en France. Vous
aviez ſoutenu la cauſe de l'humanité , & il fut l'avocat
de la barbarie. C'eſt peut-être ce qui a préparé la cataſ-
trophe du jeune chevalier *de la Barre* âgé de dix-neuf
ans , & du fils du préſident *de Talonde* qui n'en avait
pas encore dix-huit.

Avant que je vous raconte , monſieur, cette horrible
aventure qui a indigné l'Europe entière (excepté peut-
être quelques fanatiques ennemis de la nature humaine ,)
permettez-moi de poſer ici deux principes que vous
trouverez inconteſtables.

1º. Quand une nation eſt encore aſſez plongée dans
la barbarie pour faire ſubir aux accuſés le ſupplice de
la torture, c'eſt-à-dire , pour leur faire ſouffrir mille
morts au-lieu d'une , ſans ſavoir s'ils ſont innocens ou
coupables, il eſt clair au moins qu'on ne doit point
exercer cette énorme fureur contre un accuſé quand il

convient de fon crime, & qu'on n'a plus befoin d'aucune preuve.

2°. Il eft auffi abfurde que cruel de punir les violations des ufages reçues dans un pays, les délits commis contre l'opinion régnante, & qui n'ont opéré aucun mal phyfique, du même fupplice dont on punit les parricides & les empoifonneurs.

Si ces deux règles ne font pas démontrées, il n'y a plus de loix, il n'y a plus de raifons fur la terre; les hommes font abandonnés à la plus capricieufe tyrannie, & leur fort eft fort au-deffous de celui des bêtes.

Ces deux principes établis, je viens, monfieur, à la funefte hiftoire que je vous ai promife.

Il y avait dans Abbéville, petite cité de Picardie, une abbeffe, fille d'un confeiller d'état très-eftimé; c'eft une dame aimable, de mœurs très-régulières, d'une humeur douce & enjouée, bienfaifante, & fage fans fuperftition.

Un habitant d'Abbéville nommé *Belleval*, âgé de foixante ans, vivait avec elle dans une grande intimité, parce qu'il était chargé de quelques affaires du couvent; il eft lieutenant d'une efpèce de petit tribunal qu'on appelle l'élection, fi on peut donner le nom de tribunal à une compagnie de bourgeois, uniquement prépofés pour régler l'affife de l'impôt appellé la taille. Cet homme devint amoureux de l'abbeffe, qui ne le repouffa d'abord qu'avec fa douceur ordinaire, mais qui fut enfuite obligée de marquer fon averfion & fon mépris pour fes importunités trop redoublées.

En 1764, l'abbeffe d'un couvent fit venir chez elle dans ce tems-là le chevalier *de la Barre* fon neveu,

RELATION

De la mort du chevalier de la Barre, par mon-
fieur Caff * * * , *avocat au confeil du roi , à*
monfieur le marquis de Beccaria *, écrite en*
1766.

IL femble, monfieur, que toutes les fois qu'un génie
bienfaifant cherche à rendre fervice au genre humain ,
un démon funefte s'élève auffi-tôt pour détruire l'ouvrage de la raifon.

A peine eûtes-vous inftruit l'Europe par votre excellent livre fur les délits & les peines , qu'un homme qui
fe dit jurifconfulte écrit contre vous en France. Vous
aviez foutenu la caufe de l'humanité , & il fut l'avocat
de la barbarie. C'eft peut-être ce qui a préparé la cataf-
trophe du jeune chevalier *de la Barre* âgé de dix-neuf
ans , & du fils du préfident *de Talonde* qui n'en avait
pas encore dix-huit.

Avant que je vous raconte , monfieur, cette horrible
aventure qui a indigné l'Europe entière (excepté peut-
être quelques fanatiques ennemis de la nature humaine ,)
permettez-moi de pofer ici deux principes que vous
trouverez inconteftables.

1°. Quand une nation eft encore affez plongée dans
la barbarie pour faire fubir aux accufés le fupplice de
la torture, c'eft-à-dire , pour leur faire fouffrir mille
morts au-lieu d'une , fans favoir s'ils font innocens ou
coupables , il eft clair au moins qu'on ne doit point
exercer cette énorme fureur contre un accufé quand il

convient de fon crime, & qu'on n'a plus befoin d'aucune preuve.

2°. Il eft aufli abfurde que cruel de punir les violations des ufages reçues dans un pays, les délits commis contre l'opinion régnante, & qui n'ont opéré aucun mal phyfique, du même fupplice dont on punit les parricides & les empoifonneurs.

Si ces deux règles ne font pas démontrées, il n'y a plus de loix, il n'y a plus de raifons fur la terre ; les hommes font abandonnés à la plus capricieufe tyrannie, & leur fort eft fort au-deffous de celui des bêtes.

Ces deux principes établis, je viens, monfieur, à la funefte hiftoire que je vous ai promife.

Il y avait dans Abbéville, petite cité de Picardie, une abbeffe, fille d'un confeiller d'état très-eftimé ; c'eft une dame aimable, de mœurs très-régulières, d'une humeur douce & enjouée, bienfaifante, & fage fans fuperftition.

Un habitant d'Abbéville nommé *Belleval*, âgé de foixante ans, vivait avec elle dans une grande intimité, parce qu'il était chargé de quelques affaires du couvent ; il eft lieutenant d'une efpèce de petit tribunal qu'on appelle l'élection, fi on peut donner le nom de tribunal à une compagnie de bourgeois, uniquement prépofés pour régler l'affife de l'impôt appellé la taille. Cet homme devint amoureux de l'abbeffe, qui ne le repouffa d'abord qu'avec fa douceur ordinaire, mais qui fut enfuite obligée de marquer fon averfion & fon mépris pour fes importunités trop redoublées.

En 1764, l'abbeffe d'un couvent fit venir chez elle dans ce tems-là le chevalier *de la Barre* fon neveu, pètit-fils d'un lieutenant-général des armées, mais dont le père avait diffipé une fortune de plus de quarante mille livres de rente : elle prit foin de ce jeune homme, comme de fon fils, & elle était prête de lui faire obtenir une compagnie de cavalerie : il fut logé dans l'extérieur du couvent, & madame fa tante lui donnait fouvent à fouper, ainfi qu'à quelques jeunes gens de fes amis.

Un citoyen d'Abbéville, brouillé avec l'abbeffe pour des affaires d'intérêt, réfolut de fe venger ; il fut que le chevalier *de la Barre* & le jeune *Talonde* fils du préfi-dent de l'éleétion avaient paffé depuis peu devant une proceffion fans ôter leur chapeau : c'était au mois de Juillet 1765. Il chercha dès ce moment à faire regar-der cet oubli momentané des bienféances comme une infulte préméditée faite à la religion. Tandis qu'il our-diffait fecrètement cette trame, il arriva malheureufe-ment que le 9 Août de la même année on s'apperçut que que le crucifix de bois pofé fur le pont-neuf d'Abbéville était endommagé, & l'on foupçonna que des foldats ivres avaient commis cette infolence impie.

Je ne puis m'empêcher, monfieur, de remarquer ici qu'il eft peut-être indécent & dangereux d'expofer fur un pont ce qui doit être révéré dans un temple catho-lique ; les voitures publiques peuvent aifément le brifer ou le renverfer par terre. Dés ivrognes peuvent l'inful-ter au fortir d'un cabaret, fans favoir même quel excès ils commettent. Il faut remarquer encore que ces ouvrages groffiers, ces crucifix de grand chemin, ces images de la Vierge *Marie*, ces enfans *Jefus* qu'on voit dans des niches de plâtre au coin des rues de plufieurs villes, ne font pas un objet d'adoration tels qu'ils le font dans nos églifes : cela eft fi vrai qu'il eft permis de paffer devant ces images fans les faluer. Ce font des monu-mens d'une piété mal éclairée : & au jugement de

tous les hommes fenfés , ce qui eft faint ne doit être
que dans le lieu faint.

Malheureufement l'évêque d'Amiens , étant auffi
évêque d'Abbéville , donna à cette aventure une célé-
brité , & une importance qu'elle ne méritait pas. Il
fit lancer des monitoires ; il vint faire une proceffion
folemnelle auprès de ce crucifix , & on ne parla dans
Abbéville que de facrilèges pendant une année entière.
On difait qu'il fe formait une nouvelle fecte qui brifait
tous les crucifix , qui jetait par terre toutes les hofties &
& les perçait à coups de couteaux. On affurait qu'elles
avaient répandu beaucoup de fang. Il y eut des femmes
qui crurent en avoir été témoins. On renouvella tous
les contes calomnieux répandus contre les Juifs dans
tant de villes de l'Europe. Vous connaiffez , monfieur ,
à quel excès la populace porte la crédulité & le fanatifme , toujours encouragés par les moines.

L'ennemi qui avait fufcité cette affaire , voyant les
efprits échauffés , confondit malicieufement enfemble
l'aventure du crucifix & celle de la proceffion , qui
n'avaient aucune connexité. Il rechercha toute la vie du
chevalier *de la Barre* : il fit venir chez lui valets , fer-
vantes , manœuvres ; il leur dit d'un ton d'infpiré , qu'ils
étaient obligés en vertu des monitoires , de révéler tout
ce qu'ils avaient pu apprendre à la charge de ce jeune
homme ; ils répondirent tous qu'ils n'avaient jamais entendu dire que le chevalier *de la Barre* eût la moindre
part à l'endommagement du crucifix.

On ne découvrit aucun indice touchant cette mutilation , & même alors il parut fort douteux que le crucifix
eût été mutilé exprès. On commença à croire , (ce qui
était affez vraifemblable ,) que quelque charrette chargée
de bois avait caufé cet accident.

Le nommé *la Cour* depose qu'il a entendu dire à l'ac-cusé *au nom du C*.... au-lieu de dire au nom du père, &c. Le chevalier dans son interrogatoire sur la sellette a nié ce fait.

Le nommé *Fétignot* dépose qu'il a entendu l'accusé ré-citer les litanies du C.... telles à-peu-près qu'on les trouve dans *Rabelais*, & que je n'ose rapporter ici.La ac-cusé le nie dans son interrogatoire sur la sellette; il avoue qu'il a en effet prononcé C.... mais il nie tout le reste.

Voilà, monsieur, toutes les accusations portées contre le chevalier *de la Barre*, le sieur *Moinel*, le sieur *de Talonde*, *Jean-François Douville* de Maillefeu, & le fils du nommé *Belleval* auteur de toute cette tragédie.

Il est constaté qu'il n'y avait eu aucun scandale public, puisque *la Barre* & *Moinel* ne furent arrêtés que sur des monitoires lancés à l'occasion de la mutilation du crucifix, mutilation scandaleuse & publique, dont ils ne furent chargés par aucun témoin. On rechercha toutes les actions de leur vie, leurs conversations secrètes, des paroles échappées un an auparavant; on accumula des choses qui n'avaient aucun rapport ensemble, & en cela même la procédure fut très-vicieuse.

Sans ces monitoires & sans les mouvemens violens que se donna *B*, il n'y aurait jamais eu de la part de ces en-fans infortunés ni scandale, ni procès criminel, le scan-dale public n'a été que dans le procès même.

Le monitoire d'*Abbéville* fit précisément le même effet que celui de Toulouse contre les *Calas*; il troubla les cervelles & les consciences. Les témoins excités par *Bel-leval*, comme ceux de Toulouse l'avaient été par le capi-toul *David*, rappellèrent dans leur mémoire des faits, des discours vagues, dont il n'était guère possible qu'on pût se rappeller exactement les circonstances ou favorables ou aggravantes.

Il faut avouer, monsieur, que s'il y a quelques cas où un monitoire est nécessaire, il y en a beaucoup d'autres où il est très-dangereux. Il invite les gens de la lie du peuple à porter des accusations contre les personnes élevées au-dessus d'eux, dont ils sont toujours jaloux. C'est alors un ordre intimé par l'église de faire le métier infame de délateur. Vous êtes menacés de l'enfer, si vous ne mettez pas votre prochain en péril de sa vie.

Il n'y a peut-être rien de plus illégal dans les tribunaux de l'inquisition, & une grande preuve de l'illégalité de ces monitoires, c'est qu'ils n'émanent point directement des magistrats, c'est le pouvoir ecclésiastique qui le décerne. Chose étrange qu'un ecclésiastique, qui ne peut juger à mort, mette ainsi dans la main des juges le glaive qu'il lui est défendu de porter.

Il n'y eut d'interrogés que le chevalier & le sieur *Moinel*, enfant d'environ quinze ans. *Moinel* tout intimidé, & entendant prononcer au juge le mot d'attentat contre la religion, fut si hors de lui, qu'il se jeta à genoux & fit une confession générale, comme s'il eût été devant un prêtre. Le chevalier *de la Barre*, plus instruit & d'un esprit plus ferme, répondit toujours avec beaucoup de raison, & disculpa *Moinel* dont il avait pitié. Cette conduite qu'il eut jusqu'au dernier moment, prouve qu'il avait une belle ame. Cette preuve aurait dû être comptée pour beaucoup aux yeux des juges intelligens, & ne lui servit de rien.

Dans ce procès, monsieur, qui a eu des suites si affreuses, vous ne voyez que des indécences & pas une action noire; vous n'y trouvez pas un seul de ces délits qui sont des crimes chez toutes les nations, point de brigandage, point de violence , point de lâcheté ; rien de ce qu'on reproche à ces enfans , ne ferait même un délit dans les autres communions chrétiennes. Je fuppofe que le chevalier *de la Barre* & M. de *Talonde* aient dit que l'on ne doit pas adorer un dieu de pâte, c'eft précifément & mot à mot ce que difent tous ceux de la religion réformée.

Le chancelier d'Angleterre prononcerait ces mots en plein parlement , fans qu'ils fuffent relevés par perfonne. Lorfque mylord *Lokart* était ambaffadeur à Paris , un habitué de paroiffe porta furtivement l'euchariftie dans fon hôtel à un domeftique malade qui était catholique; mylord *Lokart* qui le fut , chaffa l'habitué de fa maifon ; il dit au cardinal *Mazarin* qu'il ne fouffrirait pas cette infulte. Il traita en propres termes l'euchariftie de dieu de pâte & d'idolâtrie. Le cardinal *Mazarin* lui fit des excufes.

Le grand archevêque *Tillotfon* , le meilleur prédicateur de l'Europe , & prefque le feul qui n'ait point déshonoré l'éloquence par de fades lieux communs , ou par de vaines phrafes fleuries comme *Cheminais* , ou par de faux raifonnemens comme *Bourdaloue* ; l'archevêque *Tillotfon* , dis-je , parle précifément de notre euchariftie comme le chevalier *de la Barre*. Les mêmes paroles refpectées dans mylord *Lokart* à Paris , & dans la bouche de mylord *Tillotfon* à Londres , ne peuvent donc être en France qu'un délit local , un délit de lieu & de tems , un mépris de l'opinion vulgaire , un difcours échappé au hafard devant une ou deux perfonnes ; n'eft-ce pas le comble de la cruauté de punir ces difcours fecrets, du même fupplice dont on punirait celui qui aurait empoifonné fon père & fa mère , & qui aurait mis le feu aux quatre coins de fa ville ?

Remarquez , monfieur , je vous en fupplie , combien on a deux poids & deux mefures. Vous trouverez dans la 24e. lettre perfanne de M. de *Montefquieu* , préfident
à

à mortier du parlement de Bourdeaux, ces propres paroles : *ce magicien s'appelle le pape ; tantôt il fait croire que trois ne font qu'un, tantôt que le pain qu'on mange n'eſt pas du pain, & que le vin qu'on boit n'eſt pas du vin ;* & mille autres traits de cette eſpèce.

M. de *Fontenelle* s'était exprimé de la même manière dans ſa relation de Rome & de Genève, ſous le nom de *Méro* & d'*Enégu.* Il y avait dix mille fois plus de ſcandale dans ces paroles de meſſieurs de *Fontenelle* & de *Monteſquieu*, expoſées par la lecture aux yeux de dix mille perſonnes, qu'il n'y en avait dans deux ou trois mots échappés au chevalier *de la Barre* devant un ſeul témoin, paroles perdues dont il ne reſtait aucune trace. Les diſcours ſecrets devaient être regardés comme des penſées ; c'eſt un axiome dont la plus déteſtable barbarie doit convenir.

Je vous dirai plus, monſieur : il n'y a point en France de loi expreſſe qui condamne à mort pour des blaſphèmes. L'ordonnance de 1666 preſcrit une amende pour la première fois, le double pour la ſeconde, &c. & le pilori pour la ſixième récidive.

Cependant les juges d'Abbeville, par une ignorance & une cruauté inconcevable, condamnèrent le jeune de *Talonde* âgé de 18 ans, 1°. A ſouffrir le ſupplice de l'amputation de la langue juſqu'à la racine, ce qui s'exécute de manière que ſi le patient ne préſente pas la langue lui-même, on la lui tire avec des tenailles de fer, & on la lui arrache.

2°. On devait lui couper la main droite à la porte de la principale égliſe.

3°. Enſuite il devait être conduit dans un tombereau à la place du marché, être attaché à un poteau avec une chaîne de fer , & être brûlé à petit feu. Le fleur de *Talonde* avait heureufement épargné par la fuite à fes juges l'horreur de cette exécution.

Le chevalier *de la Barre* étant entre leurs mains, ils eurent l'humanité d'adoucir la fentence, en ordonnant qu'il ferait décapité avant d'être jeté dans les flammes ; mais s'ils diminuèrent le fupplice d'un côté, ils l'augmentèrent de l'autre , en le condamnant à fubir la queftion ordinaire & extraordinaire pour lui faire déclarer fes complices ; comme fi des extravagances de jeune homme , des paroles emportées dont il ne refte pas le moindre veftige , étaient un crime d'état , une confpiration. Cette étonnante fentence fut rendue le 28 Février de l'année 1766.

La jurifprudence de France eft dans un fi grand chaos , & conféquemment l'ignorance des juges eft fi grande , que ceux qui portèrent cette fentence fe fondèrent fur une déclaration de *Louis XIV* émanée en 1682 à l'occafion des prétendus fortilèges & des empoifonnemens réels commis par la *Voifin*, là *Vigoureux*, & les deux prêtres nommés le *Vigoureux* & *Lage*. Cette ordonnance de 1682 prefcrit à la vérité la peine de mort pour le *facrilège joint à la fuperftition* ; mais il n'eft queftion dans cette loi que de magie & de fortilège ; c'eft-à-dire, de ceux qui en abufant de la crédulité du peuple, & en fe difant magiciens , font à la fois profanateurs & empoifonneurs. Voilà la lettre & l'efprit de la loi ; il s'agit dans cette loi de faits criminels pernicieux à la fociété , & non pas de vaines paroles , d'imprudences, de légéreté , de fottifes commifes fans aucun deffein prémédité , fans aucun complot , fans même aucun fcandale public.

Les juges de la ville d'Abbeville péchaient donc vifiblement contre la loi autant que contre l'humanité , en

condamnant à des fupplices auffi épouvantables que re-
cherchés un gentilhomme & un fils d'une très-honnête
famille, tous deux dans un âge où l'on ne pouvait regarder
leur étourderie que comme un égarement qu'une année de prifon aurait corrigé. Il y avait même fi peu de
corps de délit que les juges dans leur fentence fe fervent
de ces termes vagues & ridicules employés par le petit
peuple , *pour avoir chanté des chanfons abominables &*
exécrables contre la Vierge Marie , les faints & faintes :
remarquez, monfieur, qu'ils n'avaient chanté ces *chanfons*
abominables & exécrables contre les faints & faintes que
devant un feul témoin qu'ils pouvaient récufer légalement. Ces épithètes font-elles de la dignité de la magiftrature ? Une ancienne chanfon de table n'eft après tout
qu'une chanfon. C'eft le fang humain légérement répandu , c'eft la torture , c'eft le fupplice de la langue ar-
rachée , de la main coupée, du corps jeté dans les flâm-
mes, qui eft *abominable & exécrable.*

La fénéchauffée d'Abbeville reffortit au parlement de
Paris. Le chevalier *de la Barre* y fut transféré, fon
procès y fut inftruit. Dix des plus célèbres avocats de
Paris fignèrent une confultation par laquelle ils démon-
trèrent l'illégalité des procédures & l'indulgence qu'on
doit à des enfans mineurs qui ne font accufés ni d'un
complot, ni d'un crime réfléchi ; le procureur-général
verfé dans la jurifprudence conclut à caffer la fentence
d'Abbeville : il y avait vingt-cinq juges, dix acquiefcè-
rent aux conclufions du procureur-général ; mais des
circonftances fingulières, que je ne puis mettre par écrit ,
obligèrent les quinze autres à confirmer cette fentence
étonnante le 5 Juin de cette année 1766.

Eft-il poffible , monfieur , que dans une fociété qui
n'eft pas fauvage, cinq voix de plus fur vingt-cinq ,
fuffifent pour arracher la vie à un acufé , & très-fouvent

à un innocent. Il faudrait dans un tel cas de l'unanimité ; il faudrait au moins que les trois quarts des voix fussent pour la mort ; encore en ce dernier cas le quart des jüges qui mitigerait l'arrêt devrait, dans l'opinion des cœurs bien faits, l'emporter sur les trois quarts de ces bourgeois cruels, qui se jouent impunément de la vie de leurs concitoyens sans que la société en retire le moindre avantage.

La France entière regarda ce jugement avec horreur. Le chevalier *de la Barre* fut renvoyé à Abbeville pour y être exécuté. On fit prendre aux archers qui le conduisaient des chemins détournés ; on craignait que le chevalier *de la Barre* ne fût délivré sur la route par ses amis ; mais c'était ce qu'on devait souhaiter plutôt que craindre.

Enfin le premier Juillet de cette année se fit dans Abbeville cette exécution trop mémorable : cet enfant fut d'abord appliqué à la torture. Voici quel est ce genre de tourment.

Les jambes du patient sont serrées entre des ais ; on enfonce des coins de fer ou de bois entre les ais & les genoux, les os en sont brisés. Le chevalier s'évanouit, mais il revint bientôt à lui à l'aide de quelques liqueurs spiritueuses, & déclara sans se plaindre qu'il n'avait point de complice.

On lui donna pour confesseur & pour affistant un dominicain ami de sa tante l'abbesse, avec lequel il avait souvent soupé dans le couvent. Ce bon homme pleurait, & le chevalier le consolait. On leur servit à dîner. Le dominicain ne pouvait manger. Prenons un peu de nourriture, lui dit le chevalier, vous aurez besoin de force autant que moi pour soutenir le spectacle que je vais donner.

Le spectacle en effet était terrible : on avait envoyé de Paris cinq bourreaux pour cette exécution. Je ne puis dire en effet si on lui coupa la langue & la main. Tout ce que je sais par les lettres d'Abbeville, c'est qu'il monta sur l'échaffaut avec un courage tranquille, sans plainte, sans colère, & sans ostentation : tout ce qu'il dit au religieux qui l'assistait se réduit à ces paroles, *je ne croyais pas qu'on pût faire mourir un jeune gentil-homme pour si peu de chose.*

Il serait devenu certainement un excellent officier : il étudiait la guerre par principes ; il avait fait des remarques sur quelques ouvrages du roi de Prusse & du maréchal de Saxe, les deux plus grands généraux de l'Europe.

Lorsque la nouvelle de sa mort fut reçue à Paris, le nonce dit publiquement qu'il n'aurait point été traité ainsi à Rome, & que s'il avait avoué ses fautes à l'inquisition d'Espagne & de Portugal, il n'eût été condamné qu'à une pénitence de quelques années.

Je laisse, monsieur, à votre humanité & à votre sagesse, le soin de faire des réflexions sur un événement si affreux, si étrange, & devant lequel tout ce qu'on nous conte des prétendus supplices des premiers chrétiens doit disparaître. Dites-moi quel est le plus coupable, ou un enfant qui chante deux chansons réputées impies dans sa seule secte, & innocentes dans tout le reste de la terre, ou un juge qui ameute ses confrères pour faire périr cet enfant indiscret par une mort affreuse.

Le sage & éloquent marquis de *Vauvernagues* a dit, *ce qui n'offense pas la société n'est pas du ressort de la justice.* Cette vérité doit être la baze de tous les codes criminels : or certainement le chevalier *de la Barre* n'a-

vait pas nui à la société en difant une parole imprudente
à un valet, à une tourière, en chantant une chanson.
C'étaient des imprudences fecrètes dont on ne fe fouvenait plus ; c'étaient des légéretés d'enfant oubliées
depuis plus d'une année, & qui ne furent tirées de leur
obfcurité que par le moyen d'un monitoire qui les fit
révéler, monitoire fulminé pour un autre objet, monitoire qui forme des délateurs, monitoire tirannique,
fait pour troubler la paix de toutes les familles.

Il eft fi vrai qu'il ne faut pas traiter un jeune homme
imprudent comme un fcélérat confommé dans le crime,
que le jeune monfieur de *Talonde*, condamné par les
mêmes juges à une mort encore plus horrible, a été
accueilli par le roi de Pruffe & mis au nombre de fes
officiers ; il eft regardé par tout le régiment comme
un excellent fujet ; qui fait fi un jour il ne viendra pas
fe venger de l'affront qu'on lui a fait dans fa patrie ?

L'exécution du chevalier *de la Barre* confterna tellement tout Abbeville, & jeta dans les efprits une telle
horreur, que l'on n'ofa pas pourfuivre le procès des
autres accufés.

Miférables juges, fanatiques ignorans ! fi ces co-accu-
fés étaient coupables il fallait les punir ; s'ils ne l'étaient
pas il ne fallait pas affaffiner par des bourreaux le chevalier *de la Barre*, mais voici l'explication de cette contra-
riété. Un confeiller au parlement de Paris, d'un efprit
atroce, mais léger, qui avait feul perfuadé à fes confrères
de prononcer le fupplice, reçut de tout Paris de fi violens reproches qu'il fe repentit. Il fut troublé par fes
remords, & il reprocha aux juges d'Abbeville cette même
barbarie dont il était plus coupable qu'eux. Alors ceux-ci
s'arrêtèrent, non-feulement à la voix de ce confeiller de
Paris, mais aux cris de tout Abbeville foulevé contre
eux ; de forte qu'après avoir violé les loix de la raifon

& de l'humanité, ils violèrent les formes de la justice.

Vous vous étonnez sans doute, monsieur, qu'il se passe tant de scènes si tragiques dans un pays qui se vante de la douceur de ses mœurs, & où les étrangers même venaient autrefois en foule chercher les agrémens de la société : mais je ne vous cacherai point que s'il y a toujours un certain nombre d'esprits indulgens & aimables, il reste encore dans plusieurs autres un ancien caractère de barbarie que rien n'a pu effacer : vous retrouverez encore ce même esprit qui fit mettre à prix la tête d'un cardinal premier ministre, & qui conduisait l'archevêque de Paris un poignard à la main dans le sanctuaire de la justice. Certainement la religion était plus outragée par ces deux actions que par les étourderies du chevalier *de la Barre* ; mais voilà comme va le monde : *hic pretium sceleris tulit, hic diadema.*

Quelques juges ont dit que dans les circonstances présentes la religion avait besoin de ce funeste exemple ; ils se sont bien trompés ; rien ne lui a fait plus de tort ; on ne subjugue pas ainsi les esprits, on les indigne & on les révolte.

J'ai entendu dire, malheureusement à plusieurs personnes, qu'elles ne pouvaient s'empêcher de détester une secte qui ne se soutenait que par des bourreaux. Ces discours publics & répétés m'ont fait frémir plus d'une fois.

On a voulu faire périr par un supplice réservé aux empoisonneurs & aux parricides, des enfans accusés d'avoir chanté d'anciennes chansons blasphématoires, & cela même a fait prononcer plus de cent mille blasphèmes. Vous ne sauriez croire, monsieur, combien cet événement rend notre religon catholique romaine exécrable à tous les étrangers. Les juges pour s'excuser

répondent que la politique les a forcés à cette barbarie.
Quelle politique imbécille & cruelle ! quoi ! être affassins
pour paraître chrétiens ! Ah ! monfieur, quel crime horrible contre la juftice de prononcer un jugement par
politique, furtout un jugement de mott, & encore de
quelle mort !

L'attendriffement & l'horreur qui me faififfent ne me
permettent pas d'en dire davantage.

J'ai l'honneur d'être &c.

SUPPLICE DU GÉNÉRAL LALLI.

LE fecond acte de cruauté qu'une grande partie du public reprocha au parlement de Paris fut le fupplice du comte de *Lalli* général des armées du roi dans les Indes Orientales , traîné dans un tombereau dans la grève , avec un baillon dans la bouche , le 6 Mai 1766.

Les cris de fes ennemis , foulevés contre lui par fon humeur dure & infociable , furent fi violens & fi perfé-vérans , que les juges le condamnèrent d'une voix una-nime. Mais la pitié qui fuccéda à ce déchaînement fut fi forte , que le même public toujours léger , qui fémblait avoir d'abord demandé fon fang , fut enfin perfuadé de fon innocence. En effet on n'avait pu prouver ni trahi-fon , ni rapine de fa part , quand il fallut chercher dans fa fortune de quoi fournir l'amende à laquelle il fut con-damné, on ne la trouva pas , alors on éclata contre les juges.

CHAPITRE LXX.

Caſſation du parlement de Paris & des autres Parlemens du Royaume. Création de Parlemens nouveaux.

LE parlement déplaiſait bien plus au gouvernement par ſa lutte perpétuelle contre les édits du roi que par ſes cruautés envers quelques citoyens. Il prenait à la vérité le parti du peuple, mais il gênait l'adminiſtration, & il ſemblait toujours vouloir établir ſon autorité ſur la ruine de la puiſſance ſuprême.

Il s'uniſſait en effet avec les autres parlemens, & prétendait ne faire avec eux qu'un corps, dont il était le principal membre. Tous s'appelaient alors *claſſes du parlement*; celui de Paris était la première claſſe; chaque claſſe faiſait des remontrances ſur les édits, & ne les enrégiſtrait pas. Il y eut même quelques-uns de ces corps qui pourſuivirent juridiquement les commandans de province envoyés à eux de la part du roi pour faire enrégiſtrer. Quelques claſſes décernèrent des priſes de corps contre ces officiers. Si ces décrets avaient été mis à exécution, il en aurait réſulté un effet bien étrange. C'eſt ſur les domaines royaux que ſe prennent les deniers dont on paie les frais de juſtice, de ſorte que le roi aurait payé de ſes propres domaines les arrêts rendus par ceux qui lui déſobéiſſaient contre ſes officiers principaux qui avaient exécuté ſes ordres.

Cette étonnante anarchie ne pouvait pas ſubſiſter; il fallait ou que la couronne reprît ſon autorité, ou que les parlemens prévaluſſent.

On avait befoin dans ces conjonctures fi critiques d'un chancelier tel que celui de l'*Hôpital*, on le trouva. Il fallait changer toute l'adminiftration de la juftice dans le royaume, & elle fut changée.

Le roi commença par effayer de ramener le parlement de Paris ; il fit venir à un lit de juftice qu'il tint à Verfailles le 7 Décembre 1770 ; avec les princes, les pairs & les grands officiers de la couronne. Là il lui défendit de fe fervir jamais des termes d'*unité*, d'*indivifibilité* & de *claffes*.

D'envoyer aux autres parlemens d'autres mémoires que ceux qui font fpécifiés par les ordonnances.

De ceffer le fervice, finon dans les cas que ces mêmes ordonnances ont prévus.

De donner leur démiffion en corps.

De rendre jamais d'arrêt qui retarde les enrégiftremens, le tout fous peine d'être caffés.

Le parlement fur cet édit folemnel, ayant encore ceffé le fervice, le roi leur fit porter des lettres de juffion ; ils défobéirent. Nouvelles lettres de juffion, nouvelles défobéiffances. Enfin le monarque, pouffé à bout, leur envoya pour dernière tentative le 20 Janvier, à quatre heures du matin, des moufquetaires qui portèrent à chaque membre un papier à figner. Ce papier ne contenait qu'un ordre de déclarer s'ils obéiraient ou s'ils réfuferaient. Plufieurs voulurent interprêter la volonté du roi : les moufquetaires leur dirent qu'ils avaient ordre d'éviter les commentaires, qu'il fallait un oui ou un non.

Quarante membres fignèrent ce *oui*, les autres s'en difpensèrent. Les oui, étant venus le lendemain au parlement avec leurs camarades, leur demandèrent pardon d'avoir accepté, & fignèrent *non* ; tous furent exilés.

La juftice fut encore adminiftrée par les confeillers d'état & les maîtres des requêtes, comme elle l'avait été en 1753 ; mais ce ne fut que par provifion. On tira bientôt de ce chaos un arrangement utile.

Hift. du Parl. de Paris.

D'abord le roi fe rendit aux vœux des peuples qui fe plaignaient depuis des fiècles de deux griefs, dont l'un était ruineux, l'autre honteux & difpendieux à la fois. Le premier était le reffort trop étendu du parlement de Paris, qui contraignait les citoyens de venir de cent cinquante lieues fe confumer devant lui en frais qui fouvent expédaient le capital. Le fecond était la vénalité des charges de judicature, venalité qui avait introduit la forte taxation des épices.

Pour réformer ces deux abus, fix parlemens nouveaux furent inftitués le 23 Février de la même année, fous le titre de *confeils fupérieurs*, avec injonction de rendre gratis la juftice. Ces confeils furent établis dans Arras, Blois, Châlons, Clermont, Lyon, Poitiers, (en fuivant l'ordre alphabétique.) On y en ajouta d'autres depuis.

Il fallait furtout former un nouveau parlement à Paris, lequel ferait payé par le roi, fans acheter fes places, & fans rien exiger des plaideurs. Cet établiffement fut fait le 13 Avril. L'opprobre de la vénalité, dont *François I* & le chancelier *Duprat* avaient malheureufement fouillé la France, fut lavé par *Louis* XV & par les foins du chancelier de *Maupéou* fecond du nom. On finit par la réforme de tous les parlemens, & on efpéra de voir réformer la jurifprudence.

La mort de *Louis* XV en 1774, ayant donné lieu à une nouvelle adminiftration, *Louis XVI* fon fucceffeur rétablit fon parlement avec des modifications néceffaires : elles honorèrent le roi qui les ordonna, le miniftère qui les rédigea, le parlement qui s'y conforma ; & la France vit l'aurore du règne fage & heureux.

F I N.

TABLE

DES CHAPITRES.

Fin de la Table.

Lightning Source UK Ltd.
Milton Keynes UK
UKHW02f1904260418
321723UK00010B/191/P